令和元年度税制改正対応

キャッチアップ
改正相続法の税務

中央大学教授 酒井克彦 [編著]

ぎょうせい

はしがき

　平成30年7月6日，第196回国会において，民法及び家事事件手続法の一部を改正する法律案及び法務局における遺言書の保管等に関する法律案が可決・成立し，同月13日に，民法及び家事事件手続法の一部を改正する法律（平成30年法律第72号）及び法務局における遺言書の保管等に関する法律（平成30年法律第73号）として公布された。

　今次の改正は，昭和55年に配偶者の法定相続分が引き上げられ，寄与分制度の新設等がなされて以来，およそ40年振りの大改正である。我が国では，この民法改正がなされなかった間，高齢化社会が進展したことで，相続を開始する時点で，相続人たる配偶者の年齢が高齢化する事態になっており，配偶者の生活保障の必要性が相対的に高まっている状況にある。また，要介護高齢者の増加に伴う療養看護と相続の問題や，高齢者の再婚の増加による家族形態の変化がみられる中，これまでの法定相続分による相続の在り方に限界があるのではないかという議論も展開されるに至っている。すなわち，高齢配偶者や介護に尽力した者に対する遺産分配の局面での配慮がなされなければ，遺産分配における実質的な公平を図ることができないとの考え方も示されてきたのである。他方で，非嫡出子への相続分の保障を論じた最高裁平成25年9月4日大法廷決定（民集67巻6号1320頁）を受けて，嫡出子と非嫡出子の相続分の同等化を図るべく民法が改正され（「民法の一部を改正する法律」（平成25年法律第94号）），配偶者保護とは別の議論が先行する形となっていた。

　このような背景の中で，相続法制の見直しが議論され，今般の相続法改正が実現するに至ったわけである。

　本書は，かかる民法改正を取り上げるものではあるが，主な読者として，税理士や税務職員といった租税専門家，租税法の学習者など，租税法に携わる者を想定している。租税専門家等は，多くの場合，相続税法等の解釈適用場面において，民法とりわけ相続法に大きな関わりを有している。また，実務的にも，税理士は，弁護士や司法書士などとの連携を通じて，相続や遺産分割等の場面での活躍が期待されてもいる。

　今回の民法改正は，課税実務や徴収実務に大きな影響を及ぼすものであるか

i

らこそ，租税専門家はその内容を十分に理解しておかなければならない。本書はかようなニーズにお応えするものとして，アコード租税総合研究所（以下「当研究所」という。）のメンバーによって執筆されたものである。

　そのような観点から，本書は，第1章「総論」において，民法改正の議論のアウトラインを確認した上で，第2章「各論」で，この度の民法改正の内容について詳述している。この部分が本書の心臓部である。そして，第3章では，上に述べた最高裁平成25年決定を含め，近時，特に注目されている民法（親族法・相続法関係）の重要判例について解説を加えている。いずれも租税専門家として知らないでは済まされない重要な最高裁の判断である。併せてご一読いただき，実務にお役立ていただきたい。

　本書はこの各論において，各民法改正の内容がいかに税務に影響を及ぼしているかという点についても述べている。本書は上述のとおり，租税法的な視角から，今回の民法改正を論じるものであるが，民法改正に関しては特に，当研究所の弁護士が筆をとり，他方で，租税専門家の実務に影響があると思われる「遺言制度」の改正については，当研究所の司法書士により解説を行っている。当研究所の弁護士，司法書士，税理士，研究者が共同執筆の形を採っている点は本書の特徴的なところであるといえよう。

　本書は，ぎょうせい社のご協力を経て出版に漕ぎつけた。アコード租税総合研究所の研究へのご理解に深く感謝申し上げたい。また，本書の校正作業においては，アコード租税総合研究所の事務局長の佐藤総一郎氏にご尽力いただいた。秘書の手代木しのぶさんには，この度も表紙のデザイン案を使わせていただいた。ここに深く御礼申し上げたい。

令和元年5月

酒井　克彦

目　　次

第1章　総　　論

民法改正の議論 ·· 2

- 1　配偶者の居住権を保護するための方策／3
- 2　遺産分割に関する改正／6
- 3　遺言制度に関する改正／10
- 4　遺留分制度に関する改正／19
- 5　相続人以外の者の貢献を考慮するための方策／20

第2章　各　　論

Ⅰ　配偶者居住権の財産性 ······································ 24

- 1　概念の整理／24
- 2　配偶者居住権の財産性／30
- 3　配偶者短期居住権の財産性／37
- 4　結びに代えて／47

Ⅱ　特別寄与制度における寄与判定をめぐる問題点 ·········· 50

- 1　相続人以外の者の貢献を考慮するための方策／50
- 2　特別寄与料を認めるための要件／51
- 3　特別寄与料の法的性格／54
- 4　特別寄与料が認められる類型／56
- 5　有償での労務提供との比較／59
- 6　相続税法における取扱い／61

7　対価を支払った場合との均衡の問題／66

Ⅲ　療養看護者の特別の寄与 ……………………………………68

1　制度の概要と趣旨／68
2　権利行使要件と手続／70
3　参考〜寄与分の算定／76

Ⅳ　遺留分減殺請求 ……………………………………………79

1　遺留分減殺請求制度の改正／79
2　価額弁償や代償分割と租税法／90

Ⅴ　遺産分割（仮払制度等の創設・分割前遺産処分・一部分割） ………………………………………………112

1　2つの最高裁判断／112
2　遺産分割に関する民法改正／122

Ⅵ　改正後の遺産分割と税務に与える影響 ……………135

1　遺産分割と相続税／135
2　遺産分割に関する見直しの税務への影響／137

Ⅶ　持戻し免除の意思表示の推定規定 ………………149

1　特別受益と持戻し／149
2　民法903条改正までの経緯／157
3　民法903条3項／162
4　民法903条4項／167
5　相続税法と民法／171

Ⅷ 遺言制度の改正 ……………………………………………179

- ① 自筆証書遺言の見直し／180
- ② 法務局における自筆証書遺言の保管制度の新設／185
- ③ 自筆証書遺言の作成要件の大幅な緩和／198
- ④ その他の遺言関係の改正／203

Ⅸ 事業承継計画への民法改正の影響 ………………………212

- ① 遺留分について／212
- ② 平成30年度税制改正後の事業承継税制の特例／225
- ③ 生前贈与の活用／230

第3章 重要判例解説

重要判例Ⅰ
　遺留分の額に加算すべき相続債務の額は存在しないとした事例 …234
重要判例Ⅱ
　婚外子の法定相続差分は違憲とした決定 ……………………………240
重要判例Ⅲ
　夫婦別姓訴訟大法廷判決 …………………………………………………249
重要判例Ⅳ
　共同相続された預貯金債権は遺産分割の対象となるか …………260

凡　例

　本書では，本文中は原則として正式名称を用い，主に（　）内において下記の略語を使用している。

　また，読者の便宜を考慮し，判決・条文や文献の引用において，漢数字等を算用数字に変え，必要に応じて3桁ごとにカンマ(,)を入れるとともに，「つ」等の促音は「っ」等と小書きしている。

　なお，引用文献や判決文等の下線ないし傍点は特に断りのない限り筆者が付したものである。

〔法令・通達〕

　民　　……平成30年改正（平成30年法律第72号）前の民法

改正民法……平成30年改正（平成30年法律第72号）後の民法

家　　事……平成30年改正（平成30年法律第72号）前の家事事件手続法

改正家事……平成30年改正（平成30年法律第72号）後の家事事件手続法

遺言書保管法……法務局における遺言書の保管等に関する法律

円滑化法……中小企業における経営の承継の円滑化に関する法律

相　　法……相続税法

措　　法……租税特別措置法

〔判例集・雑誌〕

民　　集……最高裁判所民事判例集

刑　　集……最高裁判所刑事判例集

集　　民……最高裁判所裁判集民事

行　　集……行政事件裁判例集

訟　　月……訟務月報

家　　月……家庭裁判月報

税　　資……税務訴訟資料

金　　判……金融・商事判例

金　　法……金融法務事情

判　　時……判例時報

判　　タ……判例タイムズ

戸　　時……戸籍時報

税　　弘……税務弘報

自　　正……自由と正義

ジュリ……ジュリスト

商　　事……旬刊商事法務

曹　　時……法曹時報

税大論叢……税務大学校論叢

判　　評……判例評論

ひろば……法律のひろば

法　　協……法学協会雑誌

法　　教……法学教室

法　　時……法律時報

法　　セ……法学セミナー

民　　商……民商法雑誌

〔文　　献〕

池本＝酒井・裁判例〔相続税・贈与税〕……池本征男＝酒井克彦『裁判例から
　みる相続税・贈与税〔3訂版〕』(大蔵財務協会2013)

金子・租税法……金子宏『租税法〔第23版〕』(弘文堂2019)

武田・コンメ〔相続税法〕……武田昌輔編『DHC コンメンタール相続税法』(第
　一法規加除式)

第1章

総　論

民法改正の議論

■ はじめに

　相続法制については，昭和55年に配偶者の法定相続分の引上げや寄与分制度の創設等の見直しが行われて以来，30年以上実質的な改正がなされていない状況にあるが，我が国においては，その間にも高齢化社会が更に進展し，家族の在り方に関する国民意識にも変化が見られるところである。このため，これらの社会情勢等を踏まえ，平成27年2月，法制審議会第174回会議において，法務大臣により，相続法制の見直しについて諮問がされ（諮問第100号），その調査審議のため，民法（相続関係）部会（部会長：大村敦志東京大学大学院教授）が設置された。

　そこでは，平成27年4月から平成28年6月までの間，おおむね1か月に1回の割合で審議を重ね，平成28年6月21日の法制審議会民法（相続関係）部会第13回会議において，「民法（相続関係）等の改正に関する中間試案」（以下「中間試案」という。）が取りまとめられた。

　その後の議論を経て，同部会第23回会議（平成29年7月18日）で「民法（相続関係）等の改正に関する試案（追加試案)」（以下「追加試案」という。）が公表され，パブリックコメントの募集がなされた。そして，平成30年2月16日の法制審議会第180回会議において「民法（相続関係）等の改正に関する要綱案」（以下「要綱」という。）が示された後，「民法及び家事事件手続法の一部を改正する法律」が，同年3月13日に国会に提出され，同年7月6日に成立，同年7月13日に公布された。

　施行日は，基本的には，公布の日から起算して1年以内とされているが，自筆証書遺言の要件の緩和については，公布の日から起算して6か月を経過した日（平成31年1月13日）から施行されている。また，配偶

者居住権・配偶者短期居住権については，公布の日から起算して2年以内に施行される。加えて，債権法改正の影響のある規定については債権法改正の施行日（令和2年4月1日）に施行される。

　本書は，税理士業務にも影響を及ぼすであろう，この改正相続法の内容について解説を加えるものであるが，ここでは，総論として，民法改正議論について，上記民法部会の考え方などを参考にして簡単に通覧することとしたい。

1 配偶者の居住権を保護するための方策

1 配偶者の居住権の短期的保護

【改正の議論】

(1) 遺言等がなく遺産分割が行われる場合の規律
　被相続人の配偶者は，相続開始の時に被相続人所有の建物に無償で居住していた場合には，遺産分割によりその建物の帰属が確定するまでの間，引き続き無償でその建物を使用することができるものとしてはどうか。
(2) 遺言等により配偶者以外の者が無償で配偶者の居住建物を取得した場合の特則
　被相続人の配偶者が相続開始の時に被相続人所有の建物に無償で居住していた場合において，配偶者以外の者が遺言等によりその建物の所有権を取得したときでも，被相続人の配偶者は，相続開始の時から一定期間（例えば6か月間）は，無償でその建物を使用することができるものとしてはどうか。

　配偶者の一方（被相続人）が死亡した場合でも，他方の配偶者（生存配偶者）は，それまで居住してきた建物に引き続き居住することを希望

民法改正の議論　3

するのが通常であろう。特に，相続人である配偶者が高齢者である場合には，住み慣れた居住建物を離れて新たな生活を立ち上げることは精神的にも肉体的にも大きな負担となると考えられることから，高齢化社会の進展に伴い，配偶者の居住権を保護する必要性は高まっていると考えられる。

　相続人である配偶者が被相続人の許諾を得て被相続人所有の建物に居住していた場合には，その配偶者は，相続開始前には，被相続人の占有補助者としてその建物に居住していることになるが，被相続人の死亡によりその占有補助者としての資格を失うことになるため，このような場合に，いかにして配偶者の居住権の保護を図るべきかという問題が従来からあった。この点について，最高裁平成8年12月17日第三小法廷判決（民集50巻10号2778頁。以下「最高裁平成8年判決」という。）は，相続人の1人が被相続人の許諾を得て被相続人所有の建物に同居していた場合には，特段の事情のない限り，被相続人とその相続人との間で，相続開始時を始期とし，遺産分割時を終期とする使用貸借契約が成立していたものと推認されるとの判断を示し，これが判例として確立されていた。この考え方により，この要件に該当する限り，相続人である配偶者は，遺産分割が終了するまでの間の短期的な居住権が確保されることとなっていた。

　もっとも，最高裁平成8年判決は，あくまでも当事者間の合理的意思解釈に基づくものであるため，被相続人が明確にこれとは異なる意思を表示していた場合等には，配偶者の居住権が短期的にも保護されない事態が生じ得ることになる。例えば，被相続人が居住建物を第三者に遺贈した場合には，被相続人の死亡によって建物の所有権を取得した当該第三者からの退去請求を拒むことができない。

　そこで，かような配偶者の短期的な居住権を保護する方策について検討を行う必要が生じることとなったのである。

2 配偶者の居住権の長期的保護

【改正の議論】

> 配偶者が相続開始時に居住していた被相続人所有の建物を対象として，終身又は一定期間，配偶者にその使用を認めることを内容とする法定の権利（以下「長期居住権」という。）を新設し，遺産分割における選択肢の一つとして，配偶者に長期居住権を取得させることができるものとするほか，被相続人が遺言等によって配偶者に長期居住権を取得させることができるものとしてはどうか。

　近年の高齢化社会の進展により，相続開始時点で被相続人の配偶者が既に高齢となっている事案が増加しているが，平均寿命の伸長に伴い，そのような場合でも，その配偶者がその後長期間にわたって生活を継続することも少なくない。このような場合には，その配偶者としては，住み慣れた居住環境での生活を継続するために居住権を確保しつつ，その後の生活資金としてそれ以外の財産についても一定程度確保したいという希望を有する場合も多いと考えられる。

　現行法の下では，配偶者が従前居住していた建物に住み続けたいという希望を有する場合には，配偶者がその建物の所有権を取得するか，又は，その建物の所有権を取得した他の相続人との間で賃貸借契約等を締結することが考えられる。しかしながら，前者の方法による場合には，居住建物の評価額が高額となり，配偶者がそれ以外の遺産を取得することができなくなってその後の生活に支障を来す場合も生じ得ることになるし，後者の方法による場合には，その建物の所有権を取得する他の相続人との間で賃貸借契約等が成立することが前提となるため，契約が成立しなければ，配偶者の居住権は確保されないことになる。

　そこで，配偶者の居住権を長期的に保護するための方策を検討するこ

民法改正の議論　5

ととされたのである。

２ 遺産分割に関する改正

① 配偶者の相続分の改正

【改正の議論】

> 　婚姻期間が長期間にわたる場合等，被相続人の財産の形成に対する配偶者の貢献が類型的に大きいと考えられる場合に，配偶者の相続分を増加させるものとしてはどうか。
> 　あるいは，相続分としてではなく，持戻し免除の意思表示の推定の定めを置くことによって配偶者の保護を図ることとしてはどうか。

　相続人となる配偶者の中には，婚姻期間が長く，被相続人と同居してその日常生活を支えてきたような者もいれば，老齢になった後に再婚した場合など婚姻期間が短い者もおり，また，形式的には婚姻期間が長期にわたる場合であっても，別居期間が長く実質的な婚姻生活はそれほど長くはなかったような者もいるなど，被相続人の財産の形成又は維持に対する寄与の程度は様々であると考えられる。近時の高齢化社会の進展や，高齢者の再婚の増加に伴い，寄与の程度に関するこれらの差異は拡大する傾向にあるといえよう。

　配偶者の相続権の根拠については様々な見解があるが，一般には，実質的夫婦共有財産（夫婦の一方がその婚姻中に他方の配偶者の協力を得て形成又は維持した財産をいう。以下同じ。）の清算と配偶者の生活保障が挙げられており，その意味では，配偶者の相続権と離婚における財産分与は，その根拠に共通性があるといわれている。

　もっとも，相続の場面では，被相続人の債権者等第三者の利益にも配慮する必要があり，また，一般に紛争当事者が離婚の場合よりも多くな

6 │ 第1章 総 論

ることから，権利関係を画一的に処理する必要性が高いものといえる。このため，現行の相続制度では，配偶者の具体的な貢献の程度は寄与分の中で考慮され得るにすぎず，基本的には法定相続分によって形式的・画一的に遺産の分配を行うこととされているが，前記のような社会情勢の変化に伴い，実質的公平を欠く場面が増えてきているとの指摘もされている。

これに対し，離婚における財産分与では，配偶者の貢献の程度を実質的に考慮して財産の分配を行うこととされており，制度上，前記のような実質的公平を欠く事態は生じにくいものといえる。このため，現行の相続制度は，離婚における財産分与制度との整合性がとれていないのではないかとの指摘もあった。

このため，配偶者の相続分を定めるに当たり，配偶者の貢献の程度を現行制度以上に反映させることを可能にする方策についての検討が行われた。

しかし，この方策には多くの反対が表明され，その結果，配偶者の相続分の引上げ案に代わる別案として，追加試案において示された推定規定案が採用されることとなった。推定規定案とは，「その居住の用に供する建物又はその敷地」について，特別受益の算定の段階において，持戻し免除の意思表示があったものと推定するというものである。結果的には，配偶者の具体的な相続分をこれまで以上に拡大する意味を持つ改正である。

2 可分債権の遺産分割における取扱い

【改正の議論】

預貯金債権等の可分債権を遺産分割の対象に含めるものとしてはどうか。

あるいは，可分債権の遺産分割における取扱いにつき，特段の規

定は置かず,その点は解釈に委ねることとし,仮払制度の規定のみ
を設けることとしてはどうか。

金銭債権等の可分債権は,判例上（最高裁昭和29年4月8日第一小法
廷判決・民集8巻4号819頁),相続の開始により当然に分割され,各相
続人が相続分に応じて権利を承継することとされているため,現行の実
務においても,原則として遺産分割の対象から除外され,例外的に,相
続人全員の合意がある場合に限り,遺産分割の対象とするという取扱い
がされている。

しかし,上記判例の考え方によると,例えば,遺産の全てあるいは大
部分が可分債権である場合にも,可分債権については特別受益や寄与分
を考慮することなく形式的に法定相続分に従って分割承継される結果,
相続人間の実質的公平を図ることができないとの指摘があった。また,
可分債権は,遺産分割を行う際の調整手段としても有用であるとして,
可分債権を遺産分割の対象に含めるべきであるとの指摘もなされてきた。

そこで,これらの指摘を踏まえ,預貯金債権等の可分債権を遺産分割
の対象に含める方向で検討が行われた。

預金債権をその可分債権として当然に分割されるとの立場と,その立
場では遺産のかなりの部分を占める預貯金債権を遺産分割の対象とする
ことができなくなるためこれに反対する立場との対立があり得るが,中
間試案は両案を併記した。その後,最高裁平成28年12月19日大法廷決定
（民集70巻8号2121頁）により,預貯金債権が遺産分割の対象に含まれ
るとの判断が示された。追加試案はこの判断に従い,仮払制度を提案し
たところ,これが改正法において採用されたのである。

③ 一部分割の要件及び残余の遺産分割における規律の明確化等

【改正の議論】

> 遺産の範囲について相続人間で争いがある場合など一定の場合には，遺産の一部のみを分割する旨の審判，調停又は協議をすることができるものとし，その場合には，原則として，残余の遺産分割においては特別受益及び寄与分に関する規定を適用しないものとしてはどうか。
>
> それに従い，家庭裁判所は，相続人間で争いのある遺産が可分債権である場合であっても，相当と認めるときは，その可分債権を法定相続分に従って各相続人に取得させる旨を定めることができるものとしてはどうか。
>
> あるいは，その逆に一部分割を原則的に否定するのではなく，原則肯定としてはどうか。

(1) 一般に，遺産分割においては，遺産の範囲を確定させた上で，遺産の全部について一回的解決を図ることが望ましいと考えられる。もっとも実務上，遺産分割を一回的に行うことに支障があるなど一部分割の必要性があり，民法906条《遺産の分割の基準》に定める基準に基づき最終的に遺産の全部について公平な分配を実現することができる場合には，審判，調停又は協議のいずれにおいても，遺産の一部を除外して分割することができると解されているが，どのような場合に一部分割が可能であるかは，条文上必ずしも明らかでない。また，可分債権を遺産分割の対象に含めることとするのであれば，比較的柔軟に一部分割を認めることとする必要があるともいえる。すなわち，可分債権の中には，預貯金債権のようにその存否及び額の把握が容易なものと，被相続人の生前に相続人が被相続人名義の預金を無断で払い戻したとして不法行為に基づき損害賠償請求がされた場合のように，その存否及び額の把握が必ずしも容易でないものとがあるが，後者の債権についてもその存否及び

民法改正の議論 | 9

額が確定しない限り，遺産分割の手続を進めることができないとすると，遺産分割事件の解決が著しく遅滞するおそれがある。そのため，そのような存否等の把握が必ずしも容易でない可分債権を遺産分割の対象から除外することができるようにするなどの措置を講ずる必要があるとの指摘がされたのである。そこで，これらの問題に対処するため，一部分割に関する規律を明確化することについて検討が行われた。

　少なくとも，中間試案においては，このような見地から，一部分割に対する原則否定の考え方が示されていた。

　(2)　しかしながら，追加試案では，一部分割につき原則肯定の考えが示された。これは，従来の遺産分割審判が「適正公平な遺産分割の実現」を指導原理とし，そのために原則として全ての遺産を1回で分割すべしとしていたのを，「共同相続人の遺産についての処分権限」を基礎として遺産分割の対象を自由に選択させる考え方にシフトさせたものであると考えられる（山川一陽＝松嶋隆弘『相続法改正のポイントと実務への影響』108頁（日本加除出版2018)）。

3 遺言制度に関する改正

① 自筆証書遺言の方式緩和

【改正の議論】

> 　現行の自筆証書遺言の方式を緩和し，全文の自書を要求している点を見直し，遺贈等の対象となる財産の特定に関する事項については自書でなくてもよいものとしてはどうか。

　家庭裁判所における遺言書（自筆証書遺言及び秘密証書遺言等）の検認件数（新受件数）は，昭和60年は3,301件であったのが，平成10年には8,825件，平成25年には16,708件に増加しており，自筆証書遺言の利

用は年々増加しているものと考えられる。

しかしながら，従来，自筆証書遺言は「全文，日付及び氏名」を全て自書しなければならないとされていたため（民968①），高齢者等にとって全文を自書することはかなりの労力を伴うものであり，この点が自筆証書遺言の利用を妨げる要因になっているとの指摘があった。

さらに，遺言内容の加除訂正についても，「自筆証書中の加除その他の変更は，遺言者が，その場所を指示し，これを変更した旨を付記して特にこれに署名し，かつ，その変更の場所に印を押さなければ，その効力を生じない」とされており（民968②），他の文書と比べてもかなり厳格な方式がとられていたことから，その方式違反により被相続人の最終意思が遺言に反映されないおそれがあるとの指摘もされてきた。

このため，自筆証書遺言の方式を緩和することについて検討が行われた。

2 遺言事項及び遺言の効力等に関する改正

1 権利の承継に関する規律

【改正の議論】

> 相続人は，遺言（相続分の指定，遺贈，遺産分割方法の指定）によって相続財産に属する財産を取得した場合には，その法定相続分に相当する割合を超える部分については，登記，登録その他の対抗要件を備えなければ，第三者に対抗することができないものとしてはどうか。

遺言で定めることができる事項は法定されているが，現行法上，遺言による財産処分の方法としては，相続分の指定，遺産分割方法の指定，遺贈(特定遺贈及び包括遺贈)等がある。

もっとも，これらの方法により財産処分がされた場合に，第三者との

関係でどのような法的効果が生ずるかは規定上必ずしも明確でない。

　この点に関し，判例は，①相続分の指定による不動産の権利の取得については，登記なくしてその権利を第三者に対抗することができるとしているほか（最高裁平成5年7月19日第三小法廷判決・家月46巻5号23頁），②いわゆる「相続させる」旨の遺言についても，特段の事情がない限り，「遺産分割方法の指定」（民908）に当たるとした上で，遺産分割方法の指定そのものに遺産分割の効果を認め，当該遺言によって不動産を取得した者は，登記なくしてその権利を第三者に対抗することができるとしている（最高裁平成14年6月10日第三小法廷判決・家月55巻1号77頁）。

　他方で，判例は，遺贈による不動産の取得については，登記をしなければ，これを第三者に対抗することはできないとしている（最高裁昭和39年3月6日第三小法廷判決・民集18巻3号437頁）。

　これらの判例の考え方は，相続分の指定や遺産分割方法の指定は相続を原因とする包括承継であるため，民法177条《不動産に関する物件の変動の対抗要件》の「第三者」に当たらないが，遺贈は意思表示による物権変動であって特定承継であることから，同条の「第三者」に当たると解しているものと考えられる。

　もっとも，このような考え方を貫くと，相続人はいつまでも登記なくして第三者にその所有権を対抗することができることになりかねず，法定相続分による権利の承継があったと信頼した第三者が不測の損害を被るなど，取引の安全を害するおそれがあり，ひいては登記制度に対する信頼が損なわれるといった指摘がされてきた。

　そこで，これらの指摘を踏まえ，遺言による権利変動と第三者との関係について検討が行われた。

　その後，この項目は，相続等（権利及び義務の承継等）に関する見直しと位置付けられた。

❷　義務の承継に関する規律

12　第1章　総　論

【改正の議論】

> 相続債務（消極財産）については，遺言によって相続分の指定等がされた場合でも，債権者との関係では，原則として法定相続分に応じて承継されるが，例外的に相続債権者の承諾があれば相続分の指定等の割合によって承継されること，他方，相続人間の内部的な負担割合については相続分の指定等による承継割合によることをそれぞれ明確化するものとしてはどうか。

　遺言で相続分の指定や包括遺贈がされた場合には，規定上は，相続債務についても積極財産と同じ割合で承継されるようにも読めるが(民902,990)，判例(最高裁平成21年3月24日第三小法廷判決・民集63巻3号427頁)は，相続債務の承継割合についてまで遺言者にこれを変更する権限を認めるのは相当でないとして，相続分の指定等がされた場合でも，相続人は，原則として法定相続分に応じて相続債務を承継するとの考え方を採っている。

　そこで，これらの判例を踏まえ，相続債務の承継割合に関する規律を明確化することについて検討が行われた。

　その後，この項目は，相続等(権利及び義務の承継等) に関する見直しと位置付けられた。

3　遺贈の担保責任

【改正の議論】

> 遺贈の目的となる物又は権利が相続財産に属するものであった場合には，遺贈義務者は,原則として,その物又は権利を，相続が開始した時の状態で引き渡し，又は移転する義務を負うものとしてはどうか。

　法制審議会で答申がされた「民法（債権関係）の改正に関する要綱」

民法改正の議論　13

（以下「債権法改正に関する要綱」という。）では，売買等の担保責任に関する規律について改正案が示されている。そこでは，いわゆる法定責任説の考え方を否定し，買主等は，目的物が特定物であるか，不特定物であるかを問わず，その種類及び品質等に関して契約内容に適合する物を引き渡す義務を負い，引き渡した物が契約内容に適合しない場合には，売主等に対し，追完請求等をすることができることとされている。そして，無償行為である贈与においても，贈与者は，契約内容に適合する目的物を引き渡す義務を負うことを前提としつつ，その契約において，贈与の目的として特定した時の状態で引き渡し，又は移転することを約したものと推定することとされている。

　このため，債権法改正に関する要綱における改正案の内容を踏まえ，遺贈の担保責任の改正について検討が行われた。

③ 自筆証書遺言の保管制度の創設

【改正の議論】

> 　自筆証書遺言を作成した者が一定の公的機関に遺言書の原本の保管を委ねることができる制度を創設するものとしてはどうか。

　自筆証書遺言は，遺言証書原本が公証役場で厳重に保管される公正証書遺言とは異なり，作成後に遺言書が紛失し，又は相続人によって隠匿若しくは変造されるおそれがある。実際，自筆証書遺言が相続人の一人により破棄又は隠匿されたために裁判手続に提出されなかったとの事実認定がされた裁判例（東京高裁平成9年12月15日判決・判タ987号227頁）があるほか，自筆証書遺言の有効性につき争われた裁判例が多数存在する（例えば，東京高裁平成12年10月26日判決・判タ1094号242頁）。また，相続人は，「自己のために相続の開始があったことを知った時から三箇月以内」に相続を承認するか，放棄するかを決めなければならな

いが（民915①），相続開始後速やかに遺言の有無及び内容を確認することができなければ，その判断を適切に行うことは困難である。さらに，被相続人が自筆証書遺言を作成していた場合であっても，相続人が遺言書の存在を把握することができないまま遺産分割が終了し，あるいは遺言書が存在しないものとして進められた遺産分割協議がその発見により無駄になるおそれもある。このほかにも，複数の遺言書が発見された場合や，一部の相続人が遺言書の偽造又は変造を主張した場合には，遺言書の作成の真正等を巡って深刻な紛争が生ずることになる。

これらの問題は，自筆証書遺言を確実に保管し，相続人がその存在を把握することのできる仕組みが確立されていないことがその一因になっているとの指摘がされてきた。

このため，自筆証書遺言を保管する制度の創設について検討が行われた。

④ 遺言執行者の権限の明確化等

■ 遺言執行者の一般的な権限等

【改正の議論】

> 遺言執行者は，遺言の内容を実現することを職務とするものであり，その行為の効果は相続人に帰属することを明らかにするものとしてはどうか。

遺言の内容の実現は，本来，遺言者の権利義務の承継人である相続人がこれをすべきものであるが，遺言の内容によっては，相続人との利害対立，相続人間の意見の不一致，一部の相続人の非協力などによって，公正な執行が期待できない場合がある。遺言執行者制度の趣旨は，このような場合に，遺言の執行を遺言執行者に委ねることにより，遺言の適正かつ迅速な執行の実現を可能とすることにあると考えられる。このよ

民法改正の議論 | 15

うな趣旨に照らすと，遺言執行者は，遺言者の意思を実現することを職務とする者であって，本来は遺言者の代理人としての立場を有するものである。

したがって，遺言執行者は，必ずしも破産管財人のように中立的な立場において職務を遂行することが期待されているわけではなく，例えば，遺留分減殺請求がされた場合のように，遺言者の意思と相続人の利益とが対立する場面でも，遺言執行者としてはあくまでも遺言者の意思を実現するために職務を行えば足りるものと考えられており，それを阻止する必要がある場合には，それを阻止しようとする者においてそのための措置を講ずる必要があるものと考えられている。

もっとも，現行法上，遺言執行者の法的地位については，「相続人の代理人とみなす」とする規定（民1015）があるのみであり，前記のような遺言執行者の法的地位が必ずしも規定上明確になっていないために，遺言者の意思と相続人の利益とが対立する場合に，遺言執行者と相続人との間でトラブルが生ずることがあるとの指摘があった。また，遺言執行者がいる場合に，遺言執行者と相続人のいずれに当事者適格が認められるかが争われた判例や裁判例が多数存在する（例えば，最高裁昭和31年9月18日第三小法廷判決・民集10巻9号1160頁）が，このような紛争が生ずるのも遺言執行者の法的地位やその権限の内容が規定上明確になっていないことがその一因になっているとの指摘もされてきた。

このため，遺言執行者の法的地位及び一般的な権限を明確にする方向で検討が行われた。

❷ 民法1013条の改正

【改正の議論】

遺言の内容を知り得ない第三者の取引の安全を図る観点から，遺言執行者がある場合に相続人がした相続財産の処分その他遺言の執行を妨げる行為の効力を見直すものとしてはどうか。

遺言執行の妨害行為がされた場合の取扱いについては，民法1013条
《遺言の執行の妨害行為の禁止》で，「遺言執行者がある場合には，相続
人は，相続財産の処分その他遺言の執行を妨げる行為をすることができ
ない」とされているが，相続人がこれに違反する行為をした場合の効果
について，判例は絶対的無効であるとしている（大審院昭和5年6月16
日判決・民集9巻550頁）。

　他方で，判例は，例えば，遺言者が不動産を第三者に遺贈して死亡し
た後に，相続人の債権者が当該不動産の差押えをした事案について，受
遺者と相続人の債権者とは対抗関係に立つとしている（最高裁昭和39年
3月6日第二小法廷判決・民集18巻3号437頁）。

　これらの判例の考え方によると，例えば，遺贈がされた場合について
は，遺言執行者があれば遺贈が絶対的に優先し，対抗関係は生じないの
に対し，遺言執行者がいなければ対抗関係に立つことになるが，この点
については，遺言の存否及び内容を知り得ない第三者に不測の損害を与
え，取引の安全を害するおそれがあるとの指摘があった。

　そこで，このような問題を解消するための方策について検討が行われ
た。

3　個別の類型における権限の内容

【改正の議論】

> 　特定遺贈がされた場合及び遺産分割方法の指定がされた場合に関
> する遺言執行者の権限の内容を明確化するものとしてはどうか。

　遺言執行者は，遺言の執行に必要な一切の行為をする権限を有すると
されているため（民1012①），遺言執行者の権限の内容は，結局のとこ
ろ遺言の内容によることになるが，遺言の記載内容からだけでは，遺言
者が遺言執行者にどこまでの権限を付与する趣旨であったのかその意思
が必ずしも明確でない場合も多く，そのために，遺言執行者の権限の内

民法改正の議論　17

容を巡って争いになる場合があるとの指摘がされてきた。とりわけ，遺言執行者の権限が取引行為に係るものである場合には，第三者の取引の安全を図る観点から，遺言執行者の権限の内容を明確にする必要性が高いとの指摘があった。

このような観点から，被相続人による財産の処分として，実務上もしばしば用いられる遺贈及び遺産分割方法の指定（相続させる旨の遺言）について，その原則的な権限の内容を法定する方向で検討が行われた。

4 遺言執行者の復任権・選任・解任等

【改正の議論】

> 遺言執行者についても，他の法定代理人と同様の要件の下で，復任権を認めることとするほか，遺言執行者の選任，辞任及び解任について，その要件を見直し，申立権者を明確化するなどの措置を講ずるものとしてはどうか。

現行法上，遺言執行者は，遺言者がその遺言に反対の意思を表示した場合を除き，やむを得ない事由がなければ第三者にその任務を行わせることができないとされている（民1016）。しかし，一般に，遺言において遺言執行者の指定がされる場合，相続人など必ずしも十分な法律知識を有していない者が指定されるケースも多く，遺言執行者の職務が広範に及ぶ場合や難しい法律問題を含むような場合には，その遺言執行者において適切に遺言を執行することが困難なこともあり得ることから，遺言執行者の復任権の要件を緩和すべきであるとの指摘がされてきた。

そのほか，現在の実務においては，相続人が遺言執行者に選任されることも多いといわれているが，遺言の内容によっては，遺言執行者の職務とされた行為のうち，その一部については利益相反の関係に立つため，その相続人に遺言執行者の職務を行わせるのが相当でない場合や，遺言執行者が一部の相続人と対立関係にあるために，その相続人の利益とな

る行為を適切に行うことを期待することができない場合があるとの指摘
もあった。

　そこで，これらの指摘等を踏まえ，遺言執行者の復任権，選任，解任
等の要件及び効果等の見直しについて検討が行われた。

4 遺留分制度に関する改正

1 遺留分減殺請求権の効力及び法的性質の改正

【改正の議論】

> 　遺留分減殺請求（以下「減殺請求」という。）によって当然に物
> 権的効果が生ずるとされている規律を見直し，減殺請求によって原
> 則として金銭債権が発生するものとしつつ，受遺者又は受贈者にお
> いて，遺贈又は贈与の目的財産による返還を求めることができる制
> 度を設けるものとしてはどうか。

　遺留分減殺請求により当然に物権的効果が生ずることとされているた
め，遺留分減殺請求の結果，遺贈又は贈与の目的財産は受遺者又は受贈
者と遺留分権利者との共有になることが多いが，このような帰結は，円
滑な事業承継を困難にするものであり，また，共有関係の解消を巡って
新たな紛争を生じさせることになるとの指摘がされてきた。例えば，被
相続人が特定の相続人に家業を継がせるため，株式や店舗等の事業用の
財産をその者に遺贈するなどしても，遺留分減殺請求により株式や事業
用の財産が他の相続人との共有となった結果これらの財産の処分が困難
になるなど，事業承継後の経営の支障になる場合があるとの指摘もあっ
た。

　また，明治民法が採用していた家督相続制度の下では，遺留分制度は
家産の維持を目的とする制度であり，家督を相続する遺留分権利者に遺

民法改正の議論　19

贈又は贈与の目的財産の所有権等を帰属させる必要があったため，物権的効果を認める必要性が高かった（特に相続人以外の第三者に遺贈又は贈与された場合にはそのような必要性が高かったといえる。）が，現行の遺留分制度は，遺留分権利者の生活保障や遺産の形成に貢献した遺留分権利者の潜在的持分の清算等を目的とする制度となっており，その目的を達成するために，必ずしも物権的効果まで認める必要性はなく，遺留分権利者に遺留分侵害額に相当する価値を返還させることで十分ではないかとの指摘もされていた。

そこで，これらの指摘を踏まえ，遺留分減殺請求権の効力及び法的性質の見直しについて検討が行われた。

② 遺留分の算定方法の改正

遺贈又は贈与が相続人に対してされた場合について，遺留分の算定方法の特則を設けるとともに，遺産分割の対象財産がある場合における遺留分侵害額の算定方法について，その規律を明確化することが検討された。

5 相続人以外の者の貢献を考慮するための方策

【改正の議論】

> 相続人以外の者が，被相続人の療養看護等を行った場合には，相続開始後，一定の要件の下で，相続人に対して金銭請求をすることができるものとしてはどうか。

現行法上，寄与分は，相続人にのみ認められているため，例えば，相続人の妻が，被相続人（夫の父）の療養看護に努め，被相続人の財産の維持又は増加に寄与した場合（療養看護を外注した場合に要する費用が節減されることとなり，特に長年にわたり療養看護をした場合には，被

相続人の財産の維持又は増加に寄与したと認められる場合が多いと考えられる。）であっても，遺産分割手続において，相続人でない妻が寄与分を主張したり，あるいは何らかの財産の分配を請求したりすることはできない。この点については，夫の寄与分の中で妻の寄与を考慮することを認める裁判例も存在するが（東京家裁平成12年３月８日審判・家月52巻８号35頁等），このような取扱いに対しては，寄与行為をした妻ではなく夫に寄与分を認める法的根拠が明らかでないといった指摘がされてきた。また，上記事例において，推定相続人である夫が被相続人よりも先に死亡した場合には，上記裁判例のような考え方によっても，妻の寄与行為を考慮することができないことになるが，このような結論は実質的公平に反するのではないかとの指摘もあった。

　さらに，被相続人の生前には親族としての愛情や義務感に基づき無償で自発的に療養看護等の寄与行為をしていた場合でも，被相続人が死亡した場合にその相続の場面で，療養看護等を全く行わなかった相続人が遺産の分配を受ける一方で，実際に療養看護等に努めた者が相続人でないという理由でその分配に与れないことについては，不公平感を覚える者が多いとの指摘もあった。

　そこで，このような指摘を踏まえ，相続人以外の者が被相続人の療養看護をした場合等を念頭に置いて，そのような貢献をした者に一定の財産を取得させる方策について検討が行われた。

　ここでは，若干の議論を紹介したにすぎない。具体的な改正内容については，「第２章　各論」において解説を加えている。

本書の構成

　本書は，今回の民法（相続関係）の改正にのみ照準を定めて，かかる改正が租税法に与える影響を考えることとしたい。もっとも，まだ，民法改正が確定したにすぎない段階であり，必ずしも国税庁をはじめとす

る租税行政庁の態度が明らかにされてはいないことから，各論の問題関心は，今回の民法（相続関係）改正の概要を解説することと，その際に見え隠れする租税法への影響を可能な限り論じることに主眼を置き取りまとめることとした。

　具体的には，アコード租税総合研究所（以下「当研究所」という。）の研究顧問を中心に，以下の内容について執筆を行っている。

〔酒井　克彦〕

（総論）　民法改正の議論 … 当研究所所長・中央大学教授・酒井克彦

（各論）　配偶者居住権の財産性 … 当研究所研究顧問・千葉商科大学専任講
　　　　　　　　　　　　　　　　師・泉絢也

　　　　特別寄与制度における寄与判定をめぐる問題点 … 当研究所研究顧問・
　　　　　　　　　　　　　　　　石井亮弁護士

　　　　療養看護者の特別の寄与 … 当研究所研究顧問・内田久美子弁護士

　　　　遺留分減殺請求 … 酒井克彦＝当研究所主任研究員・臼倉真純

　　　　遺産分割(仮払制度，分割前処分，一部分割) … 酒井克彦

　　　　改正後の遺産分割と税務に与える影響 … 山岡美樹税理士

　　　　持戻し免除の意思表示の推定規定 … 酒井克彦＝臼倉真純

　　　　遺言制度の改正 … 当研究所研究顧問・佐藤純通司法書士

　　　　事業承継計画への民法改正の影響 … 当研究所研究顧問・松岡章夫税
　　　　　　　　　　　　　　　　理士

（重要判例解説）　当研究所会員・明治大学助手・拓殖大学講師（非常勤）
　　　　　　　　　・酒井春花

第2章

各　論

Ⅰ　配偶者居住権の財産性

■　はじめに

　高齢化の進展等の社会経済情勢の変化に対応するために，今回の民法改正（民法及び家事事件手続法の一部を改正する法律（平成30年法律第72号）*1では，相続が開始した場合における配偶者の居住の権利が新設され，令和2年4月1日から施行される。ここでは，当該居住の権利（配偶者居住権及び配偶者短期居住権）の内容等を概観した上で，その財産性について考察する。

① 概念の整理

❶　相続財産とは

　相続財産という語を有斐閣の法律学小辞典で引いてみると，被相続人から相続によって相続人に承継される財産の総称であり遺産ともいい，被相続人の一身専属権及び祭祀物以外は，積極財産はもちろん消極財産を含むとされている*2。もっとも，相続財産という語は，民法の数多くの条文で用いられており，条文によって意味を異にする。例えば，遺贈財産を包摂するものと解される相続財産（民996，997，1001）もあれば，包摂しないものと解される相続財産（民885①）もある*3。

＊1　以下，括弧内で民法の条文を引用する場合，今回の改正法の条文については「改正民法」と表記する。これ以外の民法の条文は「民」と表記するが，改正民法で準用されている条文は，先に行われた民法改正（債権法改正）を反映したものである。
＊2　髙橋和之ほか編『法律学小辞典〔第5版〕』812～813頁（有斐閣2016）参照。なお，民法921条3号の相続財産に消極財産が含まれることについて，最高裁昭和61年3月20日第一小法廷判決（民集40巻2号450頁）参照。
＊3　伊藤昌司『相続法』192頁以下（有斐閣2002）参照。

24 ｜ 第2章　各　論

前述の法律学小辞典においては，租税法上の相続財産とは，「相続税の課税物件である，相続又は遺贈によって取得した財産」であるとされている*4。租税法の代表的教科書も，「相続税の課税物件は，相続または遺贈によって取得した財産である。これを相続財産という」と説明している*5。

　すると，ここでのテーマを「配偶者居住権の相続税法上の相続財産性」とすることも可能であろう。とはいえ，現行の相続税法との関係を厳密に考えるならば，相続財産という語を持ち出すことは適当ではないという批判もあり得る。相続税法が創設された明治38年以来，相続税法の条文では相続財産という語が用いられてきたが，遺産取得税体系にシフトした昭和25年から現在に至るまで，一部の例外を除き*6，相続税法本法では相続財産という語ではなく財産という語が用いられてきたからである（相続税の課税財産の範囲を定める相続税法２条など参照）。

　以上のような議論を踏まえてであろうか，筆者に与えられたテーマは，配偶者居住権の財産性であり，相続財産性ではない。であれば，基本的には，その取得原因を問わない財産性を検討することになろう。

2　課税財産とは

　相続税の課税対象となる財産というニュアンスを出したいのであれば，相続税法上の課税財産性を問うテーマ設定もあり得たであろう。この場合にも，通常は，財産性の検討に加えて，取得原因すなわち「その者が相続又は遺贈により取得した」ものに該当するかどうかを検討することになる。課税財産という語は，相続税法１条《趣旨》本文のほか，２条《相続税の課税財産の範囲》及び２条の２《贈与税の課税財産の範囲》

＊４　高橋・前掲＊２，813頁参照。
＊５　金子・租税法679〜680頁。相続税法上の相続，遺贈は民法からの借用概念であることについて同書632頁，相続税法上の財産も借用概念であると指摘するものとして北野弘久編『コンメンタール相続税法』41頁〔村井正執筆〕（勁草書房1974）参照。
＊６　特別縁故者に対する相続財産の分与を定める民法958条の３第１項にいう相続財産を直接的に引用する相続税法４条参照。

Ⅰ　配偶者居住権の財産性 | 25

の見出しにも使用されている。

相続税の課税価格はこの「相続又は遺贈により取得した財産」の価額の合計額である（相法11の２）。生前，被相続人に属していた財産であっても，相続又は遺贈により相続人が取得しないものについては，相続税法上の課税財産には含まれない。ただし，相続税法上の財産ではあるが，その価額が課税価格に算入されないものも存在する（相法12等）。

3 財産とは

1 積極財産への限定

相続税法の条文中に多用されている財産という用語の意味について，これを定義する規定はないから，一応は，民法の規定によって決すべきであるという考え方がある[7]。なるほど，相続税は，個人が相続又は遺贈により財産を取得したことに担税力を見いだす租税であり，この場合の相続又は遺贈については民法の制度を前提としていることは明らかである。よって，相続税法が独自の定義規定を設けずに，民法と同一の用語を用いている場合には，その用語の意味については民法と同義に解することが基本的かつ妥当な解釈態度である（いわゆる借用概念の統一説[8]）。

もっとも，相続税法上の財産についていうと，その意味を民法に委ねるとしても，相続税法の仕組みや規定の趣旨に回帰しなければ，問題は解決しないという側面も有する。相続税法上の財産の意味について民法の規定によって解決すべきであるという上記考え方をとる立場からも，民法上の財産には積極財産と消極財産の両方を含む場合（民25,896）と積極財産のみを指す場合（民306，668，768，922）の２つがあることを前提に，いずれを意味するかは理論的に決定されるべきものではなく，法律の趣旨に基づいて解釈するほかないとされている[9]。

＊7　武田・コンメ〔相続税法〕587の３参照。
＊8　金子・租税法126頁以下参照。

26 ｜ 第2章 各 論

「相続人は，相続開始の時から，被相続人の財産に属した一切の権利義務を承継する」と規定する民法896条《相続の一般的効力》の財産には消極財産が含まれるものの，相続税法10条や13条《債務控除》を手掛かりとするならば，相続税法上の財産は，消極財産を含まず，積極財産のみを意味するものと解されよう*10。

2 経済的価値に関する議論

相続税法上の財産とは，経済的価値のある全ての権利を含むものと解されている*11。より具体的にいうと，相続税法上の財産には財産権の対象となる一切の物及び権利が含まれ，動産・不動産はもとより，特許権・著作権等の無体財産権，鉱業権・漁業権等の営業上の権利，私法上・公法上の各種の債権等，経済的価値に対する支配権が広く相続税の課税の対象となると理解されている*12（相続税法上の財産性のメルクマールとして，換価性などの観点を提示する見解*13や，この換価性と経済的価値とを同義に捉える見解*14もある。）。

相続とは，相続人が，相続開始の時から，被相続人の財産に属した一切の権利義務を承継すること（民896）及び相続税法上の財産は積極財産のみを指すことを前提とすると，かような理解に賛意を示すことができる。ただし，生前，被相続人の財産に属した権利の全てが，相続によって承継されるわけではない。例えば，被相続人の一身に専属したもの

*9　武田・コンメ〔相続税法〕587の3参照。
*10　武田・コンメ〔相続税法〕587の3～588頁参照。遺産税の性格を有し，かつ，条文中に相続財産という語を用いていた創設当時の相続税法の解説書であるが，河沼高輝『現行相続税法釋義』39～40頁（自治館1929）も参照。
*11　泉美之松＝栗原安『相続税富裕税の実務』33頁（税務経理協会1950），白崎浅吉＝桜井四郎『相続税法解説〔昭和61年版〕』62頁以下（税務研究会出版局1986），北野・前掲＊5，34頁〔藤井誠一執筆〕など参照。
*12　金子・租税法680頁，池本＝酒井・裁判例〔相続税・贈与税〕42頁参照。相続税法基本通達11の2－1も参照。
*13　北野・前掲＊5，34頁〔藤井誠一執筆〕，41頁〔村井正執筆〕，104頁〔吉良実執筆〕参照。かような見解に対して疑問を示すものとして，酒井克彦「仮想通貨は相続税法上の『財産』か─経済的価値はあるものの換価可能性がない資産─」税務事例50巻12号29～30頁（2018）参照。民法の立場からの参考となる疑問として，後掲＊36参照。
*14　橋本守次『ゼミナール相続税法〔平成27年1月改訂〕』115頁（大蔵財務協会2015）参照。

I　配偶者居住権の財産性　27

は，相続によって承継されない（民896ただし書）。経済的価値のある財産権であるとしても，相続によって承継されない以上，相続税法上の財産には含まれないと整理すべきであろうか。議論はあるかもしれないが，使用貸借のように本人の死亡によって消滅するものは（後述），たとえ経済的価値を認めることができたとしても，借主死亡の場面においては相続税法上の財産ではないと整理すべきであろうか，あるいは財産ではあるが相続により承継されないものと整理すべきであろうか。会員の死亡によって会員の資格を喪失する会則がある場合のゴルフ会員権についても同様の議論をなし得る*15。

　また，民法上の財産ないし相続財産について，経済的価値のあるものを意味するという理解が一応妥当するとしても*16，特殊な例であるが，遺体や遺骨が相続財産に含まれるという議論があったこと*17などを想起すると，経済的価値がないものは民法上の相続財産ないし財産に該当しないと直ちに論断することには躊躇を覚える。客観的交換価値，あるいは「不特定多数の当事者間で自由な取引が行われる場合に通常成立すると認められる価額」という時価の定義*18と同義であるかなど，経済的価値という語の意味をもう少し掘り下げて検討する余地が残されているといえよう*19。民法上の財産性の判断場面において，経済的価値をメルクマールとする演繹的なアプローチを厳格に貫くことが妥当である

---

*15　相続によって承継されないことについて，最高裁昭和53年6月16日第二小法廷判決（集民124号123頁）参照。ただし，谷口知平＝久貴忠彦編『新版注釈民法(27)　相続(2)〔補訂版〕』75～79頁〔右近健男執筆〕（有斐閣2013），大村敦志『新基本民法8　相続編』35頁（有斐閣2017）なども参照。
*16　林修三ほか編『法令用語小辞典〔第6次改訂版〕』233頁（学陽書房1987）など参照。
*17　中川善之助編『註釈相続法（上）』127頁〔山中康雄執筆〕（有斐閣1954），島津一郎＝久貴忠彦編『新・判例コンメンタール民法14　相続(1)』90～92頁（三省堂1992）参照。ただし，泉久雄『総合判例研究叢書　民法(26)』125頁，129頁（有斐閣1965），中川善之助＝泉久雄『相続法〔第4版〕』204頁（有斐閣2000）なども参照。
*18　かかる時価の定義との調和を考慮しながら，財産性や個別の評価方法の妥当性を検討する場合，時に難題にぶつかることがある。参考として，澁谷雅弘「相続税における財産評価の法的問題」碓井光明ほか編『公法学の法と政策　上巻』701頁以下（有斐閣2000）参照。
*19　有益な議論として，高野幸大「相続税における財産評価の今日的問題：不動産」日税研論集68号106頁（2016）参照。

28　第2章　各　論

か，という疑問すら浮かんでくる。

　相続税法の課税関係も考慮に入れるならば，「財産＝経済的価値があるもの」であり，「財産評価額が零となるもの＝財産ではない」という考え方も出てきそうである。他方，相続税の実務上，使用借権は，借地借家法上の法的保護を受けられないほか，借主の死亡が使用貸借の終了原因とされていることなどに鑑み，「評価は零とする」，「評価しない」という取扱いがなされているのに対して[20]，法人税の実務上は，使用借権に財産的価値があることが認められており，裁判所もこれらの取扱いを容認する方向にある[21]。すると，「財産ではあるが，評価は零」というものを観念できるのではないかという疑問も投げかけ得る[22]。財産性のメルクマールとしての経済的価値と相続税法上の評価は別次元のものではないかという問題視角や，相続税法上の財産性は民法に全面的に委ねればいいのではないかといった借用元の法律から見たらやや“身勝手な”見解も視野に入り込んでくる[23]。

　さらにいえば，相続（税）を念頭に置いた上記のような考察は，同一

---

[20]　相続税関係個別通達「使用貸借に係る土地についての相続税及び贈与税の取扱いについて」（昭和48年11月11日），財産評価基本通達94参照。裁判例として，神戸地裁昭和53年12月13日判決（訟月25巻4号1148頁），東京高裁平成4年2月6日判決（行集43巻2号123）頁など参照。なお，配偶者短期居住権と財産評価基本通達94との関係について，阿部徳幸「相続法改正と税務」税弘61巻3号183頁参照（2013）。

[21]　法人税基本通達13－1－7参照。相続税の取扱いとの関係については，大阪高裁平成12年5月31日判決（税資247号1150頁），大阪高裁平成18年1月24日判決（税資256号順号10277），那覇地裁平成21年11月25日判決（税資259号順号11326）参照。

[22]　例えば，大阪高裁平成8年1月26日判決（税資215号148頁）は，「土地及び建物の賃借権は，特段の約定がない限り民法上は賃借人において自由に譲渡することができないにも拘らず，社会経済上は財産として扱われているから，賃借権譲渡禁止の特約がある場合であっても，金銭に見積もることができる経済的価値があるものとして相続税の課税評価の対象となる財産であると解すべきである……前記のとおり評価基本通達九五では，借家権は，その取引慣行のある地域を除き，相続税の課税価格に算入しないこととされているから，相続税評価額は0円となるが，その取引慣行のある地域でないとしても，右のとおり借家権は金銭に見積もることができる経済的価値のある財産といえる」と判示する。

[23]　議論の参考として，大分地裁平成20年2月4日判決（民集56巻2号165頁）参照。また，宇佐美邦雄『相続税の課税と手続』40頁以下（賢文館1929）のほか，財産権に関するものであるが第21回帝国議会貴族院相続税法案外一件特別委員会（明治37年12月23日）における議論も参照。

Ⅰ　配偶者居住権の財産性　　29

の法律（相続税法）において規律される贈与（税）が問題となる場面で再検討を迫られないかという疑念も残る。

　以上，考察不足で中途半端な概念整理のまま漂流していることを自覚しつつ，差し当たりここでは，①相続税法上の財産とは，民法上の財産のうち積極財産のみを指し，②相続税法上の財産であっても，財産評価額が零とされるものも存在し得るという理解を前提として，配偶者居住権及び配偶者短期居住権の相続税法上の財産性を考察する。

2 配偶者居住権の財産性

　配偶者居住権とは，被相続人の配偶者が，これまで居住していた被相続人所有の建物の全部について，原則として終身の間，無償で使用及び収益をする権利である。これは，配偶者が従前の居住環境での生活を継続しつつ，老後の生活資金も確保することができるようにするために創設された新たな権利である[24]。

1 権利創設の背景[25]

　近年の高齢化社会の進展により，相続開始時点で配偶者が既に高齢となっている事案が増加している。平均寿命の伸長に伴い，そのような場合でも，その配偶者がその後，長期間にわたって生活を継続することも少なくない。現行法の下で，住み慣れた居住環境での生活を継続するために居住権を確保しつつ，その後の生活資金としてそれ以外の財産についても一定程度確保したいという配偶者の希望をかなえようとしても，種々の不都合が生じ得る。

　例えば，配偶者が従前居住していた建物の所有権を取得するとしても，居住建物の評価額が高額となり，配偶者がそれ以外の遺産を取得するこ

---

[24]　第196回国会衆議院法務委員会（平成30年6月8日）における政府参考人（小野瀬厚法務省民事局長）による説明参照。
[25]　法務省民事局参事官室「民法（相続関係）等の改正に関する中間試案の補足説明」（平成28年7月）8頁など参照。

30 ｜ 第2章 各 論

とができなくなり，その後の生活に支障を来す場合もあり得る。配偶者が，その建物の所有権を取得した他の相続人との間で賃貸借契約等を締結するとしても，契約が成立しなければ，配偶者の居住権は確保されない。

そこで，今回の改正で創設されたのが配偶者居住権である（現行制度と制度導入のメリットについて図Ⅰ－1参照）。

【図Ⅰ－1：配偶者居住権の導入メリット】
(導入前)

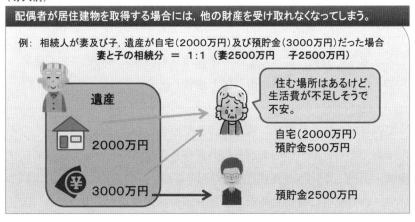

(導入後)

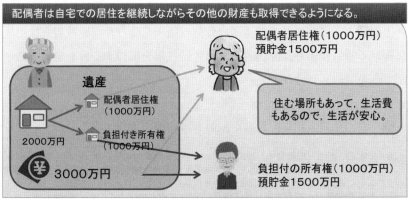

（出所） 法務省ホームページ（http://www.moj.go.jp/content/001263589.pdf）

2　配偶者居住権の内容・成立要件等

■1　成立要件等

　被相続人の配偶者は，被相続人の財産に属した建物に相続開始の時に居住していた場合において，次の①又は②に該当するとき*26は，その居住していた建物（居住建物）の全部について無償で使用及び収益をする権利（配偶者居住権）を取得する。ただし，被相続人が相続開始の時に居住建物を配偶者以外の者と共有していた場合には，この限りでない（改正民法1028①）。

> ①　遺産の分割によって配偶者居住権を取得するものとされたとき
> ②　配偶者居住権が遺贈の目的とされたとき

　配偶者居住権の取得後，居住建物が配偶者の財産に属することとなった場合であっても，他の者がその共有持分を有するときは，配偶者居住権は，消滅しない（改正民法1028②）。なお，配偶者居住権の遺贈について，特別受益の持戻し免除の意思表示の推定規定が準用される（改正民法1028③，903④）。

■2　家庭裁判所の審判による取得

　上記■1の①に関連して，遺産の分割の請求を受けた家庭裁判所は，次に掲げる場合に限り，配偶者が配偶者居住権を取得する旨を定めることができる（改正民法1029）。

> ❶　共同相続人間に配偶者が配偶者居住権を取得することについて

---

*26　後掲の「民法（相続関係）等の改正に関する要綱案」4頁では，上記①及び②に加えて，「被相続人と配偶者との間に，配偶者に配偶者居住権を取得させる旨の死因贈与契約があるとき」を含めていた。民法554条を根拠に，改正法においてもこのことが妥当することについて，上西左大臣『民法改正でこうなる！税理士のための相続実務』12頁（ぎょうせい2018），堂薗幹一郎＝野口宣大編著『一問一答　新しい相続法』12頁（商事法務2019）参照。

32　第2章　各　論

合意が成立しているとき

❷　配偶者が家庭裁判所に対して配偶者居住権の取得を希望する旨を申し出た場合において，居住建物の所有者の受ける不利益の程度を考慮してもなお配偶者の生活を維持するために特に必要があると認めるとき（❶の場合を除く。）

3　存 続 期 間

　配偶者居住権の存続期間は配偶者の終身であるが（改正民法1030本文），遺産分割協議，遺言又は家庭裁判所の遺産分割の審判において別段の定めがなされた場合，その定めるところによる（改正民法1030ただし書）。

4　登 記 等

　居住建物の所有者は，配偶者居住権を取得した配偶者に対し，配偶者居住権の設定の登記を備えさせる義務を負う（改正民法1031①）。登記されたときは第三者に対抗することが可能となり，第三者に対して居住建物の占有の妨害停止や返還を請求することができる（改正民法1031②，605，605の4）。

5　居住建物の修繕等（改正民法1033）

　配偶者は，居住建物の使用及び収益に必要な修繕をすることができる。居住建物の修繕が必要である場合において，配偶者が相当の期間内に必要な修繕をしないときは，居住建物の所有者は，その修繕をすることができる。居住建物が修繕を要する場合（上記により配偶者が自らその修繕をするときを除く。）又は居住建物について権利を主張する者がある場合は，居住建物の所有者が既にこれを知っているときを除き，配偶者は，居住建物の所有者に対し，遅滞なくその旨を通知しなければならない。

6　制約等（改正民法1032，1034，583②）

ア　用法遵守義務及び善管注意義務

配偶者は，従前の用法に従い，善良な管理者の注意をもって，居住建物の使用及び収益をしなければならない。ただし，従前居住の用に供していなかった部分について，これを居住の用に供することを妨げない。

イ　配偶者居住権の譲渡禁止*27

配偶者居住権は，譲渡することができない。

ウ　所有者の承諾なき増改築・第三者使用収益禁止

配偶者は，居住建物の所有者の承諾を得なければ，居住建物の改築若しくは増築をし，又は第三者に居住建物の使用若しくは収益をさせることができない。

エ　通常の必要費の負担

配偶者は，居住建物について，居住建物の保存に必要な通常の修繕費用のほか，居住建物及びその敷地の固定資産税等の公租公課など，通常の必要費を負担する*28。配偶者が通常の必要費以外の費用を支出した場合には，居住建物の所有者は配偶者に対して，その費用を償還しなければならない。

7　消滅・返還等

配偶者が上記**6**ア又はウに違反した場合において，居住建物の所有者が相当の期間を定めてその是正の催告をし，その期間内に是正がされないときは，居住建物の所有者は，当該配偶者に対する意思表示によって配偶者居住権を消滅させることができる（改正民法1032④）。

配偶者居住権は，上記**3**の存続期間が満了することによって消滅するが，その前であっても，配偶者の死亡によって消滅する（改正民法1036，597①③）。また，居住建物の全部が滅失その他の事由により使用及び収

---

*27　法制審議会民法（相続関係）部会第26回会議（平成30年1月）の議事録によれば，配偶者と建物所有者が配偶者居住権の負担のない建物所有権全体を譲渡したい場合には，配偶者が配偶者居住権を放棄し，消滅させた上で，譲渡することを想定しているようである。

*28　堂薗＝野口・前掲*26，26頁参照。

益をすることができなくなった場合も消滅する（改正民法1036，616の2）。

配偶者は，原則として，配偶者居住権が消滅したときは，原状回復等した上で居住建物の返還をしなければならない。ただし，配偶者が居住建物について共有持分を有する場合は，居住建物の所有者は，配偶者居住権が消滅したことを理由としては，居住建物の返還を求めることができない（改正民法1035，599①②，621）。

3 配偶者居住権の財産性

1 部会における議論

法務大臣の諮問を受けた法制審議会民法（相続関係）部会*29（以下「部会」という。）におけるこれまでの議論では，配偶者居住権は，財産評価の対象となり，配偶者の具体的相続分の範囲内で取得されるものであると認識されてきた。平成30年１月の第26回部会で決定された「民法（相続関係）等の改正に関する要綱案」の段階において，これまで居住建物の所有者の承諾があれば配偶者居住権を譲渡できるとされていた点が改められ，譲渡できないこととされたが，その理由の説明においても，配偶者居住権は，財産評価の対象となり，配偶者の具体的相続分の範囲内で取得されるものであることを前提とした議論が展開されている*30。

2 検　　討

配偶者居住権は相続税法上の財産に該当すると考える（ただし，配偶者の死亡により消滅するから，当該配偶者の死亡時においてはそもそも相続の対象にはならないことに留意*31）。まず，配偶者居住権とは，被相続人の配偶者が，これまで居住していた被相続人所有の建物の全部について，無償で使用及び収益をする権利である。無償で使用できるなど

*29　以下に引用する部会の資料については，法務省のホームページを参照（http://www.moj.go.jp/shingi1/housei02_00294.html〔最終閲覧日平成31年３月30日〕）。
*30　部会第26回の資料である「補足説明」２頁参照。
*31　堂薗＝野口・前掲*26，18頁参照。

の相違点もあるが賃借権類似の法定債権と考えられている[32]。また，上述のとおり，配偶者居住権は，財産評価の対象となり，配偶者の具体的相続分の範囲内で取得されることが予定されている。よって，「無償」という語を意識して対比させるならば，後述する配偶者短期居住権と異なり，配偶者は，これまで居住していた被相続人所有の建物の全部について「無償で」使用及び収益をする権利である配偶者居住権を「無償で」手に入れるわけではない。かような配偶者居住権は，経済的価値を有する財産であると考えてよいであろう。

これに対して，配偶者居住権は，譲渡が禁止されており，換価性という点で大きな制約を受けているから，財産に該当しないという見解もあるかもしれない（相続税法上の財産性のメルクマールとして換価性を採用する見解があることについて上記 1 の 3 2 参照）。しかしながら，配偶者居住権は，居住建物を無償で使用する権利であるから，経済的価値がないとか，財産権[33]に該当しないと論断することは難しいように思われる。

しかも，配偶者居住権は，居住建物を無償で収益する権利を含む。施設への入居等により，居住建物から転居せざるを得なくなったような場合，配偶者は，配偶者居住権を放棄することを条件として，これによって利益を受ける居住建物の所有者から金銭の支払を受けたり，所有者の承諾を得た上で，第三者に居住建物を賃貸し，賃料収入を得たりすることができる。かような事実上の換価可能性[34]をどこまで重視するかという点は議論があるとしても，譲渡が禁止されていることをもって直ちに，経済的価値がないとか，財産権に該当しないということはできない

---

[32]　堂薗＝野口・前掲[26]，18頁参照。

[33]　財産権の意味について，例えば，米倉明「財産の私法上の保護」芦部信喜ほか編『岩波講座基本法学3　財産』182頁以下（岩波書店1983）は，「『財産権』とは財貨の与える社会生活上の利益を内容とする権利であって，原則として経済的価値を有し，譲渡や担保供与の客体となしうる権利」であると説明される。

[34]　前掲[24]の衆議院法務委員会における政府参考人（小野瀬厚法務省民事局長）による説明及び前掲[30]の「補足説明」2頁以下参照。

と考える[35]。

ここでは，民法上の遺産の範囲に関する文脈であるが，「遺産は限定承認のあるとき責任財産化し，相続人不存在ないし全員放棄のとき清算を目的とした相続財産法人を形成する。そこで，清算になじまない権利義務は遺産に属しないとされる余地がないかが問題となりうる」，「いかなる権利義務もなんらかのかたちで金銭的に評価することは可能と考えられるのであり，換価が実際上困難なものがあるとしても，それは単に技術上ないし事実上の問題にすぎないといってよいであろう。仮りに金銭的に評価不可能なものが存在するとしても，それは責任財産を構成せず清算対象とならないというだけのことであり，そのゆえのみをもって直ちにかような権利義務を相続対象としての遺産に属しえないとまでいう必要はないものと思われる」という見解があることも想い起こされる[36]。

以上のとおり，配偶者居住権は相続税法上の財産に該当すると解される。

③ 配偶者短期居住権の財産性

配偶者短期居住権とは，被相続人の配偶者が，自己が無償で居住していたその被相続人所有の居住建物を，遺産分割が終了するまでの間など比較的短い期間ではあるものの，無償で使用する権利である。

① 権利創設の背景[37]

高齢化社会の進展に伴い，保護すべき必要性が高まっている配偶者の居住権に関して，かつては以下のような問題が議論されていた。相続人

---

[35] なお，配偶者居住権の民法上の財産性の検討場面では，配偶者の実際の相続分の計算を通じた他の相続人への影響等に配慮すべきではないかという視点もあり得よう。

[36] 神田孝夫「遺産の範囲」中川善之助先生追悼現代家族法大系編集委員会編『現代家族法大系4（相続Ⅰ）相続の基礎』228頁以下（有斐閣1980）。

[37] 法務省民事局参事官室・前掲[25]，2頁以下など参照。

である配偶者が被相続人の許諾を得て被相続人所有の建物に居住していた場合には，その配偶者は，相続開始前には，被相続人の占有補助者としてその建物に居住していることになるが，被相続人の死亡によりその占有補助者としての資格を失うことになる。このような場合に，いかにして配偶者の居住権保護を図るべきか。

最高裁平成8年12月17日第三小法廷判決（民集50巻10号2778頁。以下「平成8年判例」という。）は，相続人の1人が被相続人の許諾を得て被相続人所有の建物に同居していた場合には，特段の事情のない限り，被相続人とその相続人との間で，相続開始時を始期とし，遺産分割時を終期とする使用貸借契約が成立していたものと推認される旨判示した。これにより，この要件に該当する限り，相続人である配偶者は，遺産分割が終了するまでの間の短期的な居住権が確保されることとなった。

平成8年判例は，現行法の下で，上述の問題を解決するために苦心して考えられた法的構成であるとの評価もされているが，あくまでも当事者間の合理的意思解釈に基づくものである。よって，被相続人が明確にこれとは異なる意思を表示していた場合等には，配偶者の居住権が短期的にも保護されない事態が生じ得る。

そこで，今回の改正で配偶者短期居住権が創設された（現行制度と制度導入のメリットについて図表I－2参照）。

【図表Ⅰ-2：配偶者短期居住権の導入メリット】
(導入前)

最判平成8年12月17日の判例法理

配偶者が，相続開始時に被相続人の建物に居住していた場合には，原則として，被相続人と相続人との間で使用貸借契約が成立していたと推認する。

 → 使用貸借契約の成立を推認

判例法理では，配偶者の保護に欠ける場合がある。

・第三者に居住建物が遺贈されてしまった場合
・被相続人が反対の意思を表示した場合
　→ 使用貸借が推認されず，居住が保護されない。

(導入後)

被相続人の建物に居住していた場合には被相続人の意思にかかわらず保護

 配偶者短期居住権 →

被相続人が居住建物を遺贈した場合や，反対の意思を表示した場合であっても，配偶者の居住を保護することができる。

他に，常に最低6か月間は配偶者の居住が保護されるというメリットもある。

(出所)　法務省ホームページ (http://www.moj.go.jp/content/001263482.pdf)

2　配偶者短期居住権の内容・成立要件等

1　成立要件等

　被相続人の配偶者は，被相続人の財産に属した建物に相続開始の時に無償で[*38]居住していた場合には，次の区分に応じてそれぞれに定める日までの間，その居住していた建物（居住建物）の所有権を相続又は遺贈により取得した者（居住建物取得者）に対し，居住建物について無償

で使用する権利（居住建物の一部のみを無償で使用していた場合にあっては，その部分について無償で使用する権利。配偶者短期居住権）を有する（改正民法1037①本文）。

居住建物について配偶者を含む共同相続人間で遺産の分割をすべき場合	＜次のうち，いずれか遅い日＞ 遺産の分割により居住建物の帰属が確定した日 又は 相続開始の時から6か月を経過する日
上記以外の場合	居住建物取得者による配偶者短期居住権の消滅の申入れの日から6か月を経過する日

　この場合には，居住建物取得者は，第三者に対する居住建物の譲渡その他の方法により配偶者の居住建物の使用を妨げてはならない（改正民法1037②。ただし，配偶者短期居住権には，配偶者居住権と異なり，第三者対抗要件としての登記に関する定めがないことに留意）。もっとも，居住建物取得者は，上記の居住建物について配偶者を含む共同相続人間で遺産の分割をすべき場合を除くほか，いつでも配偶者短期居住権の消滅の申入れをすることができる（改正民法1037③）。

　なお，配偶者が，相続開始の時において居住建物に係る配偶者居住権を取得したとき，あるいは相続人の欠格事由について定める民法891条の規定に該当し又は廃除によって，その相続権を失ったときは，配偶者は配偶者短期居住権を有しない（改正民法1037①ただし書）。配偶者が相続放棄をしていても，配偶者短期居住権は成立し得る。

2 居住建物の修繕等（改正民法1041，1033）

　配偶者は，居住建物の使用に必要な修繕をすることができる。居住建物の修繕が必要である場合において，配偶者が相当の期間内に必要な修繕をしないときは，居住建物取得者は，その修繕をすることができる。

＊38　有償で使用している場合には配偶者短期居住権は成立しない。かかる場合には，配偶者と被相続人との間に賃貸借等の契約関係があったと考えられ，被相続人の契約上の地位が相続人に引き継がれて契約関係が継続するため，新たな権利を創設する必要性が乏しいこと等を考慮したものである（堂薗＝野口・前掲＊26，36頁）。

居住建物が修繕を要するとき（上記により配偶者が自らその修繕をする
ときを除く。）又は居住建物について権利を主張する者があるときは，
居住建物取得者が既にこれを知っている場合を除き，配偶者は，居住建
物取得者に対し，遅滞なくその旨を通知しなければならない。

3　制約等（改正民法1032②，1033，1034，1038①②，1041，583②）

ア　用法遵守義務・善管注意義務

　　配偶者は，従前の用法に従い，善良な管理者の注意をもって，居住
建物の使用をしなければならない。

イ　居住建物取得者の承諾なき第三者使用禁止

　　配偶者は，居住建物取得者の承諾を得なければ，第三者に居住建物
の使用をさせることができない[39]。

ウ　配偶者短期居住権の譲渡禁止

　　配偶者短期居住権は，譲渡することができない。

エ　通常の必要費の負担

　　配偶者は，居住建物について，居住建物の保存に必要な通常の修繕
費用のほか，居住建物やその敷地の固定資産税等の公租公課など，通
常の必要費を負担する。配偶者が通常の必要費以外の費用を支出した
場合には，居住建物取得者は配偶者に対して，その費用を償還しなけ
ればならない。

4　消滅・返還等

　　配偶者が上記**3**ア又はイに違反した場合には，居住建物取得者は，配
偶者に対する意思表示によって配偶者短期居住権を消滅させることがで
きる（改正民法1038③）。また，配偶者による配偶者居住権の取得又は
配偶者の死亡により，配偶者短期居住権は消滅する（改正民法1039，1041，
597③）。さらに，居住建物が滅失等により使用することができなくなっ

---

[39]　配偶者居住権と異なり条文に明記されていないが，（用法遵守義務があるため）配偶
者は居住建物取得者に無断で増改築することはできないことについて，堂薗＝野口・前
掲[26]，48頁参照。

Ⅰ　配偶者居住権の財産性　　41

た場合も消滅する（改正民法1041，616の2）。

　配偶者は，死亡による場合を除き，配偶者短期居住権が消滅したとき
は，居住建物の返還をしなければならない。ただし，配偶者が居住建物
について共有持分を有する場合は，居住建物取得者は，配偶者短期居住
権が消滅したことを理由としては，居住建物の返還を求めることができ
ない（改正民法1040）。

3　配偶者短期居住権の財産性

　以上のような配偶者短期居住権について，相続税法上の財産性を認め
ることは一応可能であると考える。配偶者短期居住権とは，被相続人の
配偶者が，自己が無償で居住していたその被相続人所有の居住建物を，
比較的短い期間ではあるものの，無償で使用する権利である。配偶者短
期居住権によって受けた利益については，配偶者の具体的相続分からそ
の価額を控除することを要しないとしても，配偶者は配偶者短期居住権
によって利益を受けることは明らかである（後掲の要綱案参照）。

　そうであるならば，配偶者居住権と異なり収益をする権利は認められ
ておらず，第三者に対抗することができず，配偶者居住権と同様に譲渡
が禁止されており，換価性という点でより一層制約を受けていることな
どを考慮しても，経済的価値が皆無であるとか，財産権に該当しないと
直ちに論断することは難しいように思われる。もちろん，財産の意義，
経済的価値という概念，あるいは相続税法における実際の財産評価をど
う考えるかという点を考究する余地は残されている[40]。

---

[40]　例えば，上西・前掲[26]，39〜40頁は，「配偶者短期居住権は，使用借権類似の法定
　の債権と考えられているが，第三者対抗力（登記）は付与されない（配偶者居住権の場
　合は，登記されることにより，第三者対抗力が付与される。）。平たく言えば，配偶者の
　当面の居住利益を保護するための便法である。したがって，配偶者短期居住権には財産
　性はない」とされ，財産性がないことを根拠として配偶者の「具体的相続分に含まれな
　い」と説明される。立案担当者は，改正民法について，配偶者の具体的相続分から配偶
　者短期居住権の「価値を控除することとはしていない」と説明する際，少なくとも文言
　上は配偶者短期居住権の財産性には触れていないが，言外にほのめかしているという見
　方もあり得る。堂薗＝野口・前掲[26]，45頁，堂薗幹一郎＝神吉康二編著『概説　改正
　相続税法』26〜27頁（金融財政事情研究会2019）参照。

4 配偶者短期居住権の相続財産性

　仮に配偶者短期居住権の財産性を肯定するとしても，その相続財産性については疑問を提起し得る。以下では，相続時における相続税法上の評価以前の問題として，配偶者短期居住権は相続財産ではない，あるいは配偶者が「相続又は遺贈により取得した」財産ではないという議論を行うことも可能ではないかという点を指摘する。

　平成28年7月から実施された「『民法（相続関係）等の改正に関する中間試案』に関する意見募集」（パブリックコメント）に係る「中間試案」の1頁に次のような記述がある。

> 　「短期居住権の取得によって得た利益は，配偶者が遺産分割において取得すべき財産の額（具体的相続分額）に算入しないものとする」

　平成30年1月の第26回部会で決定された「民法（相続関係）等の改正に関する要綱案」の4頁においても次のような記述がある。

> 　「配偶者短期居住権によって受けた利益については，配偶者の具体的相続分からその価額を控除することを要しない」

　かかる記述を受けてであろう，「配偶者短期居住権によって受けた利益については，配偶者の具体的相続分からその価額を控除することを要しないとされているため，相続税法上の評価は問題とならない」と解説されている[41]。もっとも，改正法は，「配偶者短期居住権によって受けた利益については，配偶者の具体的相続分からその価額を控除することを要しない」ことを明記しているわけではない。仮に，改正法の説明として，かかる記述が妥当するとしても，なぜこのような説明が成り立つ

I　配偶者居住権の財産性　43

かが問題となる。この点については，次の2つのアプローチによる説明
があり得よう。

---

① 経済的価値を否定するアプローチ
　　配偶者短期居住権は，経済的価値がない又はほとんどない。
② 相続又は遺贈による取得（承継）を否定するアプローチ
　　配偶者短期居住権は，「相続又は遺贈により」取得するもので
はない。

---

①について，配偶者短期居住権は，存続期間が短く，第三者に対抗す
ることもできず，換価性に乏しいことなどに着目し，あるいは使用借権
に類似すると説明することにより，経済的価値がない又はほとんどない
と評価する見解がありそうである。この場合，配偶者短期居住権は，仮
に財産に該当するとしても，配偶者の具体的相続分からその価額を控除
することを要しないことになり得る（そもそも，かような配偶者居住権
の財産性を肯定すべきかといった議論の蒸し返しもあり得る。）。相続税
法との関係では，財産評価額は零であるという理解につながり得る。
　②については，上記パブリックコメントにおいて，中間試案の上記記
述に関連して，沖縄弁護士会司法法制委員会から次のような意見が提出
されていた[42]。

---

*41　内田久美子「民法（相続法）改正の動向と税務への影響」税理61巻6号5頁（2018）。
同「配偶者の居住権を保護するための方策」税弘66巻10号15頁も同旨（2018）。また，高
橋美津子「民法改正が税制に与える影響」山川一陽＝松嶋隆弘編著『相続法改正のポイ
ントと実務への影響』360頁（日本加除出版2018），上西左大臣「民法改正と相続税実務
等の見直し」同書369頁も参照。逐一の引用は避けるが，配偶者短期居住権の相続税法上
の評価が問題にならないことについての説明の仕方は論者によって異なる。なお，配偶
者は実質的には帰属家賃相当の経済的利益を得ているが，その利益相当額は，「遺産分割
のときの計算上，課税財産には含めないという取り扱いになってい」ると説明するもの
として，岩﨑政明「民法（相続編）改正の課税への影響」租税研究834号260頁参照。
*42　部会第15回（平成28年11月）の資料「『民法（相続関係）等の改正に関する中間試
案』に対して寄せられた意見の概要（詳細版）」参照。

> 「短期居住権は相続によって承継する権利ではないことからすれ
> ば，短期居住権の取得によって得た利益を配偶者が遺産分割におい
> て取得すべき財産の額（具体的相続分額）に算入すべきものではな
> いといえる（平成8年判例からも同様の結論となると考えられ
> る。）。」

　これは，上記パブリックコメント募集時に公示された関連資料の中で，
次のように説明されていたことを踏まえての意見であろう*43。

> 「平成8年判例は，配偶者等の相続人が被相続人の死亡後も無償
> で居住建物を使用することができる法的根拠を被相続人と配偶者と
> の間の使用貸借契約に求めているが，配偶者は従前の契約により被
> 相続人の死亡を始期とする使用借権を取得したにすぎず，相続によ
> って何らかの権利を承継したものではなく，また，使用借権の取得
> は生前贈与にも当たらないと解されることからすれば，平成8年判
> 例では，使用貸借契約によって得られた利益を配偶者の具体的相続
> 分から控除することは予定されていないものと考えられる」

　ここで引用されている平成8年判例は，前述のとおり，配偶者と被相
続人との間で生前に使用貸借契約の合意があったことが推認された事案
である。であれば，いわば被相続人の意思にかかわらず発生する法定債
権としての配偶者短期居住権について，配偶者が被相続人から相続によ
って何らかの権利を承継したものではない（ひいては，「短期居住権の
取得によって得た利益は，配偶者が遺産分割において取得すべき財産の
額（具体的相続分額）に算入しない」）ことを説明する根拠として，平

---

*43　法務省民事局参事官室・前掲*25，5頁。

Ⅰ　配偶者居住権の財産性　|　45

成8年判例を持ち出すことは承服し難い。

　そもそも，上記中間試案や要綱案の説明を改正法がどこまで受け継いでいるのかは必ずしも判然としない。そこで，配偶者居住権と配偶者短期居住権の条文の作りが異なる点に着目して，考察を進めてみたい。すなわち，前者について，被相続人の配偶者は，被相続人の財産に属した建物に相続開始の時に居住していた場合において，<u>遺産分割又は遺贈等を通じて</u>，居住建物の全部について無償で使用及び収益をする権利を<u>取得する</u>と規定している（改正民法1028①）。他方，後者について，配偶者は，被相続人の財産に属した建物に相続開始の時に無償で居住していた場合には，所定の期間，居住建物取得者に対し，居住建物について無償で使用する権利を<u>有する</u>と規定している（改正民法1037①本文）。両規定を比較すると，配偶者居住権に係る規定は，当事者の意思や家庭裁判所の関与があって初めて取得されるものであることを表していること，これに対して配偶者短期居住権に係る規定は，相続人の財産に属した建物に相続開始の時に無償で居住していたという一定の要件を満たせば，配偶者はその"固有の権利"としていわば"当然に配偶者短期居住権を有する"，あるいは"原始取得する"という趣旨を体現するような定め方をしていることが浮き彫りとなる（配偶者の潜在化していた持ち分が顕在化したことを表す趣旨であるかのように捉える向きもあるかもしれない。）[44]。

　かような読み方が正しいとすれば，上記②のアプローチが妥当することになろうか。この場合，相続税法との関係では，配偶者短期居住権は「相続又は遺贈により取得した」財産ではない，すなわち相続財産ではないことになる。これまで配偶者短期居住権の財産性を検討してきたが，配偶者が自己の固有の権利として有することとなる配偶者短期居住権は，

---

[44]　前掲*30の「補足説明」1頁では，配偶者短期居住権の譲渡を禁止することとした理由についての文脈であるが，配偶者短期居住権は，配偶者に経済的負担を課すことなく「当然成立する」ものであると説明されている。

相続税法がこれをみなし相続財産とする規定を設けない限り，原則として相続税の射程外となるのである（平成31年度税制改正では配偶者短期居住権に係る法律の規定は設けられなかった。）。この場合，相続税という視角からいったん離れて，所得税又は贈与税の視角からの検討が求められる[45]。

4 結びに代えて

配偶者短期居住権については，相続税法上の評価を議論する前に，そもそも「相続又は遺贈により取得した」財産であるのかが問われる。平成31年度税制改正では，配偶者短期居住権に係る規定は設けられなかったが，配偶者居住権等の相続税法上の評価方法について，次のとおり，相続税法にその評価方法が明定された（相法23の2）。

【1】配偶者居住権の価額

$$\text{建物の時価}^{(※1)} - \left(\text{建物の時価}^{(※1)} \times \frac{\text{残存耐用年数}^{(※2)} - \text{存続年数}^{(※3)}}{\text{残存耐用年数}^{(※2)}} \times \text{複利現価率}^{(※4)} \right)$$

※1　相続開始時における配偶者居住権が設定されていないものとした場合の建物の時価（建物の一部が賃貸の用に供されている場合又は被相続人が相続開始の直前において建物をその配偶者と共有していた場合には政令で定める一定の金額）

---

[45] 一時所得や帰属所得該当性，あるいはみなし贈与の規定の適用の有無などを検討する余地があるし，いずれにしても時価評価の問題に帰着する可能性もある。ここでは，借家権や漁業権などとの関係で，譲渡可能性，市場（客観的交換価値）性，金銭的評価可能性を譲渡所得の基因となる資産に該当するかのメルクマールとする議論が展開されてきたことも思い出される。なお，財産評価基本通達が，相続税・贈与税における財産評価について拘束力を持つとしても，それが所得税法等の他の税目における財産評価にも及ぶかという議論について，澁谷雅弘「財産の評価ルールに関する研究ノート」法学81号6号114頁以下（2018）参照。

I　配偶者居住権の財産性　47

※2　次の①から②を控除した年数

①　建物の所得税法に基づいて定められている耐用年数（住宅用）に1.5を乗じて計算した年数（端数について，6月以上は1年とし，6月未満は切捨て。②において同じ）

②　建物の建築後経過年数

ただし，残存耐用年数又は残存耐用年数から存続年数を控除した年数が零以下の場合には，上記算式中の「残存耐用年数―存続年数 ／ 残存耐用年数」は零

※3　次の区分に応じそれぞれに定める年数（配偶者居住権の存続年数。端数について，6月以上は1年とし，6月未満は切捨て）

①　配偶者居住権の存続期間が配偶者の終身の間である場合

配偶者居住権が設定された時点の配偶者の平均余命年数

②　上記①以外の場合

遺産分割協議等により定められた配偶者居住権の存続期間の年数（配偶者の平均余命年数が上限）

※4　配偶者居住権設定時における※3の存続年数に応じた民法の法定利率による複利現価率

【2】配偶者居住権の目的となっている建物の所有権の価額

建物の時価(※) － 上記【1】の算式で求めた配偶者居住権の価額

※　相続開始時における配偶者居住権が設定されていないものとした場合の建物の時価

【3】配偶者居住権の目的となっている建物の敷地の利用に関する権利の価額

土地の時価[※1] － （土地の時価[※1] × 複利現価率[※2]）

※1 相続開始時における配偶者居住権が設定されていないものとした場合の土地（土地の上に存する権利を含む）の時価（建物の一部が賃貸の用に供されている場合又は被相続人が相続開始の直前において当該土地を他の者と共有し，若しくは建物をその配偶者と共有していた場合には，政令で定める一定の金額）

※2 上記「【1】配偶者居住権の価額」の※4と同じ

【4】配偶者居住権の目的となっている建物の敷地の用に供される土地の価額

土地の時価[※] － 上記【3】の算式で求めた敷地の利用に関する権利の価額

※ 相続開始時における配偶者居住権が設定されていないものとした場合の土地（土地の上に存する権利を含む）の時価

　配偶者居住権の評価方法について，民法上も議論がある中で[46]，相続税法が，その評価方法を法律に定めることにより，評価に関する問題の解決を図ったことの意義は大きい。民法等における評価方法の議論の影響を第一次的には遮断する効果がひと際強まることになり，法的安定性や予測可能性に資するからである。

〔泉　　絢也〕

＊46　堂薗＝野口・前掲＊26，27〜28頁，高橋朋子「配偶者居住権の創設」民商155巻1号38〜40頁参照。

Ⅱ 特別寄与制度における寄与判定をめぐる問題点

1 相続人以外の者の貢献を考慮するための方策

　改正民法では，相続人以外の者の貢献を考慮するための方策として，特別の寄与という制度が新設された（改正民法1050。以下，同条に規定する制度を「特別寄与制度」という。）。これにより，被相続人に対して無償で療養看護その他の労務の提供をしたことにより被相続人の財産の維持又は増加について特別の寄与をした被相続人の親族（特別寄与者）は，相続開始後に，相続人に対して，特別寄与者の寄与に応じた額の金銭（特別寄与料）の支払を請求することができる（改正民法1050）。

　従前も，被相続人の財産の維持又は増加への寄与は，寄与分（民904の2）という形で，特別縁故者に対する相続財産の分与（同法958の3）で勘案されてはいた。しかし，寄与分は相続人にのみ認められ，特別縁故者に対する相続財産の分与は被相続人の不在時にのみ認められる。そのため，例えば，相続人の妻が，被相続人（夫の父）の療養看護に努め，被相続人の財産の維持又は増加に寄与した場合であっても，相続財産から何らの給付も受けることはできなかった。

　このような実質的不公平を是正するために，実務では相続人以外の寄与を相続人の寄与に含めて寄与分を評価することが行われてきた[1]。しかし，このような取扱いに対しては，①法的根拠が明らかでない，②相

---

*1　片岡武=菅野眞一編著『家庭裁判所における遺産分割・遺留分の実務〔第3版〕』305頁（日本加除出版2017），松原正明『全訂判例先例相続法Ⅱ』111頁（日本加除出版2006）。ただ，寄与をした相続人以外の者に当該寄与に相当する給付が行われるわけではない。寄与分ではなく，委任契約の法理や事務管理の法理で問題処理を図るべきだとするものとして，潮見佳男『相続法〔第5版〕』151頁（弘文堂2014）。

50　第2章　各　論

続人が寄与した者より先に死亡した場合には考慮できなくなるといった問題点が指摘されていた。そこで，今般の改正で新たに特別寄与制度が設けられることになった*2。

このような改正の経緯からしても，また，条文の文言からしても，特別寄与制度は従来の寄与分制度と密接に関連するものであると解される。そこで，ここでは，従前の寄与分制度における解釈を前提に，特別寄与料が認められる範囲を整理し，さらに，有償で労務提供を行った場合との比較もした上で，相続税法の取扱いを検討する。

2　特別寄与料を認めるための要件

①　被相続人の親族であること

特別寄与者は被相続人の親族*3に限られる（改正民法1050①）。法制審議会の審議過程では，親族に限定しない，一定の親等の親族に限るなど様々な案が検討された。しかし，統一的，合理的な説明をするのが困難であるとして，親族であることが要件とされた*4。

②　療養看護その他の労務の提供

特別寄与料の支払は療養看護その他の労務の提供が行われた場合に限られる（改正民法1050①）。相続人の寄与分は，相続人の財産の維持又は増加に寄与すれば，財産上の給付その他の方法が行われた場合にも認められる（民904の2①）。しかし，特別寄与料は，特に不公平感が強い，労務の提供がある場合にのみ認められることとされた。そのため，被相続人の不動産の購入資金の援助，医療費・施設入所費の負担などは寄与分の対象となるが，特別寄与料の対象とはならない。

＊2　「民法（相続関係）等の改正に関する中間試案の補足説明」。
＊3　相続人，相続放棄をした者，廃除によって相続権を失った者は除く。
＊4　法制審議会民法（相続関係）部会第25回会部会資料25－2「補足説明（要綱案のたたき台⑴）」。

Ⅱ　特別寄与制度における寄与判定をめぐる問題点　│　51

なお，療養看護はあくまで労務の提供の例として掲げられていることから，無償での不動産の賃貸管理，立退交渉，占有排除（後述する資産管理型の寄与行為）など労務の提供がある場合には，特別寄与料の対象となる。

3 無 償 性

特別寄与料は労務の提供が無償で行われた場合に限って認められる。役務提供に対して対価が支払われた場合には，被相続人はその限度で寄与を評価する意思であることが多い。無償性の要件は，そのような被相続人の意思を尊重する趣旨である。支払われた対価が十分でない場合には，報いられていない残余の部分において，特別寄与料が認められる余地がある[5]。

注意が必要なのは，ここでいう無償性は，契約の有償性の判断基準とは必ずしも同一ではないという点である。法制審議会の審議過程では，寄与に報いる趣旨で生前贈与があった場合には，「無償」に該当しないと解釈する余地があるとされている[6]。法文上，「無償」という限定がない寄与分についても，このような解釈が有力であり[7]，そのような解釈を採用した裁判例もある[8]。生前の労を特別寄与料と贈与・遺贈とで二重に評価すべきではないから，そのように解釈することは合理的であろう。

この解釈を前提とすると，生前の労に報いる趣旨で贈与が行われた場合にも，「無償」とはいえず，特別寄与料は認められないということになる。ただ，贈与の趣旨を明確にする必要があることから，贈与契約に

＊5　寄与分について，大阪高裁平成2年9月19日決定・家月43巻2号144頁等。
＊6　法制審議会民法（相続関係）部会第25回会部会資料25－2「補足説明（要綱案のたたき台(1)）」。
＊7　鈴木禄弥『相続法講義〔改訂版〕』283頁（創文社1996）等。
＊8　東京高裁平成8年8月26日決定・家月49巻4号52頁等。なお，当該贈与は寄与に報いるためのものであるから，持戻し免除の意思表示があったものとして，特別受益の対象からも除外される。

52 第2章 各 論

その趣旨を明確に記載することが望ましいといえよう。

4 相続財産の維持又は増加

特別寄与料を認めるためには，労務の提供によって，相続財産に係る資産の増加若しくは減少の阻止又は負債の減少若しくは増加の阻止の効果が生じることが必要である。心理面での援助だけでは，特別寄与料の対象とはならない。この点は寄与分と同様である。

5 「特別の寄与」であること

特別寄与料を認めるためには，被相続人の財産の維持又は増加について「特別の寄与」をしたことが必要である（改正民法1050①）。

問題は「特別の寄与」の意義である。

寄与分の要件としても，被相続人の財産の維持又は増加への「特別の寄与」が必要とされ（民904の2①），当該「特別の寄与」から，被相続人と相続人の身分関係に基づいて通常期待される貢献（「通常の寄与」）は除外される[9]。例えば，夫婦間の協力扶養義務（民730），親族間の扶養義務・互助義務（民877①）の範囲内の行為は，特別の寄与とならない。

これに対して，特別の寄与者は相続人に限られず，被相続人に対して民法上の身分関係に基づく義務を負わない者が含まれる。そのため，特別寄与制度における「特別の寄与」とは，貢献の程度が一定度を超えることを意味すると解される[10]。したがって，夫婦協力扶養義務の範囲内であるとして寄与分が認められなかったような行為でも，その貢献の程度が一定程度を超える場合には，特別寄与制度においては「特別の寄与」が認められることになろう。

---

[9] 松原・前掲＊1，113頁，片岡ほか・前掲＊1，310頁。
[10] 法制審議会民法（相続関係）部会第25回会部会資料23－2「補足説明（要綱案のたたき台(2)）」。

Ⅱ 特別寄与制度における寄与判定をめぐる問題点

3 特別寄与料の法的性格

1 寄与分との違い

　寄与分は具体的相続分（遺産分割時に基準となる相続分）の算定の際に考慮され，これにより，相続人が遺産分割により取得する財産が増加する。他方，相続人は他の相続人に対して遺産分割から離れて寄与分の支払を請求することはできない。

　これに対して，特別寄与者は相続人に対して遺産分割と無関係に特別寄与料の支払を請求することができる。特別寄与料の支払は遺産分割とは別に財産を取得するという点で特別縁故者に対する相続財産の分与に近い。

　ただ，特別縁故者に対する相続財産の分与は，相続財産そのものが分与されるのに対して（民958の3①），特別寄与料の支払は，相続により取得した財産を分与するものではない。仮に，相続財産に金銭又は預貯金がなかったとしても，相続人は金銭で特別寄与料を支払わなければならない。そういった意味では，特別寄与料は，代償分割における代償金の支払や，遺留分侵害額請求権に基づく支払（改正前民法だと遺留分減殺請求に対する価額賠償）に近い。

2 特別寄与料の額

　特別寄与料の額は，原則として，当事者間の協議によって定める（改正民法1050②）。ただし，特別寄与料の額は，相続財産の価額から遺贈の価額を控除した残額を超えることはできない（改正民法1050④）。

　当事者間で協議が調わない場合には，特別寄与料の額は，家庭裁判所の協議に代わる審判によって，定められる（改正民法1050②）。家庭裁判所は，その際，寄与の時期，方法及び程度，相続財産の額その他一切の事情を考慮する（改正民法1050③）。当該審判の申立ては，特別寄与

54 　第2章　各　論

者が相続の開始及び相続人を知った時から6か月を経過したとき又は相続開始の時から1年を経過したときまでに行わなければならない（改正民法1050②）。

相続人が複数の場合には，各相続人が特別寄与料の額に法定相続分（又は指定相続分）を乗じた額を負担する（改正民法1050⑤）。

3 特別寄与料の支払請求権が成立する時期

特別寄与者は，相続の開始によって，抽象的な権利として特別寄与料の支払請求権を取得し，協議又は家庭裁判所の審判によって当該権利が具体化する。したがって，協議又は家庭裁判所の審判が成立する前の時点では，特別寄与者は相続人に対し特別寄与料の支払を請求することはできない[11]。

なお，特別寄与者が遺産分割後に相続人に対して特別寄与料の支払を請求した場合であっても，遺産分割の効力には影響を及ぼさない。

4 遺留分との関係

寄与分と遺留分の関係は民法に明記されていない。理論的には，寄与分が優先され，寄与分を考慮する結果，相続人の取得分が遺留分を下回ることもあり得ると解されている[12]。ただ，寄与分を定めるに当たっては，他の相続人の遺留分を考慮され，結果として，他の相続人の遺留分を下回ることになるような寄与分が認められることは少ない[13]。

特別寄与料についても，遺留分の関係は民法に明記されていない。したがって，特別寄与料を控除した結果，相続人の取得分（特別寄与料を控除した後のもの）が遺留分を下回った場合であっても，相続人は遺留

---

[11] 法制審議会民法（相続関係）部会第19回会部会資料19−1「相続人以外の者の貢献を考慮するための方策等」。
[12] 松原・前掲＊1，178頁以下，片岡ほか・前掲＊1，321頁。
[13] 東京高裁平成3年12月24日決定・判タ794号215頁。

Ⅱ　特別寄与制度における寄与判定をめぐる問題点　**55**

分の侵害を主張できないと解される[14]。

4 特別寄与料が認められる類型

1 寄与分が認められる類型

所定の要件を満たし，寄与分が認められる代表的な類型として次のようなものがある[15]。

① 家業従事型：被相続人の事業に関して労務を提供した場合
② 金銭等出資型：被相続人又はその事業に関して財産上の給付をした場合
③ 療養看護型：病気療養中の被相続人の療養看護に従事した場合
④ 扶養型：被相続人を扶養し，被相続人が出費を免れた場合
⑤ 財産管理型：被相続人の財産を管理することによって財産維持形成に寄与した場合

特別寄与料の支払は，労務の提供により寄与した場合に限られている。したがって，②金銭等出資型及び④扶養型で特別寄与料の支払を認めることは困難であろう。

寄与分が認められる類型	特別寄与料が認められるか
①家事従事型	○
②金銭等出資型	×
③療養看護型	○
④扶養型	×
⑤財産管理型	○

---

[14] 特別寄与料は相続債務ではないことから，遺留分の算定の基礎となる「債務」（民1043）には含まれないと解される。ただ，仮に含まれるとしても，遺留分の基礎から特別寄与料が控除され，遺留分の侵害が生じないことになるから，結果として，特別寄与料が優先することになろう。

[15] 松原・前掲＊1，117頁以下，片岡ほか・前掲＊1，312頁以下。

56 第2章 各 論

2　家業従事型

■1　特別寄与料を認めるための要件

　寄与分が認められることが多い形態である[16]。

　家業従事型で寄与分を認めるためには，①扶助義務等を超えた特別の貢献，②無償性（著しく低額である場合を含む。），③継続性（おおむね3，4年程度），④専従性（片手間でないこと）が必要とされている[17]。

　また，被相続人個人ではなく，被相続人の営む会社へ労務提供を行った場合にも，被相続人と会社が極めて密接に関連し，当該労務提供と被相続人の資産の確保との間に明確な関連性があり，会社からの対価の支払がない場合には，寄与分を認める余地があるとされている[18]。

　これに対して，特別寄与料の支払では，上記①は不要である。上記②から④は必要だが，「特別の寄与」の趣旨が一定程度以上の貢献のみを意味することからすれば，上記③及び④に関しては寄与分と比較して，要求される程度を緩和する余地もあると思われる。ただ，一定程度以上の貢献に限るとした趣旨からすれば，緩和するにも限界があろう。

■2　特別寄与料の額

　家業従事型の寄与分は，以下の算式によって算定する[19]。特別寄与料の額も，同様の計算式となろうか。

相続開始時の標準的な報酬額 × （1－生活費控除割合）× 寄与期間

　生活費控除割合とは，上記報酬額のうち被相続人から受けていた生活費の額が占める割合をいう。

---

*16　松原・前掲*1，118頁。
*17　片岡ほか・前掲*1，334頁から336頁。
*18　片岡ほか・同上。
*19　片岡ほか・前掲*1，337頁。

Ⅱ　特別寄与制度における寄与判定をめぐる問題点

③ 療養看護型

■1 特別寄与料を認めるための要件

療養看護型で寄与分を認めるためには，①扶助義務等を超えた特別の貢献，②無償性（著しく低額である場合を含む。），③継続性（1年以上），④専従性（片手間でないこと）が必要とされている。そして，配偶者に対する療養看護，疾病のない被相続人への家事援助は夫婦の協力扶助義務，親族間の扶助及び協力義務の範囲に含まれるから，①を満たすことは難しく，寄与分を認めがたいとされている。また，被相続人が入院している場合にも，親族による付添看護が認められていないことから，寄与分は認めがたいとされている[20]。

ただ，家事援助でも，自己の配偶者の介護など被相続人の日常生活に支障が生じており，毎日のように被相続人宅に出向くような場合には，寄与分を認める余地があるとされている。また，初期段階での認知症であっても，徘徊行為の見回りのような介護に準じるような負担が生じる場合には，寄与分も認める余地があるとされている[21]。

これに対して，特別寄与料の支払では，上記①は不要である。したがって，疾病のない被相続人への家事援助は，寄与分以上に広く認める余地があろう（上記②から④の要件は必要である。）。

■2 特別寄与料の額

療養看護型の寄与分は以下の算式によって算定する[22]。特別寄与料の額も，同様の計算式となろうか。

療養看護行為の報酬相当額（日当）× 看護日数 × 裁量割合

---

[20]　片岡ほか・前掲＊1，348頁から349頁。
[21]　片岡ほか・同上。
[22]　片岡ほか・前掲＊1，357頁から358頁。

58 ｜ 第2章　各　論

療養看護行為の報酬相当額は，介護保険における「介護保険基準」が用いられることが多い。

④ 財産管理型

■1 特別寄与料を認めるための要件

財産管理型で寄与分を認めるためには，①財産管理の必要性（管理会社との間の契約の有無），②管理の内容（季節ごとに雑草を刈り取るぐらいでは不十分），③無償性，④継続性（相当期間にわたることが必要であり，2〜3か月だけという程度では不十分）が必要とされている[23]。

特別寄与料を認めるためにも，同様の要件が必要とされよう。

■2 特別寄与料の額

財産管理型の寄与分は以下の算式によって算定する[24]。特別寄与料の額も，同様の計算式となろうか。

相当と思われる財産管理費用 × 裁量割合

相当と思われる財産管理費用の額は，当該行為を第三者に委託した際の報酬額を基準とする。

[5] 有償での労務提供との比較

親族が無償で労務を提供した場合，特別寄与料の支払が問題となるが，端的に契約に基づき対価を支払う方法もある。以下では両者の比較を簡単に行う。

① 家業従事型

労務提供者を雇用又は役員に選任すれば，提供する労務（職務）に見

---

[23] 片岡ほか・前掲＊1，379頁から380頁。
[24] 片岡ほか・前掲＊1，357頁から358頁。

Ⅱ 特別寄与制度における寄与判定をめぐる問題点 | 59

合った額の給与又は役員報酬を支払うことができる。実際に，個人事業に従事する親族に給与を支払う例は多いと思われる。現在の一般的な感覚としては，個人事業に従事する親族に給与を支払うことは当然であり，親族とはいえ一定程度以上の労務の提供を無償で行うことの方が考えにくいのではないか（家業従事型で寄与分を認めた裁判例の多くは，労務提供がかなり古い時期に行われている。）。対価の支払を伴うほどではないが，「特別の寄与」といえる程度に労務を提供した場合には，特別寄与制度が機能することになるが，実際にそのような事例がどの程度あるかは不明である。そうすると，個人事業に対する親族の貢献は給与等で報いられ，家業従事型として特別寄与料が問題となる場面は少ないのではないか。

② 療養看護型

有償で介護療養に関する準委任契約を締結すれば，被相続人は，提供する介護療養に見合うと考える額を報酬として支払うことができる*25。ただ，親族による介護療養は情義に基づくとの考えは未だに根強いせいか，親族間で有償の介護療養のみを目的とする準委任契約を単独で締結する例は少ないと思われる。そのため，療養看護型では特別寄与制度が機能する場面は少なくないと思われる。

ただ，近年，任意後見の契約件数が増えている。そして，任意後見契約において，親族たる任意後見人に対する報酬を明示的に定める例は少なくない。任意後見契約と併せて締結される事務委任契約も同様である。今後，被相続人に対する介護療養が任意後見契約で処理されるということになると，特別寄与制度が機能する場面は少なくなる。

---

*25 親子間の介護は情義に基づくものであるとの現在の社会通念からすれば，黙示の合意により有償での準委任契約の成立を認定することは容易ではないとされている。法制審議会の審議でも，介護を目的とする準委任契約について有償を原則とする規律を設けることも考えられるが，親族間では明示又は黙示の特約によって無償と判断されることが多いと考えられると結論付けられた（法制審議会民法（相続関係）部会第19回会部会資料19－1「相続人以外の者の貢献を考慮するための方策等」）。

3 財産管理型

財産管理に関する委任契約又は準委任契約を締結すれば，提供する事務に見合った額の報酬を支払うことができる。現在の一般的な感覚として，財産管理のために一定程度以上の貢献を行った者に対して対価を支払うこと自体にあまり大きな違和感はないと思われるが，現実には管理業者に委託することが多いのではないか。そうであれば，財産管理型において特別寄与料が問題となる場面は少ないということになる。

6 相続税法における取扱い

1 特別寄与者の取扱い

1 課税方法

寄与分は具体的相続分（遺産分割時に基準となる相続分）の算定の際に考慮され，相続人が遺産分割により取得する財産が増加する。したがって，寄与分のある相続人の取得する相続財産が増えるだけなので（相法17），相続税法上，特別な処理は不要である。

これに対して，特別縁故者の相続財産の分与による取得は相続又は遺贈による取得ではない。そのため，相続税法は，特別縁故者の相続財産の分与による取得を，被相続人から遺贈により取得したものとみなす旨の規定を置いている（相法5）。ただ，相続人（正確には配偶者又は一親等の親族）以外の者が遺贈によって取得するので，相続税額の加算が行われることになる（相法18）。

特別寄与者は，相続又は遺贈によって財産を取得するものではなく，特別縁故者のように，相続財産から分与を受けるものでもない。特別寄与者は，各相続人に法定相続分に応じた特別寄与料の支払を求めることができるにすぎない。そうすると，特別寄与料については，特別寄与料相当額の債務控除を行って相続税を課税せず，特別寄与者に所得税を課

税するという考え方も成り立ち得ないわけではない（この場合は，生前に有償で準委任契約等が締結された場合と類似した課税関係になる。）。

しかし，特別寄与制度は寄与分と関連した制度であり，相続を機に相続財産に対する寄与を清算するという趣旨を含んでいることからすれば，特別寄与者は実質的には相続財産から経済的な利得を取得しているといえよう。また，特別縁故者の相続財産の分与制度と同様に，特別寄与制度は遺贈を補充する性格を有しているとされている。このような経済的実質及び法的性格からすれば[26]，特別寄与料については遺贈によって取得したものとみなす旨の規定を相続税法に設けることになる。

そこで，平成31年度の税制改正の大綱では，特別寄与料に関して，被相続人から遺贈により取得したとみなす旨が明らかにされ，改正法では，以下の規定が追加されている。

【相続税法4条2項】

2　特別寄与者が支払を受けるべき特別寄与料の額が確定した場合においては，当該特別寄与者が，当該特別寄与料の額に相当する金額を当該特別寄与者による特別の寄与を受けた被相続人から遺贈により取得したものとみなす。

（注）　下線部が改正部分

さらに，平成31年度の税制改正の大綱では，特別寄与料の申告期限についても，特別寄与料の額が確定してから起算する旨が明らかにされ，改正法では，以下の規定が追加されている。

---

[26]　特別縁故者の相続財産の分与が遺言制度を補充する趣旨であることから，課税の面でも，このことを考慮してみなし遺贈の規定（相法4）が設けられたとするものとして，大阪高裁昭和59年11月13日判決・訟月31巻7号1692頁。特別寄与料についても，法制審議会の審議では，遺贈類似の意思を有していたものとして取り扱うものであると説明されている（法制審議会民法（相続関係）部会第19回会部会資料19－1「相続人以外の者の貢献を考慮するための方策等」）。

62　第2章　各　論

【相続税法29条】

　　第４条第１項又は第２項に規定する事由が生じたため新たに第27条第１項に規定する申告書を提出すべき要件に該当することとなった者は，同項の規定にかかわらず，当該事由が生じたことを知った日の翌日から10月以内（略）に課税価格，相続税額その他財務省令で定める事項を記載した申告書を納税地の所轄税務署長に提出しなければならない。

（注）　下線部が改正部分

② 相続税額の加算

　特別寄与者が被相続人からの遺贈によって特別寄与料を取得したとみなすと，特別寄与者は相続人（正確には一親等の血族又は配偶者）ではないことから，特別縁故者の相続財産の分与と同様に，相続税額の加算が行われることになりそうである。

　ただ，相続税法18条による相続税額の加算は，「被相続人と親等が遠い者は，財産の取得に関し１親等の血族及び配偶者並びに代襲相続人と比較して偶然性が強いこと等を考慮した」ものであり[27]，ここでいう「偶然性」とは相続財産に対する寄与の程度の薄弱性を意味するとの指摘がある[28]。このような理解を前提とすれば，相続財産に対する親族の寄与を清算する趣旨を含む特別寄与料の取得に関しては，相続税額の加算を行うべきではないとする考え方も成り立ち得るのではないか。

　また，夫婦を一つの単位として捉えた場合には，相続人の寄与にその配偶者の寄与を含めて評価した場合と比較して，特別寄与料は，課税上不利となる。相続人以外の者の寄与は相続人の寄与として勘案された場

---

[27]　橋本守次『ゼミナール相続税法（平成27年１月改訂版）』311頁以下（中央経済社2015）。

[28]　北野弘久編著『コンメンタール相続税法』171頁以下〔高梨克彦〕（勁草書房1974）。

Ⅱ　特別寄与制度における寄与判定をめぐる問題点　｜　63

合には，相続税額の加算が行われないからである。この点を不均衡と感じる納税者もいるのではないか（個人単位で考えれば，相続人から配偶者の資産移転に対する課税の機会が減少しているので，むしろ相続税は加算すべきともいえる。）。

　以上に照らせば，特別寄与料の取得に関しては，相続税額の加算を行わないという考え方も十分に検討の余地があると思われる。

　ただし，この点については，平成31年度の税制改正の大綱には特段の記載がなく，改正法でも特段の規定は設けられていないことから，特別寄与料は相続税額の加算の対象になる。

② 相続人の取扱い

　特別寄与料の支払請求権は相続開始時に抽象的には成立する。しかし，前述のとおり，協議又は家庭裁判所の審判によって具体的な額が定められるまでは，相続人に対して支払を請求することができない。したがって，協議又は家庭裁判所の審判が成立するまでは，相続税法上，特別寄与料を勘案する必要はない。

　特別寄与料の額が協議又は家庭裁判所の審判によって定まった場合，相続人は，特別寄与者に対して，特別寄与料の支払義務を負う。事後に遺産分割の効果に影響を及ぼすことなく，相続人に対する金銭の支払請求権が成立するという点で，死後認知の価額賠償の支払請求権（民910）が行使された場合や遺留分侵害額請求権（改正前民法では遺留分減殺請求に対する価額賠償）と類似する。したがって，協議又は家庭裁判所の審判によって特別寄与料の額が確定した場合には，相続人の課税価格から特別寄与料の額を控除して相続税の計算を行うべきであろう。

　この点は，平成31年度の税制改正の大綱で特別寄与料の額は課税価格から控除することとされ，改正法で以下の規定が追加されている。

【相続税法13条4項】

4　特別寄与者が支払を受けるべき特別寄与料の額が当該特別寄与者に係る課税価格に算入される場合においては，当該特別寄与料を支払うべき相続人が相続又は遺贈により取得した財産については，当該相続人に係る課税価格に算入すべき価額は，当該財産の価額から当該特別寄与料の額のうちその者の負担に属する部分の金額を控除した金額による。

（注）　下線部が改正部分

　さらに，平成31年度の税制改正の大綱では，相続税の申告書を提出した後に特別寄与料の額が確定した場合について，死後認知の価額賠償，（改正前民法の）遺留分減殺請求等と同様に（相続税法32条1項2号及び3号），更正の請求の対象となる旨が明記され，改正法で相続税法31条2項及び32条1項に以下の規定が追加されている。

【相続税法31条2項】

2　前項に規定する者は，第4条第1項又は第2項に規定する事由が生じたために既に確定した相続税額に不足が生じた場合には，当該事由が生じたことを知った日の翌日から10月以内（略）に修正申告書を納税地の所轄税務署長に提出しなければならない。

【同法32条1項7号】

　相続税又は贈与税について申告書を提出した者又は決定を受けた者は，次の各号のいずれかに該当する事由により当該申告又は決定に係る課税価格及び相続税額又は贈与税額（略）が過大となったときは，当該各号に規定する事由が生じたことを知った日の翌日から4月以内に限り，納税地の所轄税務署長に対し，その課税価格及び相続税額又は贈与税額につき更正の請求（略）をすることができる。

略

Ⅱ　特別寄与制度における寄与判定をめぐる問題点　65

七　第4条第1項又は第2項に規定する事由が生じたこと。

【同法35条2項】

2　税務署長は，次の各号のいずれかに該当する場合においては，申告書の提出期限前においても，その課税価格又は相続税額若しくは贈与税額の更正又は決定をすることができる。

　略

　五　第29条第1項若しくは同条第2項において準用する第27条第2項又は第31条第2項に規定する事由に該当する場合において，第4条第1項又は第2項に規定する事由が生じた日の翌日から10月を経過したとき。

（注）　下線部が改正部分

7 対価を支払った場合との均衡の問題

1 給与・報酬を支払った場合の均衡

　前述のとおり，親族の労務提供による寄与を給与又は報酬で報いることも可能である。この場合には，相続税の課税価格は当該給与又は報酬の額だけ減少する。さらに，被相続人の個人事業に対して労務の提供が行われた場合には，当該給与又は報酬の額は，原則として，所得金額の計算上，必要経費の額に算入することができる（当該親族が個人事業者と生計を一にしている場合には，所得税法57条《事業に専従する親族がある場合の必要経費の特例等》1項又は3項の要件を充足しない限り，必要経費の額に算入することはできない。）。

　他方親族が無償で提供した労務を特別寄与料で報いる場合，特別寄与料は相続税の課税価格から控除されず，さらに相続人以外の者に対する遺贈として相続税額の加算が行われるとすると，給与・報酬で報いた場合と比較して，全体の課税の負担が重くなることもあり得る。

66 │ 第2章 各 論

ただ，逆に，給与・報酬で報いた場合と比較して，課税の負担が軽くなることもあり得る。例えば，特別寄与料を含めた相続税の課税価格が基礎控除の枠内にとどまる場合には，生計を一にしており，かつ，事業に専従していない者に特別寄与料を支払ったとしても，租税負担は生じない。

2 生前贈与との均衡

　前述のとおり，生前贈与が直接的な対価を伴わない労務の提供に報いるために行われた場合，特別寄与料の支払が認められない（前記 2 3 ）。この場合には，生前贈与に対して贈与税が課される一方，相続税の課税価格は生前贈与の額だけ減少する。

　一般的には特別寄与料の額がそれほど高額とならないと考えられるので（前記 4 ），相続税が課される特別寄与料としてではなく，贈与税が課される生前贈与の方が全体的な租税負担が軽減される場合が多いと思われる。ただ，前述のように特別寄与料を含めた課税価格が基礎控除の枠内にとどまる場合など，生前贈与があった場合と比較して，課税の負担が軽くなることもあり得る。

〔石井　　亮〕

Ⅲ　療養看護者の特別の寄与

■　はじめに

　現行法上，寄与分は相続人にのみ認められている（民904の2）。その
ため，相続人以外の者（例えば亡き長男の妻）が，被相続人の療養看護
に尽くしても，相続財産を取得することはできない。そこで，改正民法
において，相続人以外の被相続人の親族が，無償で被相続人の療養看護
を行った場合には，一定の要件の下で，相続人に対して金銭を請求する
ことができるようになった。この制度の創設により，実質的公平が図ら
れることが期待されている。

1　制度の概要と趣旨

1　制度の概要

　改正民法では，相続人以外の者の貢献を考慮するための方策（以下
「本方策」という。）として，「特別の寄与」の制度が創設された。すな
わち被相続人に対して，無償で療養看護その他の労務の提供をしたこと
により，被相続人の財産の維持又は増加について特別の寄与をした被相
続人の親族は，相続開始後，相続人に対し，その寄与に応じた額の金銭
の支払いを請求することができるようになった（改正民法1050①）。

2　制度趣旨

　現行法上，寄与分は相続人にのみ認められているため，例えば，相続
人の妻が，被相続人（例えば夫の父）の療養看護に努め，被相続人の財
産の維持又は増加に寄与した場合（療養看護を外注した場合に要する費

68 | 第2章　各　論

相続人以外の者の貢献を考慮するための方策（特別の寄与）

1．見直しのポイント

相続人以外の親族が，被相続人の療養看護等を行った場合，一定の要件のもとで，相続人に対して金銭の支払を請求することができることとする。

2．現行制度

相続人以外の者は，被相続人の介護に尽くしても，相続財産を取得することができない。

例：亡き長男の妻が，被相続人の介護をしていた場合

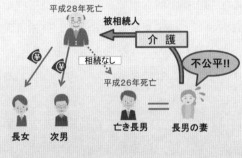

・被相続人が死亡した場合，相続人（長女・次男）は，被相続人の介護を全く行っていなかったとしても，相続財産を取得することができる。

・他方，長男の妻は，どんなに被相続人の介護に尽くしても，相続人ではないため，被相続人の死亡に際し，相続財産の分配にあずかれない。

3．制度導入のメリット

相続開始後，長男の妻は，相続人（長女・次男）に対して，金銭の請求をすることができる。
➡ 介護等の貢献に報いることができ，実質的公平が図られる。

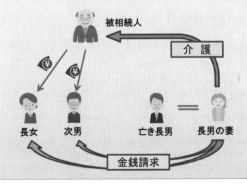

※ 遺産分割の手続が過度に複雑にならないように，遺産分割は，現行法と同様，相続人（長女・次男）だけで行うこととしつつ，相続人に対する金銭請求を認めることとしたもの。

（出所） 法務省ホームページ（http://www.moj.go.jp/content/001263950.pdf）

用が節減されることとなり，特に長年にわたり療養看護をした場合には，被相続人の財産の維持又は増加に寄与したと認められる場合が多いと考えられる。）であっても，遺産分割手続において，相続人でない妻が寄与分を主張したり，あるいは何らかの財産の分配を請求したりすることはできない。この点については，夫の寄与分の中で妻の寄与を考慮することを認める裁判例も存在するが（東京家裁平成12年3月8日審判・家月52巻8号35頁等），このような取扱いに対しては，寄与行為をした妻ではなく夫に寄与分を認める法的根拠が明らかでないといった指摘がされていた。また，前記事例において，推定相続人である夫が被相続人よりも先に死亡した場合には，前記裁判例のような考え方によっても，妻の寄与行為を考慮することができないことになるが，このような結論は実質的公平に反するのではないかとの指摘もされていた。

さらに，被相続人の生前には親族としての愛情や義務感に基づき無償で自発的に療養看護等の寄与行為をしていた場合でも，被相続人が死亡した場合にその相続の場面で，療養看護等を全く行わなかった相続人が遺産の分配を受ける一方で，実際に療養看護等に努めた者が相続人でないという理由でその分配に与れないことについては，不公平感を覚える者が多いとの指摘がされていた。

このような指摘を踏まえ，法制審議会民法（相続関係）部会（以下「部会」という。）は，相続人以外の者が被相続人の療養看護をした場合等を念頭に置いて，そのような貢献をした者に一定の財産を取得させる方策（本方策）について検討が行われ，今回の立法に至ったものである（「民法（相続関係）等の改正に関する中間試案の補足説明」平成28年7月法務省民事局参事官室（以下「中間試案の補足説明」という。）80頁）。

2 権利行使要件と手続

① 権利行使要件

■1　被相続人の親族であること

　請求権者は，被相続人の親族である。ただし，相続人，相続の放棄を
した者及び欠格事由に該当し又は廃除によってその相続権を失った者は
除かれる（改正民法1050①）。内縁関係は含まれない。

　部会においては，本方策を講ずるに当たり，その要件を適切に定めな
いと，相続を巡る紛争がより一層複雑化，長期化するおそれがあるため，
その要件を限定する必要があるという問題意識についてほぼ共通の認識
が得られており，このような観点から，中間試案の段階では，①請求権
者の範囲を限定するという考え方と，②寄与行為の態様を限定するとい
う考え方を取り上げて検討が行われていた。具体的には，①は，請求権
者の範囲を二親等以内の親族に限定するものであり，②は，寄与行為の
態様を無償の療養看護その他の労務提供に限定するものであった（なお，
寄与分における寄与行為は，「被相続人の事業に関する労務の提供又は
財産上の給付，被相続人の療養看護その他の方法」とされている（民904
の2①））（中間試案の補足説明82頁）。

　かかる中間試案に対するパブリックコメントでは，そもそも本方策を
創設するかについて賛否が拮抗していたが，賛成意見の中では②に賛成
する意見が比較的多く（部会資料14「今後の検討の方向性について」24
頁），また，本方策が相続人でないというある種形式的な理由で相続財
産の分配に与れない不都合を解消するためのものであることを踏まえ，
以後②を中心に検討が行われた（部会資料19−1，2頁）。

　なお，同パブリックコメントでは，法定相続人が相続放棄をした上で，
特別寄与者として本方策に基づく請求をすることの不当性が指摘されて
いたところ，相続人になり得たがならなかった（又はなれなかった）者
をこの制度で救済する必要性は乏しいと考えられるため，そのような者
を請求権者から除外することとした（部会資料19−1，6頁）。

■2　無償で療養看護その他の労務の提供をしたこと

　被相続人に対して，無償で療養看護その他の労務の提供をしたことが

必要である（改正民法1050①）。

❸ ❷により被相続人の財産の維持又は増加がされたこと

上記❷により，被相続人の財産の維持又は増加がされたことが必要であり（改正民法1050①），単なる精神的な支援だけでは対象とならない。なお，寄与分においても，被相続人の財産の維持又は増加がされたことが必要であるとされている（民904の2①）。

❹ 特別の寄与であること

寄与は，特別の寄与であることが必要である（改正民法1050①）。したがって，たとえ被相続人の財産の維持又は増加に貢献したとしても，それが当該義務により通常期待されている範囲内のものを超えるものでなければ，特別の寄与としては評価されない。よって，直系血族・兄弟姉妹間の扶養義務（民877①）や，直系血族・同居親族間の扶養義務（民730）を超えるものであることを要する。もっとも，何が通常の範囲内かは，当該被相続人と特別寄与者との間の身分関係や生活関係によって異なるといえる。

なお，寄与分においても同様に，特別の寄与であることが必要であるとされている（民904の2①）。

② 権利行使手続

❶ 相続人に対する金銭の支払請求

① 概　　要

2 1 の要件を満たす特別寄与者は，相続の開始後，相続人に対し，特別寄与者の寄与に応じた額の金銭（特別寄与料）の支払を請求することができる（改正民法1050①）。

なお，本方策が，相続財産の維持又は増加に貢献した者に相続財産の分配に与かる権利を認めるという実質を有するものであることからすれば，そのような貢献をした者に遺産分割手続の当事者として関与させることも考えられる。しかし，そうすると，相続財産から分配を

72 ｜ 第2章　各　論

受けることの要件を満たすものと認められるか否かによって，遺産分割手続の当事者であるかどうかが左右され，その点を巡る認定のため遺産分割手続そのものが容易に進められなくなることが懸念される。そこで，本方策については，相続人に対する金銭請求を認めることにした（中間試案の補足説明83頁）。

② 特別寄与者の請求権の法的性質

　特別寄与者の請求権の法的性質は，財産分与請求権と同様に整理することが可能であると考えられている。すなわち，財産分与請求権の法的性質について，判例は，「協議ないし審判前の分与請求権は協議・審判によって具体的内容を決定されることを要するいわば未定財産分与請求権であり，それは協議又は審判によって初めて既定財産分与請求権となるのである。…その審判手続は裁判上の形成手続である」とする段階的形成説に立っているとされており（『昭和55年度最高裁判所判例解説〔民事篇〕』257頁），財産の分与に関する処分は，家事審判事項とされている（家事39，別表第2の4の項）。特別寄与者の請求権についても，これと同様に，特別の寄与や相続の開始といった要件が満たされることにより未確定の権利が生じるが，具体的な権利は，協議又は審判によって初めて形成されることとなるものと考えられる（部会資料22－2，35頁）。

2 **家庭裁判所に対する処分の請求**

① 概　　要

　特別寄与料の支払について，当事者間に協議が調わないとき，又は協議をすることができないときは，特別寄与者は，家庭裁判所に対して協議に代わる処分を請求することができる（改正民法1050②本文）。家庭裁判所は，寄与の時期，方法及び程度，相続財産の額その他一切の事情を考慮して，特別寄与料の額を定める（改正民法1050③）。

　なお，寄与分についても同様に，まずは，請求権者と相続人との間の協議によってその額を定めることとし，当事者間に協議が調わない

とき，又は協議をすることができないときは，家庭裁判所が，寄与の時期，方法及び程度，相続財産の額その他一切の事情を考慮して，寄与分を定めるものとされている（民904の2①，②）。

② 期間制限

特別寄与者が相続の開始及び相続人を知った時から6か月を経過したとき，又は相続開始の時から1年を経過したときは，請求することができない（改正民法1050②ただし書）。

本方策に係る請求権者は，比較的容易に被相続人の死亡を知ることができる場合が多いと考えられ，また，金銭の支払請求を受ける可能性がある相続人の立場を考慮すれば，できるだけ早期に法律関係を確定させる必要があると考えらえることから，請求権に係る期間制限が設けられた（中間試案の補足説明84頁）。

③ 管轄等

特別の寄与に関する処分の審判事件は，相続が開始した地を管轄する家庭裁判所の管轄に属する（改正家事216の2）。

なお，寄与分を定める処分の審判事件も同様に，相続が開始した地を管轄する家庭裁判所の管轄に属するものとされるが（家事191①），遺産分割の審判事件が係属している場合には，当該遺産分割の審判事件が係属している裁判所の管轄に属する（家事②）。この場合，これらの審判の手続及び審判は，併合してしなければならないとされている（家事192）。

これに対し，特別の寄与に関する処分の審判事件については，併合強制の規律は設けられていない。これは，特別寄与者であると主張する者の主張内容には様々なものがあり得る（相当の根拠のある主張であって他の相続人の寄与との比較が必要になるものから，およそ根拠に乏しい主張まで，様々なものが考えられる）ため，事案の内容に応じて家庭裁判所に柔軟な裁量を認めることが，紛争全体の早期解決に資すると考えられるからである。

74 | 第2章 各論

そこで，家庭裁判所において，寄与分及び遺産分割の審判・調停手続と併合して審理を行うことも，併合せず個別に審理を行うことも許容する観点から，管轄についての特則のみを設け，遺産分割や寄与分の審判との併合強制の規律までは設けないこととした（部会資料19－1，5頁）。

3 特別寄与料の額と相続人の負担割合

① 特別寄与料の額

特別寄与料の額は，被相続人が相続開始の時において有した財産の価額から遺贈の価額を控除した残額を超えることができない（改正民法1050④）。

なお，寄与分についても，被相続人が相続開始の時において有した財産の価額から遺贈の価額を控除した残額を超えることができないとされている（民904の2③）。

② 相続人の負担割合

相続人が数人ある場合には，各相続人は，特別寄与料の額に，法定相続分（遺言による相続分の指定があるときは指定相続分）を乗じた額を負担する（改正民法1050⑤）。

法定相続分に応じてその負担をすることとされたのは，本方策は，被相続人に対して貢献をした相続人以外の者が，相続人ではないという理由で遺産分割に与かれないことの不公平感を解消することを目的とするものであり，本来は，相続財産に対して認められるべき性質のものであって，これとは無関係に相続人に請求できる性質のものではないこと，仮に，本方策とは異なり，相続財産に対する直接の権利行使を認めることとした場合には，その負担は相続人が公平に分担することになると考えられること等からである（中間試案の補足説明83頁）。

この点，パブリックコメントでは，相続人が法定相続分に応じて責任を負うこととすると，具体的相続分のない相続人も負担を負うこと

Ⅲ　療養看護者の特別の寄与 75

になるため相当でない旨の指摘がされていたが，相続債務や遺贈履行義務は法定相続分に応じて相続人に帰属するのが原則であることや，特別寄与者の請求額には上限を設けており，不相当に過大な額にはならないことから，相当であるとされたものである（部会資料19－1，6頁）。

なお，遺言によって相続分の指定がされている場合に，特別寄与者の請求に応ずる責任の負担割合をどうするかについては，各相続人は，特別寄与者の貢献によって維持又は増加した相続財産をその相続分に従って遺産共有していると考えられること等を考慮すると，指定相続分の割合によって責任を負担するものとすることが考えられるとされた（部会資料19－1，7頁）。

③ 参考～寄与分の算定

① 寄与分の算定基準

特別の寄与の制度は，寄与分類似のものであることから，寄与分算定の基準や審判例が参考になるものと思われる。

寄与分の算定については，寄与の時期，方法及び程度，相続財産の額その他一切の事情を考慮すべきであるとされており（民904の2②），特別寄与料についても同様の考慮要素が示されている（改正民法1050③）。

寄与分は，被相続人の財産に対する維持又は増加についてなされた貢献の程度を客観的に認定するにとどまるものではなく，相続財産の額等一切の事情を考慮して，裁量的に定められる。審判例は，療養看護を外注した場合の費用を基礎に寄与分を算定したものが多いが，そこから一定割合を控除したものもあれば，その全額を認めたものもある。

② 審判例

療養看護型の寄与分に関する審判例としては，以下のものなどがある。

(1) 重い老人性痴呆症の母を10年間にわたって介護してきた四女に対し，その介護は親族間の扶養義務に基づく一般的な寄与の程度を遥かに超えるものであり，その結果被相続人は他人を付添婦として雇った場合に支払うべき費用の支払を免れたとして，療養看護の方法により被相続人の財産の維持につき特別の寄与があったものと認め，職業付添婦に支払うべき費用を認定した上，その6割の金額を寄与分と認めた例（盛岡家裁昭和61年4月11日審判・家月38巻12号71頁）（松原正明『全訂判例先例相続法Ⅱ』139頁（日本加除出版2006））

(2) 老人性痴呆が進行し昼夜を問わず療養看護が必要となった被相続人を看護した養女に，家政婦賃金の基本料金に超過料金及び深夜料金を加えた額に看護日数を乗じた額を寄与分と認めた例（盛岡家裁一関支部平成4年10月6日審判・家月46巻1号123頁）（松原・前掲書139頁）

(3) 28か月間，寝たきりとなった被相続人に対する，寄与相続人の妻の献身的な看護を親族間の通常の扶助の範囲を超えるものと認め，月額3万円ないし9万円を同期間に乗じた120万円を寄与分の価格（遺産額約850万円）とした例（神戸家裁豊岡支部平成4年12月28日審判・家月46巻7号57頁）（松原・前掲書139頁）

(4) 高齢で衰弱し入退院を繰り返すようになった被相続人の日常の世話はもとより，入退院の付き添いなどその療養看護に努めた長女に，300万円（遺産額約4,200万円余）の寄与分を認めた例（広島高裁平成6年3月8日決定・家月47巻2号151頁，判タ870号242頁）（松原・前掲書139頁）

(5) 約7年間にわたる寄与相続人の妻子による介護を履行補助者的な立場にある寄与行為として，寄与相続人の寄与とし，職業看護補助者による看護料金の7割を看護期間に乗じた金額170万円（遺産額約7,000万円）を寄与分の評価とした例（東京家裁平成12年3月8日審判・家月52巻8号35頁）（松原・前掲書139頁）

■ 結びに代えて

今回の改正で，相続人以外の者の貢献を考慮するための方策として特別の寄与の制度が創設されたが，特別寄与料の実現には相応の時間やコストがかかると思われること，寄与料の額も必ずしも明確とはいえないことから，確実に貢献に応えるためには，現行法下と同様，生前贈与や遺贈で対応するのが望ましいといえよう。

なお，寄与分については，例えば，寄与行為をした者が寄与行為に対する対価・補償の趣旨で被相続人から生前贈与を受けているときには，当該寄与行為は，生前贈与により得た利益に対応する寄与行為の範囲に属する範囲で，寄与分としての評価からはずれるが，これによる不都合は，生前贈与につき持戻しの免除を認めることで対応可能である（東京高裁平成8年8月26日決定・家月49巻4号52頁など）。特別の寄与の制度についても，同じことが当てはまるであろう。

また，寄与分は課税対象とされることから，特別の寄与も同様に課税対象になる。具体的には，特別寄与者が支払を受けるべき特別寄与料の額が確定した場合には，当該特別寄与者が，当該特別寄与料の額に相当する金額を被相続人から遺贈により取得したものとみなして，相続税が課税される。一方，相続人が支払うべき特別寄与料の額は，当該相続人に係る相続税の課税価格から控除される。

〔内田　久美子〕

Ⅳ　遺留分減殺請求

■　はじめに

　今回の民法改正において，遺留分減殺請求権に関する改正は，配偶者居住権の創設[*1]と並び，最も注目される大きな改正事項であったと思われる[*2]。従来の民法の通説・判例は，遺留分減殺請求権を「形成権＝物権説」から捉えていたが，今般の改正がその考え方に変更を加えたインパクトは大きい。ここでは，かかる改正を概観した上で，果たして租税法の解釈論にいかなる影響を及ぼすのかについて考えてみたい。租税法では，従来から，遺留分減殺請求権行使と所得税法59条《贈与等の場合の譲渡所得等の特例》1項1号の規定の適用が大きな争点となっており，これに関する判例も出ていたが（最高裁平成4年11月16日第一小法廷判決（後述）），かかる判例が民法の学説・判例の考え方に必ずしも合致していなかったことについて，租税法の学説では否定的見解が有力説として示されてきたのである。

　そこで，ここでは，上記最高裁平成4年判決を巡る学説上の議論を素材として今般の民法改正が果たして租税法の解釈論にいかなる影響を及ぼし得るのかについて検討することとする。

⓵　遺留分減殺請求制度の改正

　[*1]　配偶者の地位に着目してこの度の改正を論ずるものとして，高橋めぐみ「相続法改正と配偶者（事実上の配偶者を含む）の地位（居住権，配偶者の相続分・遺留分）」税理60巻11号202頁（2017）参照。
　[*2]　例えば，西希代子教授は，「体系に与える影響という点では，遺留分に関する見直しが最大のものかもしれない。」と位置付けられる（西「試金石としての相続法改正」法時89巻11号76頁（2017））。

1 遺留分制度の趣旨

遺留分とは，被相続人の生前処分及び遺言による処分によっても奪われることができない一定の相続人に留保された相続財産の一定割合をいう（民1028，1031）。

遺留分制度は，個人の財産処分の自由と遺族の生活保障の調整制度であるということができよう。「人は，生前にその財産を自由に処分できるのと同様に，死後の財産の帰属を自由に決定できるはずである」との前提に立てば[3]，本来，私的財産処分の自由が認められてしかるべきであろう。しかしながら，①「死者の財産に依存して生活していた者のために，その遺産のうちの一定のものを留保することが，私的所有の機能の延長として考えられる」ことや[4]，②「死者の名義になっている財産の中に，他の者の潜在的持分が含まれているのが一般である場合には，遺産の清算にあたってこれを顕在化させることが要請される」ことなどの理由から[5]，遺留分の制度が設けられているのである。ただし，生活保障の観点を強調するのであれば，被相続人の死亡時に，既に成人に達して独立の生計を得ている子を遺留分権利者とすることの是非が問われることにもなろう。また，財産形成への貢献に対する配慮という観点を強調すると，とりわけ直系尊属について，財産形成への寄与の程度が一般的に高いといえるのかなどの疑問も生じてくる。このような見解や疑問はあるものの，一応の理解として，ここでは遺留分につき上記のような趣旨のものと捉えておきたい[6]。

2 遺留分減殺請求権行使の効果

---

[3] 我妻榮ほか『民法3 親族法・相続法〔第2版〕』409頁（勁草書房2005）。
[4] 我妻ほか・前掲＊3，409頁。
[5] 我妻ほか・前掲＊3，409頁。
[6] 潮見佳男教授は，こうした見方もある中で，今般の改正においても結局これらの者にも遺留分権を維持している点に注目されている（潮見「遺留分減殺請求権」法時89巻11号62頁（2017））。その他，西・前掲＊2，81頁など。

そもそも，遺留分減殺請求権の法的性質については，これまでも争いがあった。

　鈴木禄弥教授は，債権説の立場に立ち*7，川島武宜教授は請求権説の立場に立つ*8ものの，多くの学説は，物権説に立つ。この見解は，遺留分減殺請求権は，その行使により贈与又は遺贈は遺留分を侵害する限度において失効し，受贈者又は受遺者が取得した権利は上記の限度で当然に遺留分権利者に帰属すると考える。すなわち，遺留分減殺請求権行使の効果は形成的であり，かつ，物権的であるとする*9*10。

　この点，判例も形成権＝物権説に立つ（最高裁昭和35年7月19日第三小法廷判決・民集14巻9号1779頁，最高裁昭和41年7月14日第一小法廷判決・民集20巻6号1183頁，最高裁昭和51年8月30日第二小法廷判決・民集30巻7号768頁，最高裁昭和57年3月4日第一小法廷判決・民集36巻3号241頁など）。

　「形成権＝物権説」の考え方は，物権レベルにおける物権的支配の回復を認めるものであるから，単に，遺留分減殺請求権に服する範囲で贈与や遺贈が失効され財貨移転を法律上の原因なきものにするというにとどまらない。遺留分減殺請求権行使の結果として，個別的遺留分に相当する財産権が当然に遺留分権利者に帰属していたものとして扱うのである。もっとも，かかる遺留分権利者に帰属するとする物権が，遡及効を有するか否かについては見解が分かれよう。

　しかしながら，このような見解，すなわち遺留分減殺請求権を「形成

＊7　鈴木禄弥『相続法講義』153頁（創文社1986）。

＊8　川島武宜『有斐閣全書　民法(3)』212頁（有斐閣1951）。その他，谷田貝三郎「最判昭和35年7月19日判批」法時33巻2号92頁，槇悌次「遺留分の減殺請求」中川善之助教授還暦記念『家族法大系Ⅶ　相続』285頁（有斐閣1960）など参照。

＊9　学説については，中川善之助『注釈相続法（下）』233頁（有斐閣1957）参照。

＊10　中川善之助編『注釈相続法（下）』233頁〔島津一郎執筆〕（有斐閣1954），中川善之助＝泉久雄『法律学全集　相続法〔第4版〕』662頁（有斐閣2000），高木多喜男『創造判例研究叢書民法(2)民法─親族・相続〔民法(23)〕』129頁（有斐閣1964），中川善之助編『注釈民法(26)』368頁〔中川淳執筆〕（有斐閣1973），青山道夫『家族法論Ⅱ〔改訂〕』400頁（法律文化社1971）など参照。

権＝物権説」と捉える考え方は，今般の民法改正によって大きく変わることとなった。

③ 制度の改正１－遺留分減殺請求権の法的性格の見直しー

■ 旧法の問題点と改正

改正前民法1031条《遺贈又は贈与の減殺請求》【削除】

　　遺留分権利者及びその承継人は，遺留分を保全するのに必要な限度で，遺贈及び前条に規定する贈与の減殺を請求することができる。

改正後民法1046条《遺留分侵害額の請求》【新設】

　　遺留分権利者及びその承継人は，受遺者（特定財産承継遺言により財産を承継し又は相続分の指定を受けた相続人を含む。以下この章において同じ。）又は受贈者に対し，遺留分侵害額に相当する金銭の支払を請求することができる。

２　遺留分侵害額は，第1042条の規定による遺留分から第１号及び第２号に掲げる額を控除し，これに第３号に掲げる額を加算して算定する。

　一　遺留分権利者が受けた遺贈又は第903条第１項に規定する贈与の価額

　二　第900条から第902条まで，第903条及び第904条の規定により算定した相続分に応じて遺留分権利者が取得すべき遺産の価額

　三　被相続人が相続開始の時において有した債務のうち，第899条の規定により遺留分権利者が承継する債務（次条第３項において「遺留分権利者承継債務」という。）の額

　上述のとおり，遺留分減殺請求権は形成権とされ，前掲最高裁昭和41年７月14日第一小法廷判決が，「遺留分権利者が民法1031条に基づいて行う減殺請求権は形成権であって，その権利の行使は受贈者または受遺者に対する意思表示によってなせば足り，必ずしも裁判上の請求による

必要はなく，また一たん，その意思表示がなされた以上，法律上当然に減殺の効力を生ずるものと解するのを相当とする。」と判示し，また，前掲最高裁昭和51年8月30日第二小法廷判決が，「遺留分権利者の減殺請求により贈与又は遺贈は遺留分を侵害する限度において失効し，受贈者又は受遺者が取得した権利は右の限度で当然に減殺請求をした遺留分権利者に帰属するものと解するのが相当」とするように，判例において，遺留分減殺請求によって当然に物権的効果が生じるものと解されてきた。しかしながら，かかる物権的効果によって，目的財産が受遺者又は受贈者と遺留分権利者の共有になることから，それを巡る争いを生じさせやすい状態となっている点が指摘されてきた。また，相続財産の大半が換金性のないものであるような場合には，実務上，価額弁償を行うことも難しく，共有状態が長期間解消しないといった問題も生じていたところである。また，市場流通性のない株式なども換金性の低い財産に該当するが，事業承継に負の影響を与えているといった指摘もある*11。

　かような諸問題を踏まえ，今般の改正では，遺留分減殺請求の効力及び法的性質について大きな転換が図られることとなった。すなわち，民法1031条の規定が削除され，新たに同法1046条において，遺留分権利者は，受遺者又は受贈者に対し，遺留分侵害額に相当する金銭の支払を請求することができるものと改められることとなったのである。このように，遺留分減殺請求により，侵害額に相当する金銭債権が発生することとされたところが今般の改正による大きな転換である。遺留分制度の趣旨が，個人の財産処分の自由と遺族の生活保障の調整制度であることは先に述べたとおりであるが（ただし，ここにそもそもの疑問があることも上述のとおりである。），そのような遺留分制度の本来の趣旨に鑑みれば，遺留分権利者に遺留分侵害額に相当する価値を返還すれば十分その目的を達成できると解されるのであって，必ずしも物権的効果まで認め

---

*11　鬼頭俊泰「相続法改正と遺言（遺言執行を含む）・遺留分」税理61巻1号178頁
（2018）。

る必要はないともいえよう*12。この点は，潮見佳男教授が，戦後の遺留分減殺請求訴訟事件においては，「そこでは，遺産に対する持分的価値を取得するための遺留分減殺請求という色彩が強い。また，遺留分権利者にとっては，取り戻した財産（現物）を用いてその後の生活をするという視点が弱い。このことは，遺留分減殺請求をする側にとっての現物へこだわりの低さとなってあらわれる。ここからは，遺留分権利者としては，自己の遺留分に相当する価値を金銭で取得すれば満足であるということが言える。」と指摘されているとおりである*13。

　従来，遺留分権利者の側から価額弁償を選択することはできず，現物で返還するか金銭で弁償するかは相手方に委ねられていたことを踏まえれば，遺留分減殺請求の法的性格は大きく見直されたといえよう。改正後の請求権も形成権であることに変わりはないが，権利行使によって金銭債権が発生することから，「減殺」という従来の考え方を改め，「遺留分侵害額請求権」として各規定が削除・新設されている。

２　制度見直しによる影響

　この度の制度見直しについては，中小企業の事業承継や遺言者の意思の尊重などを根拠として，おおむね肯定的な意見が多いように見受けられる*14。この点，遺言制度の見直しと相まって*15，実体的にも手続的にも遺言内容の実現を確実にするものであるとし，「遺言による処分の自由が拡大し，『家産』の相続から『個人財産の』相続へ，多様性の時代にふさわしい立法」と評価する声もある*16。

---

*12　米倉裕樹『条文から読み解く民法「相続法制」改正点と実務への影響』97頁（清文社2018）。

*13　潮見佳男「相続法改正による相続制度の変容」民商155巻1号9頁（2019）。

*14　本山敦「改正の経緯と概観」金判1561号11頁（2019）。

*15　潮見佳男教授は，「実務のニーズに応えるとともに，…遺言者の意図，したがって，遺言の自由を最大限尊重するものとなり，同時に遺留分権利者に対して金銭での給付を得させることで，この者の生活保障にしすることとなり，全体としてみれば適切な変更であった。」と評価される（潮見・前掲*13，22頁）。

*16　増田勝久「民法（相続法）改正法の解説」法の支配191号86頁（2018），同「遺留分についての改正」自正69巻12号23頁（2018）。

他方で，遺留分減殺請求により侵害額に相当する金銭債権が発生するとされたことから，仮に，相続財産が不動産のように換価性のない財産のみであった場合，遺留分権利者は，受遺者固有の預貯金等財産への差押えを請求することも想定されるといった懸念もある[17]。従来，指摘されてきたような共有状態の長期化に関連する問題は少なくなるものと思われるものの，受遺者又は受贈者にとっては予期せぬ事態が生じるおそれも否定し得ない[18]。また，遺留分権利者からは現物の返還を求めることができず，金銭しか受け取れないことによる弊害もあり得よう。既述のとおり，従来の遺留分減殺請求制度においては，遺留分権利者の側から価額弁償を選択することができず，現物返還あるいは金銭で弁償するかは相手方に委ねられていたわけであるが，この点の改正の良し悪しの評価は分かれるかもしれない。すなわち，上記潮見教授の指摘するように，実際上，「自己の遺留分に相当する価値を金銭で取得すれば満足」である遺留分権利者が多いことに鑑みれば，金銭の受取りが保証されれば差し当たり問題ないようにも思われるものの，他方で，事業承継などにおいて会社持分を確保したいような遺留分権利者にとっては不利な取扱いとなることは否定し得ない。

　なお，従来の遺留分減殺請求制度は，物権的効力を前提とするものであるが，物権的効力が生じると，遺産分割が家庭裁判所で係属されている中で，遺留分減殺請求訴訟が地方裁判所で係属する形となり，柔軟かつ一回的解決の観点から問題があるとの指摘もあったが[19]，この点については，制度の見直し後も結局変わらないように思われる。けだし，遺産分割協議の不調に関する家事審判手続と，遺留分侵害額請求の不調

---

[17]　岡野訓ほか『民法相続編の改正』57頁（清文社2018）。

[18]　この点，窪田充見教授は，遺留分侵害の効果を金銭債権化する方針が改正審議の比較的早い段階から共有されていたものの，その具体化に当たっての議論が「右往左往」した事実から，金銭債権化による反動の大きさを看取されているようである（窪田「相続法改正（下）」法教461号68頁（2019））。

[19]　永石一郎『裁判からみた遺留分減殺請求の法務・税務・登記〔第2版〕』5頁（中央経済社2016）。

に関する地方裁判所における民事訴訟とで，別々の手続になることには変わりはないためである[20]。

　また，遺留分侵害額について，これまでその計算方法は法律上明記されていなかったが，この度，民法1046条2項においてその方法が明記されることとなった。もっとも，これは一般的に実務上定着している計算式を明文化したものと解されることからすれば[21]，従来との相違はそこまでは大きくないと思われる。

　加えて，受遺者又は受贈者の負担額についても，遺留分制度の見直しに伴う調整や，これまでの判例や実務上の考え方を明文化するための整備が行われている（民1047）。例えば，旧民法1034条の「目的の価額」の解釈について，最高裁平成10年2月26日第一小法廷判決（民集52巻1号274頁）は「相続人に対する遺贈が遺留分減殺の対象となる場合においては，右遺贈の目的の価額のうち受遺者の遺留分額を超える部分のみが，民法1034条にいう目的の価額に当たるものというべきである。」と示したが，民法1047条1項本文において，その点が明文化されている。

　他方で，今般の改正において，遺留分侵害額請求権たる金銭債権として遺留分の調整がなされることとなったわけであるが，相続財産が不動産しかない場合には，受遺者又は受贈者がこれを換価して遺留分権利者への支払に当てるといったケースが想定される。そうした場合，従来と所得税の取扱いが異なる点には注意が必要である[22]。すなわち，従来は，物権的効果に基づき目的財産たる不動産が共有となっていたことから，その譲渡によって生ずる所得税は共有者全員の負担であったところ，今後は，受遺者又は受贈者が不動産を換価することになるため，その譲渡によって生ずる所得税は受遺者又は受贈者が負担することになる点に留意する必要があろう。

---

*20　岡野・前掲*17，57頁。
*21　米倉・前掲*12，99頁。
*22　岡野・前掲*17，59頁。

4 制度の改正２－遺留分の算定方法の見直しー

１ 旧法の問題点と改正

> 改正前民法1030条《遺贈又は贈与の減殺請求》【削除】
>
> 　贈与は，相続開始前の１年間にしたものに限り，前条の規定により
> その価額を算入する。当事者双方が遺留分権利者に損害を加えること
> を知って贈与をしたときは，１年前の日より前にしたものについても，
> 同様とする。

> 改正後民法1044条【新設】
>
> 　贈与は，相続開始前の１年間にしたものに限り，前条の規定により
> その価額を算入する。当事者双方が遺留分権利者に損害を加えること
> を知って贈与をしたときは，１年前の日より前にしたものについても，
> 同様とする。
> 2　第904条の規定は，前項に規定する贈与の価額について準用する。
> 3　相続人に対する贈与についての第１項の規定の適用については，同
> 　項中「１年」とあるのは「10年」と，「価額」とあるのは「価額（婚
> 　姻若しくは養子縁組のため又は生計の資本として受けた贈与の価額に
> 　限る。）」とする。

　改正前民法1029条《遺留分の算定》が，「遺留分は，被相続人が相続
開始の時において有した財産の価額にその贈与した財産の価額を加えた
額から債務の全額を控除して，これを算定する。」としていたところ[*23]，
この場合に遺留分に算入する贈与については，同法1030条が，相続開始
前の１年以内になされたものに限り算入するものとしていた。しかしな

[*23]　なお，改正前民法1029条に対応する改正後民法1043条《遺留分を算定するための財
　　産の価額》は，「遺留分を算定するための財産の価額は，被相続人が相続開始の時におい
　　て有した財産の価額にその贈与した財産の価額を加えた額から債務の全額を控除した額
　　とする。」としている（下線部分が改正）。

Ⅳ　遺留分減殺請求　│　87

がら，この「相続開始前の１年間にしたものに限り」とする規定につい
て，判例は，かかる規定は相続人以外の第三者に対して生前贈与がなさ
れた場合において適用されるものであり，相続人に対して生前贈与がさ
れた場合には，その時期を問わず（いわば，１年ともいわず無制限に），
遺留分を算定するための価額に算入されるとする。すなわち，最高裁平
成10年３月24日第三小法廷判決（民集52巻２号433頁）は，「民法903条
１項の定める相続人に対する贈与は，右贈与が相続開始よりも相当以前
にされたものであって，その後の時の経過に伴う社会経済事情や相続人
など関係人の個人的事情の変化をも考慮するとき，減殺請求を認めるこ
とが右相続人に酷であるなどの特段の事情のない限り，民法1030条の定
める要件を満たさないものであっても，遺留分減殺の対象となるものと
解するのが相当である。けだし，民法903条１項の定める相続人に対す
る贈与は，すべて民法1044条，903条の規定により遺留分算定の基礎と
なる財産に含まれるところ，右贈与のうち民法1030条の定める要件を満
たさないものが遺留分減殺の対象とならないとすると，遺留分を侵害さ
れた相続人が存在するにもかかわらず，減殺の対象となるべき遺贈，贈
与がないために右の者が遺留分相当額を確保できないことが起こり得る
が，このことは遺留分制度の趣旨を没却するものというべきであるから
である。」としており，民法903条１項の定める贈与[24]，すなわち特別
受益は，原則として，1030条の要件を満たさないものであっても遺留分
減殺の対象となると示している。

　これは，特別受益が相続財産の前渡しと位置付けられることによる解
釈と思われる。しかしながら，このような考え方によると，被相続人が
相続開始から何十年も前に相続人に対してなした贈与によって，第三者
である受遺者等が受ける遺留分侵害の範囲が大きく変わることになるが，
第三者の受遺者等は，相続人に対する古い贈与の存在を知り得ないのが

---

[24]　民法903条の改正については，本書Ⅶ「持戻し免除の意思表示の推定規定」参照。

通常であるため，第三者である受遺者等に不測の損害を与え，その法的
安定性を害するおそれや，相続人に対して生前贈与をなした被相続人の
意思に反する遺留分減殺請求を認めることとなるといった問題点が指摘
されていたところである*25。

　そこで，改正後民法1044条は，相続人に対する贈与は，相続開始前10
年間にされたものに限り，その価額を遺留分算定の基礎に加えるとの規
定に改められた。なお，遺留分の対象となるのは，婚姻若しくは養子縁
組のため又は生計の資本として受けた贈与の価額に限るとされている。
これにより，改正後は，原則として，①相続人以外に対する贈与は1年
以内，②相続人に対する贈与は10年以内とする整理がなされることなっ
た。

　ところで，改正の前後を問わず，「当事者双方が遺留分権利者に損害
を加えることを知って贈与をしたとき」は期間の制限が発動しない仕組
みとなっているが，この「損害を加えることを知って」の解釈について，
判例は，将来何人が遺留分権利者となるかを知り得ない場合でも，当事
者双方が遺留分権利者となる者に損害を加える可能性を知りながら贈与
した以上，その贈与価額は遺留分算定の際算入されなければならないと
している（大審院昭和4年6月22日判決・民集8巻618頁）。すなわち，
将来，贈与者の財産が増加しないと予測されるような場合における贈与
については，「損害を加えることを知って」なされた贈与に該当するこ
とになる*26。

2　制度見直しによる影響

　従来，相続人に対して生前贈与がされた場合には，その時期を問わず

---

*25　例えば，再婚を考える父親が，将来子供達と後妻が相続で揉めることのないよう，
　　再婚前に子供達に生前贈与をしていたような場合においても，後妻が子供達に対して遺
　　留分を主張することができるなどの問題がある（岡野・前掲*17，50頁参照）。
*26　なお，この点について，中川善之助教授は，そのような将来財産の増加があり得な
　　いと思われるような特別の事情があるのであれば，その証明は減殺権を行使する遺留分
　　権利者の側にあるとされる（中川『相続法』407頁（有斐閣1964））。

Ⅳ　遺留分減殺請求　89

遺留分を算定するための価額に算入されると解されてきたため，生前贈与を抑制する力が働いていたと指摘することもできよう。そうであるとすると，この度の改正において，10年という基準が設けられた意義は大きいと思われ，生前贈与の増加も予想されるところである。例えば，相続時精算課税制度は，60歳以上の父母又は祖父母から，20歳以上の子又は孫に対し，財産を贈与した場合において選択できる制度であるが，60歳になった時点で子に多額の生前贈与を行うケースが増える可能性を指摘するものもある[27]。

その他，平成30年度税制改正において事業承継税制の要件が緩和され[28]，また，直系尊属から教育資金の一括贈与を受けた場合の非課税（措法70の2の2）や，直系尊属から結婚・子育て資金の一括贈与を受けた場合の非課税（措法70の2の3）などの関連税制と相俟って，生前贈与が促進される可能性もあろう[29]。

もっとも，当然のことではあるが，生前贈与の実行後10年以内に相続が発生するか否かについては誰も知る由もないことであるから，遺留分のリスクが完全に消滅するわけではないことには留意が必要である。

2 価額弁償や代償分割と租税法

1 価額弁償とみなし譲渡

1 概　　要

所得税法59条は，個人が遺贈によって法人に財産を移転した場合に，かかる個人の保有していた資産に内在するキャピタルゲインが実現したものとして譲渡所得課税がなされる旨，次のように規定している。

---

*27　岡野・前掲*17，52頁。
*28　平成30年度税制改正における新たな事業承継税制の詳細については，酒井克彦『クローズアップ事業承継税制』第2章⑦〔臼倉真純執筆部分〕参照（財経詳報社〔近刊〕）。
*29　この点については，本書Ⅶ「持戻し免除の意思表示の推定規定」177頁も参照。

所得税法59条《贈与等の場合の譲渡所得等の特例》

　　次に掲げる事由により居住者の有する山林（事業所得の基因となるものを除く。）又は譲渡所得の基因となる資産の移転があった場合には，その者の山林所得の金額，譲渡所得の金額又は雑所得の金額の計算については，その事由が生じた時に，その時における価額に相当する金額により，これらの資産の譲渡があったものとみなす。

一　贈与（法人に対するものに限る。）又は相続（限定承認に係るものに限る。）若しくは遺贈（法人に対するもの及び個人に対する包括遺贈のうち限定承認に係るものに限る。）

二　著しく低い価額の対価として政令で定める額による譲渡（法人に対するものに限る。）

　上記の所得税法59条１項の規定の適用を考えるに当たって，受遺者が遺留分減殺請求によって他の相続人に対して価額弁償をした場合，当該弁償金相当額が，みなし譲渡所得の金額の計算上減額されるべきか否かが争点とされることがある。以下では，法人に対する遺贈において，受遺者たる法人が支払った価額弁償金を遺贈者のみなし譲渡所得の金額の計算における収入金額から控除することが許されるか否かが争われた事案を取り上げてみたい。

　なお，特に断りのない限り，ここでは民法の条文は改正前のものを指す。

2　最高裁の判断

　この点が争われた事例として，最高裁平成４年11月16日第一小法廷判決（集民166号613頁[*30]。以下「最高裁平成４年判決」という。）がある。同最高裁は次のように判示する。

Ⅳ　遺留分減殺請求 | 91

「本件土地の遺贈に対する遺留分減殺請求について，受遺者が価額による弁償を行ったことにより，結局，本件土地が遺贈により被相続人から受遺者に譲渡されたという事実には何ら変動がないこととなり，したがって，右遺留分減殺請求が遺贈による本件土地に係る被相続人の譲渡所得に何ら影響を及ぼさないこととなるとした原審の判断は，正当として是認することができ，原判決に所論の違法はない。論旨は採用することができない。」

なお，原審東京高裁平成3年2月5日判決（税資182号286頁）*31は以下のとおり判示していた。

「受遺者が価額弁償を選択した場合，弁償を条件として目的物の所有権が確保できる半面，弁償額は観念的には遺留分相当額であっても，現実に弁償すべき額は当事者双方の合意ないしは訴訟等により定まるのであるから，遺贈の効果の発生と遺留分減殺の具体的効果の発生との間に時間の経過が常に存するところ，後者の効果の発生が，相続を原因としてされた課税処分に相続開始時に遡求して影響するものとすると，課税処分の効果を不安定なものとし，客観的に明確な基準に従って迅速に処理することが要請されている課税事務の円滑な遂行を著しく阻害することになる。」

3 価額弁償の捉え方

遺留分減殺請求に対する価額弁償については，学説上，二段階遡及移転説（遡及移転説）と価額弁償時移転説の対立があるところ，最高裁平

---

*30　判例評釈として，真柄久雄・判評414号200頁（1993），池田秀敏・シュト377号1頁（1993），高木多喜男・平成4年度重要判例解説〔ジュリ臨増〕98頁（1993），山田二郎・税務事例26巻6号4頁（1994），梶村太市・平成5年度主要民事判例解説〔判タ臨増〕278頁（1994），水野忠恒・家族法判例百選〔第6版〕194頁（2002），首藤重幸・租税22号151頁（1994），永石一郎・ビジネス法務13巻8号142頁（2013），佐藤孝一・税通48巻6号271頁（1993），夏目康彦・税理39巻2号209頁（1996），吉田幸一・税研106号130頁（2002）など参照。
*31　判例評釈として，田川博・税通46巻7号209頁（1991）など参照。

92 ｜ 第2章 各 論

成4年判決は二段階遡及移転説を採用し，同判決に付された反対意見は価額弁償時移転説を採用した。

二段階遡及移転説とは，遺留分減殺請求権行使のときに，その効果は相続時に遡り，価額弁償時に遺留分減殺請求が遡及的になかったことになるとする考え方である。

これに対して，反対意見の採用する価額弁償時移転説とは，おおむね次のようなものである。すなわち，受遺者が価額弁償をして遺贈の目的の返還義務を免れるためには，減殺請求により遺留分権利者に帰属した権利の弁償時における価額を，その者に対し，現実に弁償するか，又は弁済の提供をすることを要するから，上記の価額弁償をする場合には，遺贈の目的とされた当該権利は，相続時ではなく，価額弁償が現実に行われ，又はその提供が行われた時点で，遺留分権利者から受遺者に移転するというべきであり，遺贈により被相続人から受遺者に移転するということはできない，というものである。

価額弁償時移転説を支持する二宮周平教授によると，「この立場は，民法の理論構成からすると，遺留分権利者の減殺請求権の行使，遺贈の部分的失効，目的物の減殺者への復帰，受遺者の価額弁償の選択，復帰した権利の減殺者から受遺者への移転という構成になる」と解するのが物権説に忠実な解釈であるとされる。つまり，民法の通説が物権説を採用していることに鑑みれば，最高裁平成4年判決のような結論にはならないはずであるというのである。もっとも，同教授は，「物権説に立っても，遺贈効果の遡及復活という論理は可能である」としながらも，「課税関係における解決の合理性の観点からは，問題がある。最高裁平成4年の論理は見直されるべきではないだろうか。」とされる＊32。

なるほど，上記最高裁平成4年判決は，民法の通説である「形成権＝物権説」に従った判断を行ったものではないとみるべきであろう。この

＊32　二宮周平「遺留分減殺請求と税—民法（家族法）の立場から」久貴忠彦編『遺言と遺留分〔第2巻〕遺留分〔第2版〕』366頁（日本評論社2011）。

点，同判決に付された反対意見についてもみておくこととしたい。

4 最高裁平成4年判決に付された反対意見

味村治裁判官の反対意見は，次のとおりである。

「遺留分権利者が受遺者に対して減殺請求をすれば，遺贈は遺留分を侵害する限度において失効し，受遺者が取得した権利は右の限度で当然に減殺請求をした遺留分権利者に帰属する（最高裁昭和50年（オ）第920号同51年8月30日第二小法廷判決・民集30巻7号768頁）。他方，受遺者は，減殺を受けるべき限度において，遺贈の目的の価額を遺留分権利者に弁償して返還義務を免れることができるが，その効果を生ずるためには，受遺者は遺留分権利者に対し価額の弁償を現実に履行し又は価額の弁償のための弁済の提供をしなければならず（最高裁昭和53年（オ）第907号同54年7月10日第三小法廷判決・民集33巻5号562頁），その価額算定の基準時は，現実に弁償がされる時である（前掲当裁判所昭和51年8月30日第二小法廷判決）。このように，受遺者が価額弁償をして遺贈の目的の返還義務を免れるには，減殺請求により遺留分権利者に帰属した権利の弁償時における価額を，その者に対し，現実に弁償するか，又は弁償〔ママ〕の提供をすることを要するから，右の価額弁償をする場合には，遺贈の目的とされた当該権利は，相続時ではなく，価額弁償が現実に行われ，又はその提供が行われた時点で，遺留分権利者から受遺者に移転するというべきであり，遺贈により被相続人から受遺者に移転するということはできない。

　したがって，本件において，…所得税法59条1項1号の遺贈による移転に該当しないというべきである。」

そして，多数意見が，価額弁償によって本件土地が遺贈により被相続人から受遺者に譲渡された事実に何ら変動がないこととなり，遺留分減殺請求が遺贈による本件土地に係る被相続人の譲渡所得に何ら影響を及ぼさないこととなるとした原審の判断を是認している点について，上に述べた理由のほか，次に述べる理由により賛成できないとする。

94 ┃ 第2章 各 論

「1　所得税法59条1項1号に遺贈が掲げられているのは，遺贈が対価を伴わない資産の移転の事由の一つであるからであり，受遺者が遺贈の目的を取得するには対価の支払いを要する場合には，その取得は，同号の遺贈に当たらないというべきである。このことは，同項2号が著しく低い対価による資産の移転を掲げていることにかんがみても，肯定されるところである（最高裁昭和62年（行ツ）第142号同63年7月19日第三小法廷判決・裁判集民事154号443頁参照）。ところが，右の価額弁償を行った受遺者は，遺贈の目的を取得するため，対価を支払っているのであるから，右の取得は，同号の遺贈に該当しないというべきである。

2　多数意見のように解すると，相続税との関係で問題を生ずる。すなわち，多数意見のように，本件において，受遺者は遺贈によりその目的を取得するとするならば，減殺請求により遺留分権利者に帰属した権利は，相続時に遡って消滅し，相続時には存在しないといわなければならないが，その結果，相続人として遺留分を有しその権利を行使した者に相続税が課されないという不合理な結果を生ずる。この不合理な結果を避けて，右の権利は遺留分権利者が相続により取得した財産として相続税が課されると解すると，右の権利は，譲渡所得税の関係では相続時に存在しないとされ，相続税の関係では相続時に存在するとされることとなり，論理の一貫性を欠き，税法上，同一の財産が別人によって二重に取得されるという不合理を生ずる。また，遺留分権利者が受遺者から価額弁償として受領した金銭は，減殺請求により遺留分権利者に帰属した権利の対価であるから，多数意見の立場に立ちながら，これを相続税の課税対象とすることについては，右に述べたところと同じ批判が妥当するばかりでなく，そもそも，右の金銭は，相続の時点では被相続人の財産に含まれていないし，その額には相続時から弁償時までの値上がり益も含まれているから，これを相続税の課税財産とすることができないことは明らかである。」

そもそも，価額弁償を相続財産に対する対価と考えると，対価の支払によって資産の移転があったとする場合，所得税法59条1項2号の問題，

すなわち低額譲渡の問題となりこそすれ，同項1号にいう「遺贈」には該当しないというのである。これは，価額弁償時に資産が移転したと考える価額弁償時移転説と同様の立場にあるとみてよいと思われる。

2 最高裁平成4年判決を肯定する見解の構成

■1 補足意見

最高裁平成4年判決の判断を肯定的に捉える見解としては，同判決に付された大堀誠一裁判官の補足意見が参考となることから，少々長くなるが引用しておきたい。

> 「遺贈に対する遺留分減殺請求について受遺者が価額による弁償を行う場合，その価額弁償における目的物の価額算定の基準時は，味村裁判官の意見で指摘されているとおり，現実に弁償がされる時と解すべきである。このことからすると，この場合には，法は価額弁償時において遺贈の目的と弁償金とが等価で交換されるということを予定しているのであって，遺贈の目的は，相続開始時に被相続人から受遺者に移転するのではなく，価額弁償の時点で遺留分権利者から受遺者に移転するとする考え方にも理由がない訳ではない。しかし，右のような考え方よりも，遺留分の減殺請求がされたことによりいったん失効した遺贈の効果が，価額弁償によって再度相続開始時にまで遡って復活し，遺贈の目的が被相続人から受遺者に直接移転することになるとする考え方の方が，価額弁償の効果について定めた民法1041条1項の規定の文言にも，遺贈の遺言をした被相続人の意思にもよく合致し，また，法律関係を簡明に処理し得るという点でも優れているものといえよう。価額弁償の価額算定の基準時の点については，公平の理念に基づく実質的な配慮から，特に現実の価額弁償時の価額をもって弁償を行わせるべきこととしたものと考えることで足りるものというべきであろう。」
>
> 「このように，価額弁償によって遺贈の効果が再度復活するものと解する以上，この場合の遺贈が所得税法59条1項1号にいう遺贈に該当することは明らかである。また，価額弁償金の授受は遺留分権利者と受遺

者との間で行われるにすぎず，譲渡所得税の納税義務者となる被相続人と受遺者との間における遺贈による資産の移転自体は何ら対価の支払を伴うものではないのである。

なお，味村裁判官の意見で指摘されているとおり，当裁判所の判例は，同法60条1項1号にいう贈与には贈与者に経済的な利益を生じさせる負担付贈与を含まないとしている（最高裁昭和62年（行ツ）第142号同63年7月19日第三小法廷判決・裁判集民事154号443頁参照）が，右規定は，個人が贈与により取得した資産を譲渡した場合にはその者が引き続きこれを所有していたものとみなすこととして，譲渡所得税の課税の繰延べを認めるものであり，右判示は，贈与者に経済的な利益を生じさせる負担付贈与が行われた場合には，贈与者について譲渡所得税の課税が行われることとなり，右の課税の繰延べを認める必要がないという実質的考慮をその理由とするものである。これに対し，同法59条1項1号に規定する法人に対する遺贈については，個人に対する遺贈と異なり，そもそも譲渡所得に対する課税の繰延べをすることができない場合であり，同号の規定がこの場合に遺贈のあった時における価額に相当する金額によりその資産の譲渡があったものとみなすこととしているのは，専ら，その時点までの資産の値上がり益を対象として課税するという譲渡所得課税の趣旨に照らして，その適正な課税価格を算出するためであるから，同号にいう遺贈を同法60条1項1号にいう遺贈と同趣旨に解すべきいわれはないものというべきである。

　三　多数意見の考え方は，相続税との関係では，価額弁償が行われた場合であっても，本件の場合のように法人が受遺者である場合には，相続税法1条1号の規定により受遺者が相続税の納税義務を負うことはなく，この遺贈による収益に対しては法人税が課されることとなる（この場合，法人の支出した右価額弁償金の額は，法人税の所得計算上その支払の時の損金に算入されることとなる。）とするものであり，他方，前記のように遺留分減殺請求の効果が価額弁償によって遡及的に失われることとなる以上，遺留分権利者たる相続人も，その減殺請求の対象となった相続財産について相続税の納税義務を負うものではなく，受遺者から取得した価額弁償金についてのみ，これを相続によって取得したもの

IV　遺留分減殺請求　97

として，相続税の納税義務を負うとするものである。したがって，味村裁判官の意見がいうように，同一の財産が別人によって二重に取得されるという事態を生ずるものでないことは明らかである。この場合，遺贈者である被相続人には，遺贈の目的となった資産について生じた譲渡所得に対する課税が行われることとなるが，これは，その時点までに当該資産について生じていた資産の値上がり益を対象として課税が行われたというにすぎないものであり，遺贈によって資産を取得した法人に対してその資産取得による収益を対象として法人税の課税が行われることとの関係で，課税が重複して行われるものでないことはいうまでもない。

　もっとも，遺留分権利者が受遺者から受領した価額弁償金が本来被相続人の財産には含まれていなかったことは確かであり，その額には相続時から価額弁償時までの資産の値上がり益も含まれていることにはなるが，相続財産についていわゆる代償分割の方法による遺産分割が行われた場合には，交付を受けた代償財産に対して相続税が課されることとなるものとして扱われているのであり，これと同様に，この価額弁償金について相続税を課することを認めて差し支えないものと考える。」

2　現物返還と価額弁償

　この補足意見にいう「減殺請求がされたことによりいったん失効した遺贈の効果が，価額弁償によって再度相続開始時に遡って復活」するという法律構成については，受遺者が価額弁償金を支払うことによって目的物の返還を免れた場合には，目的物の被相続人から受遺者への遺贈をしたという事実に変わりはないのであるから，被相続人に対してなされたその資産の譲渡に係る譲渡所得課税には影響がないというべきであり，極めて正当なものと評価する見解がある[33]。

　この点につき，三木義一教授の見解が参考となるので確認しておきたい。

　三木教授は，最高裁平成4年判決及びその補足意見において，「形成

---

[33]　佐藤・前掲＊30，289頁。

98 ｜ 第2章　各　論

権＝物権説」の貫徹を緩和して遺贈の効果が復活する説明をしたことに対し，以下の2点の理由により理解を示されている[34]。

　三木教授はまず，最高裁平成4年判決の第一審東京地裁平成2年2月27日判決（訟月36巻8号1532頁）が「遺留分減殺請求があっても，受遺者は目的物を返還するか，価額弁償によりこれを免れるかを選択することができ，その実行がなされるまで遺留分権利者の権利が具体的に確定しないのだから，少なくとも課税上は，遺留分減殺請求権行使の段階で直ちに権利関係に変動を生じたものと考えるのは適当ではない」と，遺留分減殺請求が行われた段階の課税関係を棚上げする立場に立ち，最高裁平成4年判決もこれを前提としていることに対し，仮に価額弁償金分だけみなし譲渡を減額するとその分が永久に課税できなくなることを憂慮したものであると述べている[35]。

　三木教授は次に，最高裁平成4年判決は，課税関係における「さしあたりの公平」を意図したものだとしている。すなわち，「形成権＝物権説」を貫いた場合，現物で返還を受けたときは相続税だけの問題で済むが，価額弁償金によった場合は相続税に加えて権利者に譲渡所得課税までなされてしまうため，この不公平感を譲渡の際まで棚上げにして，解決を図ったものと考えているようである[36]。

3　類似事案の検討―租税法的視角からの判断―

　類似事例として，東京高裁平成3年2月5日判決（行集42巻2号199頁）[37]がある。同事件は，類似の事実の下において，法人への土地の遺贈に対する遺留分減殺請求につき，法人が価額弁償によりその返還を免れた場合，価額弁償に要した額の支払が損金としていつ算入されるべき

---

[34]　三木義一「遺留分減殺請求と税―税法の立場から」久貴忠彦編『遺言と遺留分　第2巻　遺留分〔第2版〕』354頁（日本評論社2011）。

[35]　三木・前掲 [34]，355頁。

[36]　三木・前掲 [34]，356頁。

[37]　判例評釈として，有賀文宣・税理35巻5号273頁（1992），占部裕典・シュト366号1頁（1992），藤井茂男・法人税精選重要判例詳解〔税通臨増〕56頁（2004）など参照。

か，法人税法22条3項2号の規定の適用が争われた事例であるが，同事件においても，上記に引用した最高裁平成4年判決の第一審判決と同様の判断が示されているのである。

「遺留分減殺請求があれば，遺留分を侵害する限度において遺贈はその効力を失うが，受遺者は，現物の返還をするか価額弁償をするかの選択権があり，相当価額の弁償をすることにより，現物返還義務を免れることができる。しかも遺留分減殺請求権を行使するかどうかも遺留分権者の任意である上，行使の時期も時効によって削減するまで確定的ではない。のみならず，受遺者が価額弁償を選択した場合，弁償を条件として目的物の所有権が確保できる半面，弁償額は観念的には遺留分相当額であっても，現実に弁償すべき額は当事者双方の合意ないしは訴訟等により定まるのであるから，遺贈の効果の発生と遺留分減殺の具体的効果の発生との間に時間の経過が常に存するところ，後者の効果の発生が，相続を原因としてされた課税処分に相続開始時に遡及して影響するものとすると，課税処分の効力を不安定なものとし，客観的に明確な基準に従って迅速に処理することが要請されている課税事務の円滑な遂行を著しく阻害することになる。これに対して，受贈益をいったん相続開始の事業年度における収益として処理するとともに，遺留分減殺請求がされ，これに伴う具体的な受贈益の変動，すなわち具体的に価額弁償の額が決定され，受贈益の減少があった場合に，その時点の事業年度において損金として処理することとしても，受遺者の利益を甚しく害するものではない。したがって，右のような処理は，法律的効果の変動とも符合し，具体的な利益の実現状況にも即応するものであって，相当というべきである。」

　三木教授によれば，この判決もさしずめ「さしあたりの公平」を念頭に置いたものと位置付けられるのであろう。これは，租税法の観点からの目線であって，民法の法目的に必ずしも合致するものではないかもしれないが，かような租税法的視角からの判断を肯定する見解として注目

100 ｜ 第2章 各 論

しておきたい。

　そもそも，民法においても，「形成権＝物権説」による目的物返還主義と，民法1040条及び1041条に定める価額返還主義は相容れないものであるようにも思われる。けだし，これらの規定は受遺者がいずれかを選択するものであるからである[38]。そもそも，受遺者が価額弁償を行うか，現物を返還するかの意思表示により，その法律構成が構築されるべきということになりそうである。そうであるとすると，受遺者が価額弁償金の支払を選択した場合，形成権としての効果を強調すること自体に不安を覚えざるを得ない。このように考えると，目的物の遺贈という事実に何ら変わりはないとして，価額弁償金の授受を理由に贈与者の譲渡所得課税につき更正の請求はできないとする上記最高裁平成4年判決の見解にも説得力はあろう。

　かように，民法の学説と租税法の考え方の間に径庭を認めるべきか否かが大きな論点となるのである。

　次にみるように，最高裁平成4年判決に反対する見解はその点に関心を寄せる。

③　最高裁平成4年判決に反対する見解の構成

　味村治裁判官の反対意見と同様の考えを示す見解として，金子宏教授は，「財産が法人に遺贈された場合において，遺留分権利者からの遺留分減殺請求に基づき価額弁償がなされた場合には，本条の関係では，現物による弁償の場合と同様に，相続時における遺贈財産の価額から弁償額の相続時における現在価値を差し引いた金額の遺贈があったものと解すべきであろう」と述べられる[39]。

　占部裕典教授は，補足意見の考え方につき，民法1041条1項において遺留分減殺請求をした後の受遺者・遺留分権利者の法律構成については，

---

[38]　田川・前掲[31]，215頁。
[39]　金子・租税法268頁。

Ⅳ　遺留分減殺請求　│101

一種の任意債権関係又は法定代物弁済の関係として理解されていること，遺留分減殺請求による法律効果について，減殺の対象となった目的物が遺留分減殺請求後に第三者に譲渡された場合において民法1041条１項ただし書が適用され得るか否かが争点となった事件で，最高裁は遺留分減殺請求によって遺留分の限度において贈与行為が失効し，その限度で遺留分権利者に共有持分が帰属すると解していること，相続税法32条《更正の請求の特則》１項３号が「遺留分による減殺の請求があったこと」を更正の請求事由にしていることから，疑問があるとする*40。その上で，反対意見は，民法における遺留分減殺請求権の行使とそれに伴う法的な変動に沿った忠実な解釈であり，評価し得るとしている*41*42。

　真柄久雄教授も最高裁平成４年判決に反対を示され，所得税法59条１項１号にいう「遺贈」の解釈について，補足意見が，価額弁償金の授受は遺留分権利者と受遺者との間で行われるにすぎず，被相続人と受遺者との間における遺贈による資産の移転自体には対価の支払を伴うものではないとしていることについて，「価額の弁償をしなければ当該遺産は受遺者へ移転しないのであるから，これを被相続人から受遺者への無償遺贈ということはできないであろう。」としている*43。さらに，価額弁償をすれば減殺の結果生じた返還義務は発生しなかったことになるという考え方に則って遺留分判決が出されたとした上で，最高裁平成４年判決が所得税法59条１項１号にいう遺贈に当たることを前提にしたものである以上賛成はできないと述べられている*44。

　さらに，山田二郎氏も補足意見に対して疑問を呈しており，価額弁償

---

*40　占部裕典＝大屋貴裕「遺産分割による代償金，遺留分減殺請求による価額弁償金等の課税関係」三木義一＝田中治＝占部編『租税判例分析ファイルⅢ』122頁（税務経理協会2006）。
*41　占部＝大屋・前掲*40，123頁。
*42　最高裁昭和35年７月19日第三小法廷判決（民集14巻９号1779頁），最高裁昭和54年７月10日第三小法廷判決（民集33巻５号562頁）参照。
*43　真柄・前掲*30，202頁。
*44　真柄・前掲*30，203頁。

をした場合の遺贈の効果について，遡及効が存在するのは遺贈の効果に変動がないことにしようとするにすぎないものであり，遺留分についての実際の物権変動は，遺留分減殺請求権の行使により被相続人から遺留分権利者へ，そして価額弁償により遺留分権利者から受遺者へと移転していることを指摘し[45]，受遺者が本件土地を取得するのは価額弁償をすることによって遺留分権利者から取得するのであり，遺贈により取得するのではないから，この遺留分の移転について所得税法59条1項1号のみなし譲渡所得課税を行うのは正当ではないとしている[46]。そして，味村裁判官の反対意見について，遺留分権利者は遺留分について相続税を負担し，遺留分権利者が受遺者から価額弁償として受領した金額は譲渡所得税の課税対象となる二段階の課税を想定していると分析した上で[47]，同裁判官の反対意見に賛成される[48]。

首藤重幸教授は，遺留分判決の下で生じる受遺者と遺留分権利者の租税負担の不公平性に対して，遺留分権利者が選択権を有しているのであれば容認できるとしても，受遺者側にそれがあるため不合理だとしている[49]。

また，二宮周平教授の見解は既述したところではあるが，同教授は，最高裁平成9年2月25日第三小法廷判決（民集51巻2号448頁）において「受遺者が弁償すべき価額について履行の提供をした場合には，減殺請求によりいったん遺留分権利者に帰属した権利が再び受遺者に移転する反面，遺留分権利者は受遺者に対して弁償すべき価額に相当する額の金銭の支払を求める権利を取得するものというべきである（最高裁昭和50年（オ）第920号同51年8月30日第二小法廷判決・民集30巻7号768頁，

---

[45] 山田・前掲*30，6頁。
[46] 山田・前掲*30，7頁。
[47] 山田・前掲*30，7頁。
[48] 山田・前掲*30，7頁は，遺留分権利者が価額弁償金について相続税の納税義務を負うという多数意見に対し，受遺者が個人で「みなし譲渡所得課税」の問題が生じない場合でも遺留分減殺の事例が起こることを理由に論理性を欠いたものであるとしている。
[49] 首藤重幸「遺留分減殺請求と相続税」税務事例研究18号77頁（1994）。

Ⅳ　遺留分減殺請求

最高裁昭和53年（オ）第907号同54年7月10日第三小法廷判決・民集33巻5号562頁参照）」と判示されていることについて，価額弁償により権利が減殺請求者から受遺者・受贈者に移転する考え方が「形成権＝物権説」になじみやすいとする[50]。そして，①減殺請求者と受遺者の課税関係の差，②資産の値上がり益への譲渡所得課税の漏れ，③遺留分減殺請求に時間がかかりがちなことについての課税関係への評価，④遺留分減殺請求の紛争実態に即した解決，の4点について両説を検討し，遺贈効果遡及復活説に則った場合は，遺留分を放棄した共同相続人がいても，相続人全員でみなし譲渡所得課税を負担する必要があること，いったん減額して更正したみなし譲渡所得課税をさらに更正する結果になること，相続開始以降の資産の値上がり益にも課税されてしまうことから「形成権＝物権説」を支持されている[51]。

　その他，最高裁平成4年判決に批判的な学説は多岐にわたる[52]。やはり，民法の判例・学説が採用している「形成権＝物権説」に従うと同最高裁判決には違和感が残るということになろう。

❹　小括―民法学説と租税法の適用―

　このように，遺留分減殺請求権の法的性質については見解が対立しているが，このうち民法上の通説が採用する「形成権＝物権説」によった場合，みなし譲渡所得課税は減殺分だけ減額される[53]。他方で，請求権説を採った場合，取得費としてではなく損金としての性格を持つようになる[54]。前者は譲渡所得における取得費と同様の性質を持ち，後者の場合は，譲渡所得の金額の計算上控除することができない。

　山田二郎氏は，味村裁判官の反対意見に賛成した上で，相続税法基本

---

[50]　二宮・前掲[32]，366頁
[51]　二宮・前掲[32]，387頁。
[52]　夏目・前掲[30]，213頁。
[53]　二宮・前掲[32]，387頁。
[54]　二宮・前掲[32]，386頁。

104 ｜ 第2章　各　論

通達11の2－9《代償分割が行われた場合の課税価格の計算》に示されている共同相続人が代償金を受領した場合との差異が生じることについて言及しているが，いったん相続人に相続分が帰属する代償金と，そうではない価額弁償金との差異が原因であり，整合性が取れるものだとしている[55]（代償金については次節参照）。

佐藤孝一氏は，最高裁平成4年判決における代償分割への言及について，代償分割の際は代償金に対して相続税が課されるものとして扱われることと同様に価額弁償金について相続税を課することを認めて差し支えないとする部分を，代償分割に係る相続税の課税価格の計算の在り方についての一つの示唆として注目されるとしている[56]。

二宮周平教授は，「形成権＝物権説」に沿わない判示をした最高裁平成4判決と，遺産分割の遡及効に忠実な解釈をした最高裁平成6年判決（後掲）は整合的であるとした上で，代償金取得者は，相続税と代償金受領時までの値上がり益について譲渡所得課税を受けることになり，遺留分減殺請求によって価額弁償金を取得する場合と同様に負担感が増すとしている[57]。そして，最高裁平成4年判決に従うと，代償金を負担して相続財産を取得した者が，後に譲渡した段階で，被相続人が取得してから自己が譲渡するまでの間の値上がり益に係る譲渡所得課税をすべて一人で受けることになり，不合理なものだとしている[58]。

5　代償分割

ここで代償分割との関係についても検討を加えておく必要がある。

最高裁平成6年9月13日第三小法廷判決（集民173号79頁。以下「最高裁平成6年判決」という。）[59]は，所得税基本通達38－7《代償分割に係る資産の取得費》に記された代償金の取扱いを正面から肯定した最

---

[55]　山田・前掲[30]，7頁。
[56]　佐藤・前掲[30]，289頁。
[57]　二宮・前掲[32]，387頁。
[58]　二宮・前掲[32]，387頁。

初の最高裁の判断である*60。この事例は，共同相続した不動産（以下「本件物件」という。）をいわゆる代償分割により単独取得した納税者（原告・控訴人・上告人）が，相続不動産の一部を売却し，その際他の相続人に支払った代償金（以下「本件代償金」という。）及びその支払のために銀行から借り入れた借入金の利息相当額を本件物件の取得費に算入して譲渡所得の申告を行ったところ，課税庁が，右代償金等は取得費として認められないとして所得税更正処分を行ったため，納税者がその取消しを求めた事案であるが，最高裁は，本件処分は適法であるとしてかかる請求を棄却している。

　この事件の争点は，代償分割における代償金等を譲渡所得の金額の計算上取得費に算入することの可否であるが，納税者は，取得費に算入することができる旨主張していた。

　原審広島高裁松江支部平成6年2月25日判決（税資200号800頁）は，次のように判示する。

　「法〔筆者注：所得税法〕60条1項1号の規定は，同法59条1項1号の規定と併せ考えれば，『みなし譲渡課税』の行われる限定承認に係る相続以外の場合は，現実に資産を取得した相続人に対し，被相続人の資産の取得価格及び取得時期を引き継がせ，その後における資産の譲渡時まで資産の保有利益に対する課税を繰り延べる趣旨を明確にしたものであり，それ以上，遺産分割方法の如何により控訴人主張のような適用除外規定を設けていない。右を相続法理に照らして検討しても，…民法909条本文は，『遺産の分割は，相続開始の時にさかのぼってその効力を生ずる』と規定して遺産分割の遡及効を明らかにしているから，未分割時における共同相続人間の資産の共有状態は，遺産分割により相続開始時にさかのぼって解消され，資産を取得した相続人は被相続人から直接に

---

*59　判例評釈として，西尾信一・銀法39巻5号64頁（1995），大崎満・ジュリ1084号116頁（1996），田中治・租税24号196頁（1996），前田愛水・名城法学論集36号93頁（2009）など参照。
*60　占部裕典「遺産分割における相続税と所得税の課税関係」税法541号12頁（1999）。

資産を承継したものとみなされ，他の共同相続人から当該資産に係る共
有持分の譲渡を受けるものではないのであって（このことは遺産分割の
一方法として，家事審判規則109条に則り代償分割が行われた場合も同
様といわねばならない），法の右規定は相続に関する民事実体法規定と
も整合するものといわねばならない。」

　さらに，同高裁は，民法909条の遡及効に言及して，相続人間の資産
の共有状態は遺産分割により相続開始時に遡って解消され，資産を取得
した相続人は被相続人から直接に資産を承継したものとみなすことを説
示する。

　加えて，同高裁は，代償金は遺産の調整金にすぎないとも述べている。

　　「〔筆者注：遺産分割の遡及効を用いて〕代償分割により資産を取得し
た相続人は被相続人から直接これを承継し，決して他の相続人から資産
の譲渡を受けるものではないから（…他の相続人は相続開始時にさかの
ぼって当該資産を取得しないことになる），代償金は，他の相続人が取
得した資産を譲渡した対価とはいえず，結局，右は経済市場と関わりの
ない，極めて限定された共同相続人間において，遺産分割の実質的公平
を所期するための調整金の域を出でないというべきであって，代償金の
額が当該資産の時価を基礎として算定されることをもって代償金の受領
者に譲渡所得税を賦課する根拠とはなし難いといわねばならない。およ
そ，遺産分割により現物資産を取得した相続人は，資産の取得それ自体
によってその資産に含まれる譲渡益をそのまま承継し，その後，資産を
処分するか否か，処分するとしてその態様や時期を自由に決することが
できるのが筋合いであり，仮に遺産分割により代償金債務を負担しても，
右が遺産分割に伴う消極遺産の承継と解することは別論として（なお，
代償金を支払った相続人の相続税の算定においては，相続税法11条の2
により，右代償金を控除した金額が課税価格とされるべきものである。），
現物資産を取得することに変わりはなく，当然，被相続人の資産の取得
価格及び取得時期を引き継ぐものというべきである。」

そして，最高裁平成6年判決もかかる原審判断を支持したのである。

「相続財産は，共同相続人間で遺産分割協議がされるまでの間は全相続人の共有に属するが，いったん遺産分割協議がされると遺産分割の効果は相続開始の時にさかのぼりその時点で遺産を取得したことになる。したがって，相続人の一人が遺産分割協議に従い他の相続人に対し代償としての金銭を交付して遺産全部を自己の所有にした場合は，結局，同人が右遺産を相続開始の時に単独相続したことになるのであり，共有の遺産につき他の相続人である共有者からその共有持分の譲渡を受けてこれを取得したことになるものではない。そうすると，本件不動産は，上告人が所得税法60条1項1号の『相続』によって取得した財産に該当するというべきである。したがって，上告人がその後にこれを他に売却したときの譲渡所得の計算に当たっては，相続前から引き続き所有していたものとして取得費を考えることになるから，上告人が代償として他の相続人に交付した金銭及びその交付のため銀行から借入れた借入金の利息相当額を右相続財産の取得費に算入することはできない。これと同旨の原審の判断は，正当として是認することができ，原判決に所論の違法はない。論旨は，違憲をいう点を含め，独自の見解に立って原審の右判断における法令の解釈適用の誤りをいうものにすぎず，採用することができない。」

このように，最高裁平成6年判決は，代償分割において，共有の遺産について他の相続人である共有者からその共有持分の譲渡を受けてこれを取得したものになるとの構成をとっておらず，この代償分割に対する課税上の取扱いは，上記遺留分減殺請求の事例における最高裁平成4年判決の考え方と整合的であるとみることができよう。

こうした最高裁平成6年判決の考え方は，その後，他の裁判例においても継受されている。例えば，神戸地裁平成16年8月3日判決（税資254号順号9713）も最高裁平成6年判決を引用しつつ，同様の論理構成の下，代償金の取得費算入を否定している。

108 第2章 各 論

「所得税法60条1項1号は，相続により取得した資産を譲渡した場合においては，当該資産を上記取得前から引き続き所有していたものとして譲渡所得の金額を計算すべきものとしている。この趣旨は，相続のような包括承継にあっては，相続の時点では資産の増加益が具体的に顕在化しないから，相続人が相続前から引き続き当該資産を所有していたものとみなす（すなわち，当該資産の取得時期及び取得価額を相続人が引き継ぐ）こととし，その後資産が売却されるなどして最終的にその増加益が顕在化した時点で，これを捕捉して課税しようとしたものである。」

「相続により取得した資産を譲渡した場合における譲渡所得の計算上控除すべき『資産の取得に要した金額』（取得費）は，被相続人が当該資産の取得に要した費用に限られ，相続人が当該資産を相続するのに要した費用は取得費に含まれないものである。そして，相続人の一人が遺産分割審判に従い，他の相続人に対し代償金を交付して遺産を自己の所有にした場合には，結局，同人が上記遺産を相続開始の時に単独相続したことになるのであり，共有の遺産につき他の相続人である共有者からその共有持分の譲渡を受けてこれを取得したことになるものではない。それゆえ，相続人がその後相続した物件を他に売却したときの譲渡所得の計算に当たっては，相続前から引き続き当該物件を所有していたものとして取得費を考えることになるから，相続人が当該物件を相続するために他の相続人に交付した代償金を上記物件の取得費に算入することはできない（最高裁平成6年9月13日判決・判例時報1513号97頁）。これを本件について見るに，本件代償金は，原告が本件土地を相続するために他の相続人に交付した金銭であり，乙が本件土地を取得するのに要した金額ではおよそあり得ないから，本件土地の取得費に算入することはできない。」

6 検 討

前述のとおり，最高裁平成4年判決の考え方は，最高裁平成6年判決

にみる代償分割についての課税上の取扱いに整合的であるとはいえるが，それでも，依然として問題がないわけではない。その問題点については，既述したところではあるが，最高裁平成4年判決の補足意見の論理構成は，遺産の遡及効により遺贈の目的が直接移転すると考えた方が民法1041条1項及び被相続人の意思に合致し，実務上も都合がよいとするものであった。しかし，そもそも同条は「受贈者及び受遺者は，減殺を受けるべき限度において，贈与又は遺贈の目的の価額を遺留分権利者に弁償して返還の義務を免れることができる。」と規定しているにとどまるものである。また，何よりも，価額弁償金を条件として遺贈が行われている以上，価額弁償金には対価としての性質が存在すると考えるのが素直であって[61]，その考え方からすると，価額弁償金を譲渡所得の金額の計算上控除できると考えるべきであるということになる。

　何よりも，既述のとおり，遺留分減殺請求権につき判例に基づいて「形成権＝物権説」を採用し，価額弁償金については資産の取得費として控除を認めるべきであるとの考え方もあり得たわけであるが，今回の民法改正による以上は，この途はなくなったとみるべきであろう。

■ 結びに代えて

　上記に述べたとおり，従来の民法の通説・判例は，遺留分減殺請求権を「形成権＝物権説」として捉えていたが，租税法の判例は，民法の通説の採用する「形成権＝物権説」を採用してこなかった。この点については，これまでも民法の通説と租税法の取扱いとの間に径庭を認めることは妥当でないとして，有力な批判が展開されてきたことは確認してきたとおりである。

　しかしながら，今回の民法改正は，遺留分減殺請求権の法的性質について，過去の民法の判例・学説が採用してきた「形成権＝物権説」を捨

---

*61　真柄・前掲＊30，202頁。

110 ｜ 第2章　各　論

て，改正法においては遺留分侵害額請求権に転換されたことから，遺留分侵害額請求の効果は完全に債権的なものとされることになったのである。

　このような点から，最高裁平成4年判決を巡る学説上の議論には一応の終止符が打たれたとみることが可能かもしれない。そのような意味でも，今回の民法改正は学説上大きな意義を有するといえよう。

　なお，平成15年の相続税法改正により，「遺留分による減殺の請求に基づき返還すべき，又は弁償すべき額が確定したこと」が更正の請求原因に加えられており（相法32①三），実務上の問題は既にある程度解消されていたとみてもよいかもしれない。しかしながら，今回の改正により，請求権説が採用されるに至ったことに伴い，理論上の論点も相当程度整理が進むものと思われるのである。

〔酒井克彦＝臼倉真純〕

V 遺産分割（仮払制度等の創設・分割前遺産処分・一部分割）

■ はじめに

　今回の民法改正には，近時の最高裁判決の影響が色濃く反映している部分もある。遺産分割に関する近時の最高裁判決がこれまでの遺産分割実務に大きなインパクトを与えてきたところであるが，かかる判決によって解決された問題と更にそこから派生的に顕在化された実務上の問題に踏み込んだのが，今般新たに創設された「預貯金債権に関する仮払制度」である。

　ここでは，実務的にも大きなインパクトを与えた最高裁平成28年12月19日大法廷決定及びそこに付された補足意見を素材として，遺産分割に関する民法改正の概要及び背景について確認することとしよう。

① 2つの最高裁判断

❶ 背　景

　これまでは，相続財産中に可分債権がある場合には，かかる債権は，相続開始と同時に当然に相続分に応じて分割されて各共同相続人の分割単独債権となると考えられてきたのであり，そうであるがゆえに，可分債権である預貯金についても，当然に分割されることになると解されてきた。しかしながら，そうであるとすると，預貯金債権を遺産分割の対象とすることができなくなり，スムーズな遺産分割の実現が困難になることとなるし，また，更には，そもそも被相続人の葬儀費用を捻出しようとしても，かかる支出を相続財産中の預貯金から充てることが困難に

112 │ 第2章 各 論

もなるという不都合が生じていた。

このような中で，相続財産中の可分債権について，最高裁平成28年12月19日大法廷決定（民集70巻8号2121頁。以下「最高裁平成28年決定」という。）が，「共同相続された普通預金債権，通常貯金債権及び定期貯金債権は，いずれも，相続開始と同時に当然に相続分に応じて分割されることはな〔い〕」と判示し，更に，「遺産分割の対象となるもの」と判断を下したのである。これは，最高裁昭和29年4月8日第一小法廷判決（民集8巻4号819頁。以下「最高裁昭和29年判決」という。）の判断を変更したものと解される最高裁判断である。

最高裁平成28年決定のインパクトはいかなるものであろうか。今回の民法改正により，遺産分割制度の一環として仮払制度等が創設されたが，かかる制度を理解するためには，まずこの辺りを理解する必要がある。

2　最高裁昭和29年判決

1　事案の概要と最高裁の判断

最高裁昭和29年判決の事案の概要は次のようなものである。

Aは，昭和18年11月，自己所有の山林地上の立木250本をBに対して代金1万2,000円，伐採期間2年と定めて売却した。Bは昭和20年2月ごろまでに，立木75本を伐採し，昭和21年7月に残り175本の伐採権をCに譲渡し，Cは昭和22年1月これをY（被告・被控訴人・上告人）に譲渡し，Aはこれらの譲渡を承認した。Yが被用者Dに伐採させたところ，Dは約定よりも45本超過して伐採搬出したため，Aは昭和24年3月ごろYに対して不法行為（使用者責任）に基づく損害賠償請求訴訟を提起した，第一審は，Aの請求を棄却したが，原審（名古屋高裁金沢支部昭和27年9月18日判決・民集8巻4号826頁）は，Yの使用者責任を認め，Yに4万5,000円の損害賠償義務があるとし，これを相続分に応じて支払を命じたところ，これを不服としたYが上告した。

この事案において，最高裁は，次のように判示しYの上告を棄却し

た。

> 「相続人数人ある場合において，その相続財産中に金銭その他の
> 可分債権あるときは，その債権は法律上当然分割され各共同相続人
> がその相続分に応じて権利を承継するものと解するを相当とする」

❷ 検　討

　相続財産は共同相続の場合，遺産分割までの間共同相続人間の共有に
属する（民898）。この遺産共有の性質については，共有説と合有説の対
立があった。共有説は，遺産共有が民法249条以下の共有と基本的に同
様とするもので，各共同相続人は，遺産である各個別財産上に相続分に
応じた持分権を有し，これを自由に処分し得るのに対して，合有説は，
遺産共有が本質的には合有であり，各共同相続人は各個別財産上に持分
権を有するものの，潜在的・観念的なものにとどまり，自由な処分は認
められないと考える立場である[1]。

　上記事件では共同相続がなされ，相続財産中の可分債権たる金銭債権
が，民法898条の適用の結果，各共同相続人に分割承継されるのか否か，
その帰属形態が争われたのである。原審は共有説の立場から分割支払を
命じ，最高裁はこの考え方を維持した。

　金銭債権について，大審院大正9年12月22日判決（民録26輯2062頁。
以下「大審院大正9年判決」という。）は，共同相続人の一人が相続し
た保険金請求権の全額支払を求めた事案において，相続財産中の「金銭
債権」は法律上当然に分割され，各共同相続人が平等の割合で権利を有
することは民法427条の法意に徴し明白であるとしていた。最高裁昭和
29年判決は，かかる大審院の見解を踏襲し，相続した金銭その他の可分
債権の帰属に関して最高裁の見解をはじめて示したものである。上記大

＊1　宮本誠子・民法判例百選Ⅲ132頁（2015）。

審院大正9年判決及び最高裁昭和29年判決ともに，金銭債権の履行債権に関する事案であり，それゆえ最高裁平成28年決定の法理は直接的には相続した可分債権は当然に分割され，各共同相続人は自らの相続分に応じて債権行使が可能と説示したものであるが，可分債権は当然分割し，各相続人は分割債権を承継するという旨の文言から，最高裁平成28年決定は，可分債権は分割して各相続人に確定的に帰属し，遺産共有・遺産分割の対象にはならないものと解しているようである。

このような理解が定着しているのが現状であろう。

金銭債権のうち，預金債権に関しては，銀行実務が二重払いのリスクを避け，遺産を巡る紛争に巻き込まれないように，共同相続人全員の同意がないと払戻しに応じないという分割帰属を認めないという対応をしていることがその例であろう*2。

このような実情を念頭に，冒頭に示したような問題点が指摘されてきたところ，最高裁昭和29年判決の問題点は，次にみる最高裁平成28年決定によって一部判例変更がなされたのである。

③ 改正までの経緯

最高裁平成28年決定を概観する前に，時間軸が若干狂うが，今回の民法改正までの経緯を次の窪田充見教授の説明から確認しておきたい。

窪田教授は，国会参考人として，平成30年6月13日の衆議院法務委員会において，次のように説明されている。

> 「預貯金については，従来は当然に分割承継されるとされておりまして，遺産分割の対象とならないとされてきました。このため，特別受益や寄与分を考慮して決まる具体的相続分を踏まえた遺産分割，これを通じて相続人間の公平を実現するという仕組みは，預貯

---

*2 宮本・前掲*1，133頁。

V 遺産分割（仮払制度等の創設・分割前遺産処分・一部分割）

金については機能してきませんでした。

　今回の法制審議会では，そうした問題があることを踏まえて，かなりこれについては検討が重ねられておりました。ただ，法制審議会の審議の途中の段階でしたが，最高裁が，預貯金も遺産分割の対象となる遺産に含まれるという判断を示しました。これによって，ここでの問題は半分は解消されたというふうに思います。半分と申し上げましたのは，最終的に遺産分割の対象となるということは明らかになったものの，遺産分割までの間，どのように扱うのかという点では，実際上も問題が残っていたからであります。特に，手元に現金がない場合，被相続人の葬儀の費用をどのように支出するのか，被相続人が負担していた債務の弁済をどのようにするのか等が問題となります。

　今回の法案においては，遺産分割までの間の仮払い制度が創設されるとともに，家事事件手続法における見直しが図られておりますが，これはこうした問題に具体的に対応するもので，制度的にも必要な改正であると思われます。また，一部分割についても，特に預貯金を意識しながら，もちろんそれだけではありませんが，適切に対応できるようにしたものとなっております。今回の法案においては，こうした預貯金の取扱いが重要なポイントとして，かなり細部まで詰めて規定の整備が提案されております。これは，実際上も必要性が高く，意義は大きいものと思っております。」

　「権利義務の承継に関するルールの整備は，相続法の最も基本的な部分に関する改正で，積極的に評価されるべきものであるというのが私の認識でございます。」

この解説からも判然とするとおり，まずは，法制審議会の議論があり，その途中で次に示す最高裁平成28年決定が出され，同審議会の検討及び同最高裁決定を受けて，今回の民法改正につながったと理解することが

できるのである。

そこで，次に，最高裁平成28年決定を見ておきたい。

4 最高裁平成28年決定と立法の必要性に関する指摘

1 最高裁の判断

最高裁平成28年決定は，まず，預貯金契約の性質について次のように示す。

「相続人が数人ある場合，各共同相続人は，相続開始の時から被相続人の権利義務を承継するが，相続開始とともに共同相続人の共有に属することとなる相続財産については，相続分に応じた共有関係の解消をする手続を経ることとなる（民法896条，898条，899条）。そして，この場合の共有が基本的には同法249条以下に規定する共有と性質を異にするものでないとはいえ（最高裁昭和28年（オ）第163号同30年5月31日第三小法廷判決・民集9巻6号793頁参照），この共有関係を協議によらずに解消するには，通常の共有物分割訴訟ではなく，遺産全体の価値を総合的に把握し，各共同相続人の事情を考慮して行うべく特別に設けられた裁判手続である遺産分割審判（同法906条，907条2項）によるべきものとされており（最高裁昭和47年（オ）第121号同50年11月7日第二小法廷判決・民集29巻10号1525頁参照），また，その手続において基準となる相続分は，特別受益等を考慮して定められる具体的相続分である（同法903条から904条の2まで）。このように，遺産分割の仕組みは，被相続人の権利義務の承継に当たり共同相続人間の実質的公平を図ることを旨とするものであることから，一般的には，遺産分割においては被相続人の財産をできる限り幅広く対象とすることが望ましく，また，遺産分割手続を行う実務上の観点からは，現金のように，評価についての不確定要素が少なく，具体的な遺産分割の方法を定めるに当

V 遺産分割（仮払制度等の創設・分割前遺産処分・一部分割） 117

たっての調整に資する財産を遺産分割の対象とすることに対する要請も広く存在することがうかがわれる。

　ところで，具体的な遺産分割の方法を定めるに当たっての調整に資する財産であるという点においては，本件で問題とされている預貯金が現金に近いものとして想起される。預貯金契約は，消費寄託の性質を有するものであるが，預貯金契約に基づいて金融機関の処理すべき事務には，預貯金の返還だけでなく，振込入金の受入れ，各種料金の自動支払，定期預金の自動継続処理等，委任事務ないし準委任事務の性質を有するものも多く含まれている（最高裁平成19年（受）第1919号同21年1月22日第一小法廷判決・民集63巻1号282頁参照）。そして，これを前提として，普通預金口座等が賃金や各種年金給付等の受領のために一般的に利用されるほか，公共料金やクレジットカード等の支払のための口座振替が広く利用され，定期預金等についても総合口座取引において当座貸越の担保とされるなど，預貯金は決済手段としての性格を強めてきている。また，一般的な預貯金については，預金保険等によって一定額の元本及びこれに対応する利息の支払が担保されている上（預金保険法第3章第3節等），その払戻手続は簡易であって，金融機関が預金者に対して預貯金口座の取引経過を開示すべき義務を負うこと（前掲最高裁平成21年1月22日第一小法廷判決参照）などから預貯金債権の存否及びその額が争われる事態は多くなく，預貯金債権を細分化してもこれによりその価値が低下することはないと考えられる。このようなことから，預貯金は，預金者においても，確実かつ簡易に換価することができるという点で現金との差をそれほど意識させない財産であると受け止められているといえる。

　共同相続の場合において，一般の可分債権が相続開始と同時に当然に相続分に応じて分割されるという理解を前提としながら，遺産分割手続の当事者の同意を得て預貯金債権を遺産分割の対象とする

という運用が実務上広く行われてきているが，これも，以上のような事情を背景とするものであると解される。」

次に，普通預金については，次のように示している。

「普通預金契約及び通常貯金契約は，一旦契約を締結して口座を開設すると，以後預金者がいつでも自由に預入れや払戻しをすることができる継続的取引契約であり，口座に入金が行われるたびにその額についての消費寄託契約が成立するが，その結果発生した預貯金債権は，口座の既存の預貯金債権と合算され，一個の預貯金債権として扱われるものである。また，普通預金契約及び通常貯金契約は預貯金残高が零になっても存続し，その後に入金が行われれば入金額相当の預貯金債権が発生する。このように，普通預金債権及び通常貯金債権は，いずれも，一個の債権として同一性を保持しながら，常にその残高が変動し得るものである。そして，この理は，預金者が死亡した場合においても異ならないというべきである。すなわち，預金者が死亡することにより，普通預金債権及び通常貯金債権は共同相続人全員に帰属するに至るところ，その帰属の態様について検討すると，上記各債権は，口座において管理されており，預貯金契約上の地位を準共有する共同相続人が全員で預貯金契約を解約しない限り，同一性を保持しながら常にその残高が変動し得るものとして存在し，各共同相続人に確定額の債権として分割されることはないと解される。そして，相続開始時における各共同相続人の法定相続分相当額を算定することはできるが，預貯金契約が終了していない以上，その額は観念的なものにすぎないというべきである。預貯金債権が相続開始時の残高に基づいて当然に相続分に応じて分割され，その後口座に入金が行われるたびに，各共同相続人に分割されて帰属した既存の残高に，入金額を相続分に応じて分割した額

V　遺産分割（仮払制度等の創設・分割前遺産処分・一部分割）　119

を合算した預貯金債権が成立すると解することは，預貯金契約の当事者に煩雑な計算を強いるものであり，その合理的意思にも反するとすらいえよう。」

また，定期預金については払戻しの制限等を踏まえてその性質を述べている。

「定期貯金の前身である定期郵便貯金につき，郵便貯金法は，一定の預入期間を定め，その期間内には払戻しをしない条件で一定の金額を一時に預入するものと定め（7条1項4号），原則として預入期間が経過した後でなければ貯金を払い戻すことができず，例外的に預入期間内に貯金を払い戻すことができる場合には一部払戻しの取扱いをしないものと定めている（59条，45条1項，2項）。同法が定期郵便貯金について上記のようにその分割払戻しを制限する趣旨は，定額郵便貯金や銀行等民間金融機関で取り扱われている定期預金と同様に，多数の預金者を対象とした大量の事務処理を迅速かつ画一的に処理する必要上，貯金の管理を容易にして，定期郵便貯金に係る事務の定型化，簡素化を図ることにあるものと解される。
　郵政民営化法の施行により，日本郵政公社は解散し，その行っていた銀行業務は株式会社ゆうちょ銀行に承継された。ゆうちょ銀行は，通常貯金，定額貯金等のほかに定期貯金を受け入れているところ，その基本的内容が定期郵便貯金と異なるものであることはうかがわれないから，定期貯金についても，定期郵便貯金と同様の趣旨で，契約上その分割払戻しが制限されているものと解される。そして，定期貯金の利率が通常貯金のそれよりも高いことは公知の事実であるところ，上記の制限は，預入期間内には払戻しをしないという条件と共に定期貯金の利率が高いことの前提となっており，単なる特約ではなく定期貯金契約の要素というべきである。しかるに，

定期貯金債権が相続により分割されると解すると，それに応じた利子を含めた債権額の計算が必要になる事態を生じかねず，定期貯金に係る事務の定型化，簡素化を図るという趣旨に反する。他方，仮に同債権が相続により分割されると解したとしても，同債権には上記の制限がある以上，共同相続人は共同して全額の払戻しを求めざるを得ず，単独でこれを行使する余地はないのであるから，そのように解する意義は乏しい。」

2 補足意見と立法的対応の必要性

なお，最高裁平成28年決定には，4つの補足意見が付されている。

ここでは，そのうちの1つである大谷剛彦裁判官，小貫芳信裁判官，山﨑敏充裁判官，小池裕裁判官，木澤克之裁判官共同による補足意見を見ておこう。

「従来，預貯金債権は相続開始と同時に当然に各共同相続人に分割され，各共同相続人は，当該債権のうち自己に帰属した分を単独で行使することができるものと解されていたが，多数意見によって遺産分割の対象となるものとされた預貯金債権は，遺産分割までの間，共同相続人全員が共同して行使しなければならないこととなる。そうすると，例えば，共同相続人において被相続人が負っていた債務の弁済をする必要がある，あるいは，被相続人から扶養を受けていた共同相続人の当面の生活費を支出する必要があるなどの事情により被相続人が有していた預貯金を遺産分割前に払い戻す必要があるにもかかわらず，共同相続人全員の同意を得ることができない場合に不都合が生ずるのではないかが問題となり得る。このような場合，現行法の下では，遺産の分割の審判事件を本案とする保全処分として，例えば，特定の共同相続人の急迫の危険を防止するために，相続財産中の特定の預貯金債権を当該共同相続人に仮に取得させる

仮処分（仮分割の仮処分。家事事件手続法200条2項）等を活用することが考えられ，これにより，共同相続人間の実質的公平を確保しつつ，個別的な権利行使の必要性に対応することができるであろう。

　もとより，預貯金を払い戻す必要がある場合としてはいくつかの類型があり得るから，それぞれの類型に応じて保全の必要性等保全処分が認められるための要件やその疎明の在り方を検討する必要があり，今後，家庭裁判所の実務において，その適切な運用に向けた検討が行われることが望まれる。」

　このように，大谷裁判官らは，補足意見の中ではあるが，立法的対応の必要性を指摘していたのである。

　最高裁平成28年決定を前提とすると，預貯金を遺産分割前に払い戻す必要があることになるが，それを行うには，共同相続人全員の同意を得ることができなければなるまい。すると，かかる共同相続人全員の同意を得られない場合には，結局のところ，払戻しを請求することができないこととなるため，このような事態に対応するための立法的解決が求められるのである。ここでは，具体的な実務的問題に対する関心が寄せられている。

②　遺産分割に関する民法改正

①　民法909条の2の創設

　上記のような補足意見が示されている中にあって，今回の改正において，分割途中で預貯金の払戻請求をすることができないことからくる実務的な問題解決として，改正民法909条の2及び改正家事事件手続法200条3項の規定の創設を行うこととしたのである。

　改正民法909条の2は，一定の要件の下で，家庭裁判所の判断を経ず

に，預貯金の一部払出しを認めることとする規定である。

改正民法909条の2《遺産の分割前における預貯金債権の行使》【新設】

　　各共同相続人は，遺産に属する預貯金債権のうち相続開始の時の債権額の3分の1に第900条及び第901条の規定により算定した当該共同相続人の相続分を乗じた額（標準的な当面の必要生計費，平均的な葬式の費用の額その他の事情を勘案して預貯金債権の債務者ごとに法務省令で定める額を限度とする。）については，単独でその権利を行使することができる。この場合において，当該権利の行使をした預貯金債権については，当該共同相続人が遺産の一部の分割によりこれを取得したものとみなす。

　この規定では，当面の必要生計費や葬式費用等の手当等が，その使途として予定されていると考えられている[3]。すなわち，法務省令で定める額という制約はあるものの，各共同相続人が，単独で預貯金の払出しに関する権利行使をすることを認めている[4]。この場合，権利行使された預貯金債権については，当該共同相続人が遺産の一部の分割によりこれを取得したものとみなすこととしており，これが仮払制度と呼称されているものである。

　前述のとおり，最高裁昭和29年判決の考え方が判例として定着していたことから，そもそも預貯金債権については共有財産ではないとされており，預貯金を被相続人の葬儀費用等に充てることが困難であった。も

＊3　松嶋隆弘『相続法改正の概要』税理平成30年9月号別冊付録13頁（ぎょうせい2018）。
＊4　引出額は，各共同相続人が，遺産に属する預貯金債権のうち，相続開始の時の債権額の3分の1に相当する額に共同相続人の相続分を乗じた額とされており，法務省令が定める額による頭打ちがある。なお，かかる法務省令が定める額については，「標準的な当面の必要生計費，平均的な葬式の費用の額その他の事情を勘案して預貯金債権の債権者ごとに」定められるとしている。今後，制定されるであろう法務省令の規定を確認する必要があろう。このことからも，本仮払制度が当面の必要生計費や葬式費用等に充てるものが念頭に置かれていることが判然とする。

っとも，この判例は，最高裁平成28年決定によって一部変更されたところではあるが，それでも，遺産分割が終了するまでの間は，相続人単独では預貯金の払出しをすることができないという問題が実務的には存在していた（図表－1参照）。

●図表－1

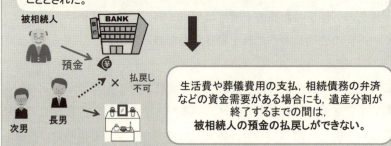

（出所）　法務省ホームページより

●図表－2

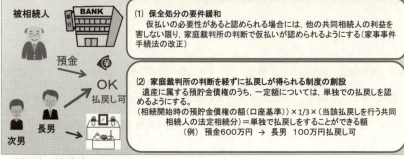

（出所）　法務省ホームページより

そこで，今回の民法改正によって改正民法909条の2が設けられ，上記のような問題点を解消することが可能となったのである。これを「遺産分割の仮払制度」という。具体的には，相続人の資金需要に対応すべく，図表－2のような要件緩和及び制度創設がなされた。

2 家事事件手続法200条3項の創設

改正民法909条の2が当面の生計費及び葬式費用等のために予定された制度であるのに対して，家事事件手続法の改正では，相続財産に関する債務の弁済，相続人の生計費の支弁等のために予定される制度が規定された。家事事件手続法200条2項は，従前からある家事事件手続法の保全処分であるが，今回の改正によりその要件が緩和されたのである。そこでは，次の2つの方策が企図されている。

■ 家事事件手続法の保全処分の要件を緩和する方策

預貯金債権の仮分割の仮処分については，家事事件手続法200条2項の要件（事件の関係人の急迫の危険の防止の必要があること）を緩和することとし，家庭裁判所は，遺産の分割の審判又は調停の申立てがあった場合において，相続財産に属する債務の弁済，相続人の生活費の支弁その他の事情により遺産に属する預貯金債権を行使する必要があると認めるときは，他の共同相続人の利益を害しない限り，申立てにより，遺産に属する特定の預貯金債権の全部又は一部を仮に取得させることができることとされた（改正家事200③）。

■ 家庭裁判所の判断を経ないで預貯金の払戻しを認める方策

各共同相続人は，遺産に属する預貯金債権のうち，各口座ごとに以下の計算式で求められる額（ただし，同一の金融機関に対する権利行使は，法務省令で定める額を限度とする。）までについては，他の共同相続人の同意がなくても単独で払戻しをすることができることとされた（改正民法909の2）。

Ⅴ　遺産分割（仮払制度等の創設・分割前遺産処分・一部分割）　　125

【計算式】

単独で払戻しをすることができる額＝（相続開始時の預貯金債権の額）
　　　　　×（3分の1）×（当該払戻しを求める共同相続人の法定相続分）

　現行の家事事件手続法200条2項は，次のように，遺産の分割の審判
事件を本案とする保全処分に関して，家庭裁判所が，遺産の分割の審判
又は調停の申立てがあった場合において，強制執行を保全し，又は事件
の関係人の急迫の危険を防止するため必要があるとき，当該申立人又は
相手方の申立てにより，遺産の分割の審判を本案とする仮差押え，仮処
分その他の必要な保全処分を命ずることができる旨を規定している。

家事事件手続法200条《遺産の分割の審判事件を本案とする保全処分》

2　家庭裁判所は，遺産の分割の審判又は調停の申立てがあった場
　合において，強制執行を保全し，又は事件の関係人の急迫の危険
　を防止するため必要があるときは，当該申立てをした者又は相手
　方の申立てにより，遺産の分割の審判を本案とする仮差押え，仮
　処分その他の必要な保全処分を命ずることができる。

　今回の改正において，この家事事件手続法200条2項の保全処分の要
件を緩和するために制定されたのが，同条3項である。ここでは，預貯
金債権の仮払いの際の要件緩和が念頭に置かれている。

家事事件手続法200条《遺産の分割の審判事件を本案とする保全処分》
【新設】

3　前項に規定するもののほか，家庭裁判所は，遺産の分割の審判
　又は調停の申立てがあった場合において，相続財産に属する債務
　の弁済，相続人の生活費の支弁その他の事情により遺産に属する
　預貯金債権（民法第466条の5第1項に規定する預貯金債権をい

●図表－3

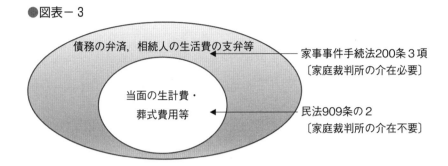

> う。以下この項において同じ。）を当該申立てをした者又は相手方が行使する必要があると認めるときは，その申立てにより，遺産に属する特定の預貯金債権の全部又は一部をその者に仮に取得させることができる。ただし，他の共同相続人の利益を害するときは，この限りでない

　すなわち，仮払いを必要とする事情として，「相続財産に属する債務の弁済，相続人の生活費の支弁その他の事情」が規定されている。すると，新設された改正民法909条の２との関係に関心が寄せられる。前述のとおり，同条では，当面の必要生計費や葬式費用等の手当が想定されているが，「相続財産に属する債務の弁済，相続人の生活費の支弁その他の事情」はこれを超えるものであることが想定されよう。

　そうであるとすると，改正民法909条の２の限度までは，家庭裁判所を介さずに引出を許容し，これを上回る額については，家庭裁判所の介在を予定するという構成が採用されているとみるべきであろう[5]。

　上記のような二重構造によって，預貯金債権が遺産分割の対象となることから生じる実務上の問題点を乗り超えようとするのが，今回改正された預貯金債権に関する仮払制度の本旨であるといえよう。

---

[5]　松嶋・前掲＊3，15頁。

3 射程範囲―不可分債権全般に及ぶか

　最高裁平成28年決定には，前述のとおり 4 つの補足意見が付されており，その一つは既述のとおりであるが，ここで，岡部喜代子裁判官の補足意見を確認しておきたい。

　「共同相続が発生したとき，相続財産は民法898条，899条により相続分に応じた共有となる。その財産が金銭の給付を目的とする債権であっても同様である。当該債権については民法264条の規律するところになるのであるが，同条の特則としての民法427条により相続人ごとに分割されて相続人の数だけ債権が存在することとなると考えられているところである。しかし，共同相続においては上記のとおりまず準共有状態が発生するのであるから，分割を阻害する要因があれば，分割されずに準共有状態のまま存続すると解することが可能である。普通預金契約（通常貯金契約を含む。以下同じ。）の本体は消費寄託契約ではあるが，そればかりではなく，付随して口座振替等の準委任契約が締結されることも多いのであって，普通預金が決済手段としての性格を強めていることは多数意見の指摘するとおりである。そうすると，普通預金債権を共同相続した場合には，共同相続人は同時に準委任契約上の権利義務もまた相続により承継することになる。例えば口座振替契約の解約を行う場合は，それは性質上不可分な形成権の行使であり，かつ，処分行為であるから民法251条により相続人全員で行わなければならない。ところが預貯金債権が当然に分割され各人の権利行使が認められることになると，共同相続人の一人が自己の持分に相当する預貯金を全額払い戻して預貯金債権を行使する必要がなくなる結果，預貯金契約自体あるいは口座振替契約等についての処理に支障が生ずる可能性がある。また，各別の預貯金債権の行使によって，一個の預貯金契約

ないし一つの口座中に，共同相続人ごとに残高の異なる複数の預貯
金債権が存在するという事態が生じざるを得ない。このような事態
は，振込等があって残高が変動しつつも同一性を保持しながら一個
の債権として存続するという普通預金債権の性質に反する状況とも
いい得るところであり，また普通預金契約を締結する当事者の意思
としても認めないところであろう。共同相続の場合には，普通預金
債権について相続人各別の行使は許されず，準共有状態が存続する
ものと解することが可能となる。以上のとおりであるから，多数意
見の結論は，預貯金債権について共同相続が発生した場合に限って
認められるものであろう。」

このように，岡部裁判官は，多数意見の結論について，制約的に射程
範囲を捉える見解を提示しており，また，以下のとおり，最高裁平成28
年決定の射程範囲には制限があるとの立場を堅持している。

「私は，民法903条及び904条の2の文理並びに共同相続人間の実
質的公平を実現するという趣旨に鑑みて，可分債権は共同相続によ
り当然に分割されるものの，上記各条に定める『被相続人が相続開
始の時において有した財産』には含まれると解すべきであり，分割
された可分債権の額をも含めた遺産総額を基に具体的相続分を算定
し，当然分割による取得額を差し引いて各相続人の最終の取得額を
算出すべきであると考えている。従前は預貯金債権も当然に分割さ
れる可分債権に含まれると考えてきた。しかし，最高裁判所が権利
の性質を詳細に検討して少しずつ遺産分割の対象財産に含まれる権
利を広げてきたという経緯，預貯金債権も遺産分割の対象とするこ
とが望ましいとの結論の妥当性，そして…理論的にも可能であると
いう諸点から多数意見に賛同したいと思う。ただ，<u>当然に分割され</u>
<u>ると考えられる可分債権はなお各種存在し，預貯金債権が姿を変え</u>

Ⅴ　遺産分割（仮払制度等の創設・分割前遺産処分・一部分割）

る場合もあり得るところ，それらについては上記のとおり具体的相
続分の算定の基礎に加えるなどするのが相当であると考える。」

　このように最高裁平成28年決定の射程範囲が可分債権全般に及ぶとま
では解することができないところから，今般の民法改正は，あくまでも
預貯金債権に限定したものとなっていることに留意しておく必要があろ
う。

④　分割前遺産処分

　前述の最高裁平成28年決定に付された補足意見のうち，鬼丸かおる裁
判官の見解を見てみたい。同裁判官は，多数意見に賛同するとしながら，
普通預金債権及び通常貯金債権の遺産分割における取扱いに関して私見
を示している。

　「〈1〉相続開始後に相続財産から生じた果実，〈2〉相続開始時
に相続財産に属していた個々の財産が相続開始後に処分等により相
続財産から逸出し，その対価等として共同相続人が取得したいわゆ
る代償財産（例えば，建物の焼失による保険金，土地の売買代金
等），〈3〉相続開始と同時に当然に分割された可分債権の弁済金等
が被相続人名義の預貯金口座に入金された場合も，これらの入金額
が合算された預貯金債権が遺産分割の対象となる（このことは，果
実，代償財産，可分債権がいずれも遺産分割の対象とならないと解
されることと矛盾するものではない。）。この場合，相続開始後に残
高が増加した分については相続開始時に預貯金債権として存在した
ものではないところ，具体的相続分は相続開始時の相続財産の価額
を基準として算定されるものであることから（民法903条，904条の
2），具体的相続分の算定の基礎となる相続財産の価額をどう捉え
るかが問題となろう。この点については，相続開始時の預貯金債権

の残高を具体的相続分の算定の基礎とすることが考えられる一方，上記〈２〉，〈３〉の場合，当該入金額に相当する財産は相続開始時にも別の形で存在していたものであり，相続財産である不動産の価額が相続開始後に上昇した場合等とは異なるから，当該入金額に相当する相続開始時に存在した財産の価額を具体的相続分の算定の基礎に加えることなども考え得るであろう。もっとも，具体的相続分は遺産分割手続における分配の前提となるべき計算上の価額又はその価額の遺産の総額に対する割合を意味するのであるから（最高裁平成11年（受）第110号同12年２月24日第一小法廷判決・民集54巻２号523頁参照），早期にこれを確定することが手続上望ましいところ，後者の考え方を採る場合，相続開始後の預貯金残高の変動に応じて具体的相続分も変動し得ることとなり，事案によっては具体的相続分の確定が遅れかねないなどの遺産分割手続上の問題が残される。従来から家庭裁判所の実務において，上記〈１〉～〈３〉の財産も，共同相続人全員の合意があれば具体的相続分の算定の基礎ないし遺産分割の対象としてきたとみられるところであり，この問題については，共同相続人間の実質的公平を図るという見地から，従来の実務の取扱いとの均衡等も考慮に入れて，今後検討が行われることが望まれよう。」

　これは，共同相続人による財産処分が行われた場合における，共同相続人間の実質的公平の確保を論じるところであるが，この視角は，遺産分割前に遺産に属する財産が処分された場合の遺産の範囲に関する取扱いの必要性を摘示するものであった。

　このような考え方により，今般の改正において，次のように改正民法906条の２が創設された。

改正民法906条の２《遺産の分割前に遺産に属する財産が処分され

た場合の遺産の範囲》【新設】

　遺産の分割前に遺産に属する財産が処分された場合であっても，共同相続人は，その全員の同意により，当該処分された財産が遺産の分割時に遺産として存在するものとみなすことができる。

2　前項の規定にかかわらず，共同相続人の一人又は数人により同項の財産が処分されたときは，当該共同相続人については，同項の同意を得ることを要しない。

かかる規定の要点は次の２つであるといえる。

① 　遺産の分割前に遺産に属する財産が処分された場合であっても，共同相続人全員の同意により，当該処分された財産を遺産分割の対象に含めることができる。

② 　共同相続人の一人又は数人が遺産の分割前に遺産に属する財産の処分をした場合には，当該処分をした共同相続人については，①の同意を得ることを要しない。

　これは，共同相続人の一人が遺産分割前に遺産に属する財産を処分した場合に，処分をしなかった場合と比べて取得額が増えるといった不公平が生ずることがないように手当する是正措置であるといえよう[6]。

5　一部分割の要件・残余資産分割の明確化等

　前述の最高裁平成28年決定によって，預貯金債権が遺産分割の対象となることとされたが，そうなると遺産対象の拡大により，分割を巡る紛争が長期化することが想定され得る。そこで，改正民法907条は以下のように規定し，まず，遺産として争いがない財産を確定し，それについて一部分割するという手順を確定している。この点については，従前，議論のあるところであったが，立法により解決が図られることとなった。

＊6　松嶋・前掲＊3，16頁。

132 | 第2章 各 論

> **旧民法907条《遺産の分割の協議又は審判等》**
>
> 　共同相続人は，次条の規定により被相続人が遺言で禁じた場合を除き，いつでも，その協議で，遺産の分割をすることができる。
>
> 2　遺産の分割について，共同相続人間に協議が調わないとき，又は協議をすることができないときは，各共同相続人は，その分割を家庭裁判所に請求することができる。
>
> 3　前項の場合において特別の事由があるときは，家庭裁判所は，期間を定めて，遺産の全部又は一部について，その分割を禁ずることができる。

このような規定であったが，改正民法は以下のように下線を付した部分を改正している。

> **改正民法907条《遺産の分割の協議又は審判等》**
>
> 　共同相続人は，次条の規定により被相続人が遺言で禁じた場合を除き，いつでも，その協議で，遺産の<u>全部又は一部</u>の分割をすることができる。
>
> 2　遺産の分割について，共同相続人間に協議が調わないとき，又は協議をすることができないときは，各共同相続人は，その<u>全部又は一部</u>の分割を家庭裁判所に請求することができる。<u>ただし，遺産の一部を分割することにより他の共同相続人の利益を害するおそれがある場合におけるその一部の分割については，この限りでない。</u>
>
> 3　前項<u>本文</u>の場合において特別の事由があるときは，家庭裁判所は，期間を定めて，遺産の全部又は一部について，その分割を禁ずることができる。

Ⅴ　遺産分割（仮払制度等の創設・分割前遺産処分・一部分割）

■ 結びに代えて

　税理士は，被相続人の預貯金債権を銀行から引き出す必要を感じる場面に遭遇する機会が少なくないであろう。かように考えると，税理士にとって，この改正は実務的にも非常に関心の高い項目であると思われる。

　なお，ここではあくまでも民法改正の概要を解説するにとどめたが，徴収手続の問題などをも含めて課税実務への影響も今後議論されることは必至である。そこで，更にアコード租税総合研究所において検討を加え，租税法上の影響についても機会を得て具体的に議論していきたいと考えている。

〔酒井　克彦〕

Ⅵ 改正後の遺産分割と税務に与える影響

■ はじめに

　今回の民法改正で，遺産分割（仮払い制度，分割前処分，一部分割）に関する見直しが行われた。相続税法では，遺産分割と関係する規定がある。代表的な規定として，相続税法19条の2《配偶者に対する相続税額の軽減》，同法32条《更正の請求の特則》，租税特別措置法69条の4《小規模宅地等についての相続税の課税価格の計算の特例》を挙げることができる。

　平成31年度税制改正において，民法（相続関係）の改正に伴う措置が講じられているが，遺産分割に関する措置は特に見当たらない。

　ここでは相続税法における遺産分割の意義を確認し，遺産分割が影響を受ける規定を確認したところで，今回の民法改正のうち，遺産分割（仮払い制度，分割前処分，一部分割）に関する見直しによる主に相続税への影響について検討する。

1 遺産分割と相続税

1 分割の意義

　相続税法19条の2は，2項で「前項の相続又は遺贈に係る第27条の規定による申告書の提出期限（以下この項において「申告期限」という。）までに，当該相続又は遺贈により取得した財産の全部又は一部が共同相続人又は包括受遺者によってまだ分割されていない場合における前項の規定の適用については，その分割されていない財産は，同項第2

Ⅵ　改正後の遺産分割と税務に与える影響　135

号ロの課税価格の計算の基礎とされる財産に含まれないものとする。」と規定していることから，分割の意義が重要となる。

この分割の意義については，相続税法基本通達19の２−８において次のとおり明らかにされている。

相続税法基本通達19の２−８ 《分割の意義》

　法第19条の２第２項に規定する「分割」とは，相続開始後において相続又は包括遺贈により取得した財産を現実に共同相続人又は包括受遺者に分属させることをいい，その分割の方法が現物分割，代償分割若しくは換価分割であるか，またその分割の手続が協議，調停若しくは審判による分割であるかを問わないのであるから留意する。

　ただし，当初の分割により共同相続人又は包括受遺者に分属した財産を分割のやり直しとして再配分した場合には，その再配分により取得した財産は，同項に規定する分割により取得したものとはならないのであるから留意する。

(注)　「代償分割」とは，共同相続人又は包括受遺者のうちの１人又は数人が相続又は包括遺贈により取得した財産の現物を取得し，その現物を取得した者が他の共同相続人又は包括受遺者に対して債務を負担する分割の方法をいい，「換価分割」とは，共同相続人又は包括受遺者のうちの１人又は数人が相続又は包括遺贈により取得した財産の全部又は一部を金銭に換価し，その換価代金を分割する方法をいうのであるから留意する。

---

② 遺産分割と関係する相続税関係の規定

遺産分割と関係する主な相続税法及び租税特別措置法の規定を列挙すると次のとおりである。

1 相 続 税 法

① 相続税法19条の 2 《配偶者に対する相続税額の軽減》

② 相続税法30条《期限後申告の特則》

③ 相続税法31条《修正申告の特則》

④ 相続税法32条《更正の請求の特則》

2 租税特別措置法における相続税法の特例関係

① 小規模宅地等についての相続税の課税価格の計算の特例

② 特定計画山林についての相続税の課税価格の計算の特例

③ 農地等についての相続税の納税猶予及び免除等

④ 山林についての相続税の納税猶予及び免除

⑤ 非上場株式等についての相続税の納税猶予及び免除

⑥ 非上場株式等についての相続税の納税猶予及び免除の特例

⑦ 医療法人の持分についての相続税の納税猶予及び免除

⑧ 医療法人の持分についての相続税の税額控除

3 遺産分割（仮払い制度，分割前処分，一部分割）に関する見直しとの関係

　上記**1**相続税法に関する規定は，遺産分割と関係するといえる。また，上記**2**租税特別措置法における相続税法の特例は，土地，山林，株式，出資持分という特定された財産に関する特例であり，その財産を分割取得して，保有継続することを前提としており一部分割は関係するが，分割前処分は特例の要件を満たさなくなることから関係がないともいえる。

2 遺産分割に関する見直しの税務への影響

1 仮払い制度

　最高裁平成28年12月19日大法廷決定（民集70巻 8 号2121頁）により，相続された預貯金債権は遺産分割の対象財産に含まれることとなり，共同相続人による単独の払戻しができないこととされた。

Ⅵ　改正後の遺産分割と税務に与える影響 | 137

この最高裁決定を前提にすると，生活費や葬儀費用の支払，被相続人の入院費の支払，相続債務の弁済などの資金需要がある場合に被相続人の預貯金を払い出す必要があるが，共同相続人全員の同意を得られない場合は払戻しができないこととなる。このような相続人の資金需要に対応できるように，仮払い制度が設けられた。

最高裁平成28年12月19日大法廷決定前は，最高裁昭和29年4月8日第一小法廷判決（民集8巻4号819頁）を前提にして預貯金（可分債権）の分割の要否を取り扱っていた。そこで，金融機関から払戻しを受けた法定相続分に相当する金員が，相続税法19条の2第2項ただし書に規定する「分割された財産」に該当するか否かを争点とした平成12年6月30日裁決（裁決事例集59号27頁）を確認する。

(1) **事案の概要**

本件は，審査請求人（以下「請求人」という。）が平成7年7月22日に死亡したD（以下「本件被相続人」という。）名義の貸付信託等について，E地方裁判所（以下「E地裁」という。）の判決等により金融機関から払戻しを受けた法定相続分に相当する金員が，相続税法第19条の2第2項ただし書に規定する「分割された財産」に該当するか否かを争点とする事案である。

(2) **請求人の主張**

① 相続人が数人ある場合において，相続財産中に金銭その他の可分債権があるときは，その債権は法律上当然に分割され，各相続人がその相続分に応じて権利を取得できることは，最高裁判所昭和29年4月8日第1小法廷判決（昭和27年（オ）第1119号損害賠償請求上告事件をいい，以下「本件最高裁判決1」という。）及び最高裁判所昭和30年5月31日第3小法廷判決（昭和28年（オ）第163号共有物分割請求上告事件をいい，以下「本件最高裁判決2」という。）により確定している。

② 相続税法施行規則第1条の3《配偶者に対する相続税額の軽減の特例の適用を受ける場合の記載事項等》第3項第2号に規定する財産の取得の状況を証する書類とは，必ずしも遺言書，遺産分割協議書等に限られるものではなく，金融機関は法的に分割相当であることを確認後に相続財産の支払に応ずるものであることから，金融機関からの財産の支払通知書等も財産の取得の状況を証する書類に含まれる。

③ したがって，請求人は，E地裁の判決により本件金員の払戻請求が認められ，実際にH信託銀行等から払戻しを受けたのであるから，本件財産は分割されたというべきであり，原処分庁は，相続税法第19条の2第2項ただし書の規定を適用し，同法第32条《更正の請求の特則》第6号に規定する事由に基づいて本件更正の請求を認めるべきである。

(3) 原処分庁の主張

原処分は，次の理由により適法であるから，本件審査請求を棄却するとの裁決を求める。

① 民法第898条は，「相続人が数人あるときは，相続財産は，その共有に属する」と規定し，分割前の遺産は共同相続人の共有に属することとしている。

この場合の共有とは，遺産分割までの一時的過渡的な所有形態にすぎないもので，独立性をもたず，いわば仮の分け前である。

このことから，相続財産は，遺産分割協議の成立や遺産分割の調停又は審判等により初めて抽象的な共有の状態から具体的に各共同相続人の所有に属することになり，相続財産が預貯金や貸付信託又は割引債券など（以下，これらを併せて「預金等」という。）であった場合においても同様であると解されるから，預金等は，遺産分割が行われるまでは各共同相続人の共有の債権になるものと解される。

Ⅵ　改正後の遺産分割と税務に与える影響　│　139

しかしながら，金融機関は，遺産分割が確定していない場合でも，共同相続人等の一部から預金等の一部払戻請求があった場合にその払戻しを行うことがあるが，これは，各共同相続人が相続分に応じた処分権を有していることから法律上支払を拒絶できないことによるものと解される。

② H信託銀行等は，請求人からの払戻請求の訴えに基づいて本件金員を支払ったものと認められるが，この支払は，本件財産について請求人が有している相続分に応じた処分権を行使したにすぎないものであり，本件金員が遺産分割により請求人に支払われたものとは認められない。

③ したがって，H信託銀行等から払戻しを受けた本件金員は，相続税法第19条の2第2項ただし書に規定する「分割された財産」とは認められないことから，同条第1項の規定の適用はできず，本件更正の請求は，同法第32条第6号に規定する事由に基づくものとは認められないので，本件更正の請求に対する本件通知処分は適法である。

(4) **本件審査請求の争点**

相続税の申告書の提出時において未分割であった本件財産のうち払戻しを受けた本件金員が，相続税法第19条の2第2項ただし書に規定する「分割された財産」に該当するか否かにあるので，以下審理する。

(5) **関係法令等について**

① 相続税法第19条の2第1項は，被相続人の配偶者が当該被相続人から相続又は遺贈により財産を取得した場合に納付すべき税額を軽減する旨規定し，同条第2項本文において，相続税の申告期限までに当該相続又は遺贈により取得した財産の全部又は一部が共同相続人又は包括受遺者によってまだ分割されていない場合においては，分割されていない財産を，軽減の対象に含めない旨規

140 第2章 各 論

定している。

　また，相続税法第19条の２第２項ただし書は，上記分割されていない財産が相続税の申告期限から３年以内に分割された場合には，その分割された財産を軽減の対象に含める旨規定し，同法第32条は，第６号において，上記ただし書の規定に該当したことにより，税額が軽減されることとなったことを事由とし，その事由が生じたことを知った日の翌日から４月以内に限り，国税通則法第23条《更正の請求》第１項の規定による更正の請求をすることができる旨規定している。

　そして，相続税法第19条の２第２項が，「分割されていない財産」を軽減の対象に含めないこととしているのは，配偶者が実際に取得した財産に限りその対象とする趣旨と解されることから，この「分割されていない財産」には，例えば，特定遺贈により取得した財産等，もともと分割の対象とならない財産は含まれないものと解されている。

②　ところで，本件最高裁判決１及び本件最高裁判決２は，相続人が数人ある場合において，相続財産中に可分債権があるときは，その債権は法律上当然に分割され，各共同相続人がその相続分に応じて権利を承継する旨判示しているが，他方，家庭裁判所における遺産分割審判においては，上記最高裁判決を前提としながらも，〔１〕可分債権も相続財産であり相続人等の当事者の認識として遺産分割の対象になると考えていることが多いこと，〔２〕可分債権を遺産分割の対象とすることによって分割が容易になる事例が存在すること等の事情から，可分債権についても遺産分割の対象になり得るとの見解に立ち，相続人全員が合意した場合には，遺産分割の対象に含める取扱いが定着しているものと認められる。

　そうすると，相続税賦課の観点からみるときは，上記最高裁判

Ⅵ　改正後の遺産分割と税務に与える影響　141

決を前提とし，相続財産が可分債権であることを考慮に入れても
なお，当該財産をもって分割の対象とならない財産とみることは
相当ではない。さらに，当該財産に係る配偶者の相続分相当額と
いえども，相続開始の時点では配偶者が現実に取得した財産とは
いえないことから，当該財産は，相続税法第19条の2第2項本文
に規定する「分割されていない財産」に含まれると解するのが相
当である。

　しかしながら，預金債権についてみた場合，相続人間で分割の
合意をみずとも，配偶者が金融機関に対してその相続分相当額に
つき払戻請求を行い，相続税法第19条の2第2項本文に規定する
相続税の申告期限までに実際に払戻しを受けたときには，配偶者
は当該金員を実効支配するに至っていることから，払戻しを受け
たその相続分相当額については，同項本文に規定する「分割され
ていない財産」からは除外されると解するのが相当である。

　同様に，同項ただし書に規定する「分割された場合」には，申
告期限後に預金債権について上記により配偶者が払戻しを受けた
場合が含まれ，かつ，同項ただし書に規定する「分割された財
産」には，配偶者が払戻しを受けたその相続分相当額が含まれる
ものと解するのが相当である。

　今回創設された改正民法909条の2《遺産の分割前における預貯金債
権の行使》により，「各共同相続人は，遺産に属する預貯金債権のうち
相続開始の時の債権額の3分の1に同法900条及び901条の規定により算
定した当該共同相続人の相続分を乗じた額（標準的な当面の必要生計費，
平均的な葬式の費用の額その他の事情を勘案して預貯金債権の債務者ご
とに法務省令で定める額（150万円）を限度とする。）については，単独
でその権利を行使することができる。この場合において，当該権利の行
使をした預貯金債権については，当該共同相続人が遺産の一部の分割に

142 ｜ 第2章 各 論

より取得したものとみなす。」こととされ，この範囲内の払戻しであれば，「分割された財産」に払戻しを受けた相当額が含まれることとなり，上記裁決と同じ結論が導き出される。

2　仮払い制度の税務への影響

■1　遺産分割協議

　前記 1 の 1 で紹介した相続税法基本通達19の2-8において「当初の分割により共同相続人又は包括受遺者に分属した財産を分割のやり直しとして再配分した場合には，その再配分により取得した財産は，同項に規定する分割により取得したものとはならないのであるから留意する。」と取り扱われている。また，改正民法909条の2により「当該共同相続人が遺産の一部の分割により取得したものとみなされる預貯金債権」と，遺産の分割協議が行われる預貯金債権との間に齟齬が生じた場合には「再分配」があったとされて，贈与税の課税問題が生じることにもなる。贈与税の問題が生じないように遺産分割協議を慎重に行わなければならない。

■2　相続開始前の預貯金の引出し

　相続開始後の葬儀費用の支払，被相続人の入院費の支払などのために，相続開始前にあらかじめ被相続人の預金口座から引出しを行いその現金を保管することがある。今回の改正により，遺産の分割前の預貯金の仮払いが可能となったことから，相続開始前にあらかじめ預金口座から引き出して現金で保管することの理由が薄くなったともいえる。そこで，課税当局から現金の申告漏れを指摘された場合は，その現金は意図的に相続財産から除外したのではないかとして重加算税を賦課される可能性も排除できない。したがって，相続開始前の預貯金の引出しについては十分検討を行い，相続開始時の現金を的確に把握する必要がある。参考までに，現金の申告漏れについて故意に課税標準等又は税額等の計算の基礎となる事実の一部を隠す行為があったとされた，東京高裁平成30年

Ⅵ　改正後の遺産分割と税務に与える影響　│　143

7月11日判決（判例集未登載）を参考までに取り上げておく。

第1審原告は，Aを被相続人とする相続税の申告に当たってはA名義の預貯金をAの相続財産として申告をする必要があることを認識しながら，相続税課税の対象となるのは相続開始時のA名義の預貯金であって，それ以前にA名義の預貯金から現金を引き出してしまえば相続税を軽減できるという単純な考えから，相続開始前に，これらの口座から預貯金残高の大半を占め，かつ，Aの医療費等の支払に要する額を大幅に上回る計5180万円の現金を引き出し，うち1070万円を第1審原告名義の預金口座に入金し，うち3810万円を現金のまま自宅の金庫内で保管して，外形的に本件現金及び本件返還請求権がAに帰属する財産であることが判明しにくい状態を作出したのであるから，これらの一連の行為は，故意に課税標準等又は税額等の計算の基礎となる事実の一部を隠す行為であるというべきであり，したがって，国税通則法68条1項所定の「隠蔽」に該当する行為であると認められる。

なお，国税通則法68条1項の重加算税は，故意に納税義務違反を犯したことに対する制裁ではなく，納税者において過少申告を行うことの認識を有していることまでを必要とするものではない（最高裁昭和62年5月8日第二小法廷判決・裁判集民事151号35頁参照）。したがって，第1審原告において，相続開始前にA名義の預貯金から現金を引き出しておけば相続税を軽減できるという単純な考えを有しており，そのような認識に基づいて本件申告をしたのだとしても，重加算税を免れることはできない。

③ 遺産分割前遺産処分

改正民法906条の2《遺産の分割前に遺産に属する財産が処分された

144 ｜ 第2章 各 論

場合の範囲）で，「遺産の分割前に属する財産が処分された場合であっても，共同相続人は，その全員の同意により，当該処分された財産が遺産の分割時に遺産として存在するものとみなすことができる。」との規定が新たに設けられたことから，具体的に相続税の計算に影響があるかを確認する。

■1 相続税額計算への影響

　相続税の計算は，相続税法11条の2《相続税の課税価格》で，「当該相続又は遺贈により取得した財産の価額の合計額をもって」あるいは「当該相続又は遺贈により取得した財産でこの法律の施行地にあるものの価額の合計額をもって」と規定していることから，遺産の分割前に遺産に属する財産が処分された場合でも，相続税法上は処分された遺産そのものが課税対象となる。

　相続税の計算を行う場合の相続財産の課税価格は，例えば土地の場合，売却金額ではなく相続税評価額（財産評価基本通達によって計算した金額）によることとなり，今回の改正前後も変わりはない。

【計算例】

　相続税の納税資金を確保するために遺産の分割前に遺産の土地を処分

◇　相続人　長男・次男の2名

◇　遺産　土地のみとする

　　売却額2億円（相続税評価額1億6,000万円）

◇　債務　なし

◇　遺産分割　土地を長男・次男2分の1で取得

	各人の合計	長男	次男
課 税 価 格	160,000,000円	80,000,000円	80,000,000円
基 礎 控 除 額	42,000,000円		
相続税の総額	21,400,000円		

Ⅵ　改正後の遺産分割と税務に与える影響　145

按 分 割 合	1.0	0.5	0.5
納 付 税 額	21,400,000円	10,700,000円	10,700,000円

❷ 未分割遺産を換価したことによる譲渡所得の申告

　未分割遺産を換価したことによる譲渡所得の申告とその後分割が確定したことによる更正の請求，修正申告等に関する質疑応答事例が国税庁のホームページにあるので，確認しておきたい。

【照会要旨】

　相続財産のうち分割が確定していない土地を換価した場合の譲渡所得の申告はどのように行えばよいですか。

　また，仮に，法定相続分に応じて申告した後，遺産分割により換価遺産（又は代金）の取得割合が確定した場合には，そのことを理由として更正の請求又は修正申告書の提出をすることができますか。

【回答要旨】

　遺産分割の一形態である換価分割には，換価時に換価代金の取得割合が確定しているものと，確定しておらず後日分割されるものとがあります。

1　換価時に換価代金の取得割合が確定している場合

　この場合には，①換価代金を後日遺産分割の対象に含める合意をするなどの特別の事情がないため相続人が各法定相続分に応じて換価代金を取得することとなる場合と，②あらかじめ換価時までに換価代金の取得割合を定めている（分割済）場合とがあります。

　①の場合は，各相続人が換価遺産に有する所有割合である法定相続分で換価したのですから，その譲渡所得は，所有割合（＝法定相続分）に応じて申告することとなります。

　②の場合は，換価代金の取得割合を定めることは，換価遺産の所有割合について換価代金の取得割合と同じ割合とすることを定める

146 ｜ 第2章　各　論

ことにほかならず，各相続人は換価代金の取得割合と同じ所有割合
で換価したのですから，その譲渡所得は，換価遺産の所有割合（＝
換価代金の取得割合）に応じて申告することになります。

2　換価時に換価代金の取得割合が確定しておらず，後日分割され
　る場合

　遺産分割審判における換価分割の場合や換価代金を遺産分割の対
象に含める合意をするなど特別の事情がある場合に，換価後に換価
代金を分割したとしても，①譲渡所得に対する課税はその資産が所
有者の手を離れて他に移転するのを機会にこれを清算して課税する
ものであり，その収入すべき時期は，資産の引渡しがあった日によ
るものとされていること，②相続人が数人あるときは，相続財産は
その共有に属し，その共有状態にある遺産を共同相続人が換価した
事実が無くなるものではないこと，③遺産分割の対象は換価した遺
産ではなく，換価により得た代金であることから，譲渡所得は換価
時における換価遺産の所有割合（＝法定相続分）により申告するこ
とになります。

　ただし，所得税の確定申告期限までに換価代金が分割され，共同
相続人の全員が換価代金の取得割合に基づき譲渡所得の申告をした
場合には，その申告は認められます。

　しかし，申告期限までに換価代金の分割が行われていない場合に
は，法定相続分により申告することとなりますが，法定相続分によ
り申告した後にその換価代金が分割されたとしても，法定相続分に
よる譲渡に異動が生じるものではありませんから，更正の請求等を
することはできません。

　上記の下線部分のとおり，「遺産分割の対象は換価した遺産ではなく，
換価により得た代金であることから，譲渡所得は換価時における換価遺
産の所有割合（＝法定相続分）により申告することになります。」との

VI　改正後の遺産分割と税務に与える影響　147

考え方に対し，改正民法906条の2で，「遺産の分割前に属する財産が処
分された場合であっても，共同相続人は，その全員の同意により，当該
処分された財産が遺産の分割時に遺産として存在するものとみなすこと
ができる。」との規定が新たに設けられたことから，上記質疑応答事例
の見直しが行われるか注視したい。

4 一部分割

改正民法907条《遺産の分割の協議又は審判等》では，現行法におい
て「その協議で，遺産の分割をすることができる。」とされていたとこ
ろ，「その協議で，遺産の全部又は一部の分割をすることができる。」と
改正され，実務上行われている一部分割の取扱いが明確化された。

今回の改正により，遺産の分割には一部分割も含まれることが明確化
されたことから，相続税法19条の2や租税特別措置法69条の4の規定は，
原則，期限内分割が要件となっており，配偶者が取得する財産の分割を
優先的に行う，租税特別措置法69条の4が適用される宅地のみの分割を
行うことへの動機付けになることが期待できる。

■ 結びに代えて

相続税法には，遺産分割と関係する規定があるが，これまで確認した
ように遺産分割に関する税制改正による措置は特に見当たらない。しか
しながら，例えば，仮払い制度を熟知しないまま遺産分割を行ったり，
仮払い制度を知らないで相続開始前の預貯金の引出しを行った場合，思
わぬ課税が生じることもあり得る。今回の遺産分割（仮払い制度，分割
前処分，一部分割）に関する見直しについて理解を深め，税務上の影響
の有無を見極める必要がある。

〔山岡　美樹〕

Ⅶ 持戻し免除の意思表示の推定規定

■ はじめに

　平成30年7月6日に成立した「民法及び家事事件手続法の一部を改正する法律」（平成30年法律第72号）では，配偶者居住権（配偶者居住権と配偶者短期居住権）の創設が話題となったが，いわゆる持戻し免除の意思表示の推定規定も，配偶者保護に資する制度の1つに挙げることができる。ここでは，かかる制度の内容を確認するに当たり，特別受益に関する基本的事項や改正背景も併せて記載することとする。

1 特別受益と持戻し

① 民法903条

　民法903条は，特別受益者がいる場合の相続分について定めるものであるが，最初に今回の改正前後の同条を確認しておく。

> **改正前民法903条《特別受益者の相続分》**
> 　共同相続人中に，被相続人から，遺贈を受け，又は婚姻若しくは養子縁組のため若しくは生計の資本として贈与を受けた者があるときは，被相続人が相続開始の時において有した財産の価額にその贈与の価額を加えたものを相続財産とみなし，前三条の規定により算定した相続分の中からその遺贈又は贈与の価額を控除した残額をもってその者の相続分とする。
> 2　遺贈又は贈与の価額が，相続分の価額に等しく，又はこれを超

Ⅶ　持戻し免除の意思表示の推定規定　149

えるときは，受遺者又は受贈者は，その相続分を受けることができない。

3　被相続人が前二項の規定と異なった意思を表示したときは，その意思表示は，遺留分に関する規定に違反しない範囲内で，その効力を有する。

改正後民法903条《特別受益者の相続分》

　共同相続人中に，被相続人から，遺贈を受け，又は婚姻若しくは養子縁組のため若しくは生計の資本として贈与を受けた者があるときは，被相続人が相続開始の時において有した財産の価額にその贈与の価額を加えたものを相続財産とみなし，第900条から第902条までの規定により算定した相続分の中からその遺贈又は贈与の価額を控除した残額をもってその者の相続分とする。

2　遺贈又は贈与の価額が，相続分の価額に等しく，又はこれを超えるときは，受遺者又は受贈者は，その相続分を受けることができない。

3　被相続人が前二項の規定と異なった意思を表示したときは，その意思に従う。

4　婚姻期間が20年以上の夫婦の一方である被相続人が，他の一方に対し，その居住の用に供する建物又はその敷地について遺贈又は贈与をしたときは，当該被相続人は，その遺贈又は贈与について第1項の規定を適用しない旨の意思を表示したものと推定する。

　下線部が本改正によるところであるが，1項は特段の改正はなく，また2項についても改正点はない。注目すべきは，3項の改正と4項の創設である。以下では，まず，本改正でも変更がない基本的項目として1項及び2項を確認し，その後，改正された3項及び4項の確認を進めて

150 │ 第2章 各 論

いく。

2　基本的な内容－１項及び２項－

1　特別受益と持戻し

　民法903条はその条文見出しのとおり，「特別受益者」がいる場合の定めである。民法上「特別受益者」の定義規定はないが，「特別受益者」とは，被相続人から生前に贈与を受け，又は遺言によって遺贈を受けた者をいう[1]。共同相続人の中に特別受益者がいる場合，特別受益者の相続分は，相続開始の時における財産の価額にその特別受益の額を加えたものを相続財産とみなして計算されるが，これが「持戻し」である。

　なお，生命保険金と特別受益の関係につき，最高裁平成16年10月29日第二小法廷決定（民集58巻7号1979頁）[2]は，次のように示している。

　「養老保険契約に基づき保険金受取人とされた相続人が取得する死亡保険金請求権又はこれを行使して取得した死亡保険金は，民法903条1項に規定する遺贈又は贈与に係る財産には当たらないと解するのが相当である。もっとも，上記死亡保険金請求権の取得のための費用である保険料は，被相続人が生前保険者に支払ったものであり，保険契約者である被相続人の死亡により保険金受取人である相続人に死亡保険金請求権が発生することなどにかんがみると，保険金受取人である相続人とその他の共同相続人との間に生ずる不公平が民法903条の趣旨に照らし到底是認することができないほどに著しいものであると評価すべき特段の事情が存する場合には，同条

＊1　我妻榮ほか『民法〔第2版〕③親族法・相続法』296頁（勁草書房2005）。
＊2　下記に引用するもののほか，判例評釈として，榊素寛・法教299号122頁（2005），土谷裕子・ジュリ1290号192頁（2007），得津晶・法協123巻9号1919頁（2006），土谷裕子・平成16年度最高裁判所判例解説〔民事篇〕〔下〕618頁（2007），千藤洋三・ジュリ1291号88頁（2005），水野貴浩・民法判例百選Ⅲ124頁（2015），山下典孝・NBL798号13頁（2004），前田陽一・NBL809号61頁（2005）など参照。

の類推適用により，当該死亡保険金請求権は特別受益に準じて持戻しの対象となると解するのが相当である。」

また，同最高裁は，「特段の事情の有無」については以下のように判断すべきとする[3]。

「特段の事情の有無については，保険金の額，この額の遺産の総額に対する比率のほか，同居の有無，被相続人の介護等に対する貢献の度合いなどの保険金受取人である相続人及び他の共同相続人と被相続人との関係，各相続人の生活実態等の諸般の事情を総合考慮して判断すべきである。」

2　持戻しの趣旨

持戻しの趣旨は，相続人間の公平を図ることにある。すなわち，共同相続人の中に特別受益者がいるときは，これを遺産分配の際に計算に入れなければ不公平であることから，民法は，このような者がいる場合には，前記の財産の価額にその贈与の価額を加えたものを相続財産とみなし，これに各自の相続分を乗じて得た結果から贈与及び遺贈の額を差し引いたものを，その者の具体的相続分とする[4]。

3　持戻しすべき贈与

民法は，特別受益として財産価額に加算すべき贈与を，「婚姻若しくは養子縁組のため若しくは生計の資本として」なされた贈与に限定している（なお，「遺贈」は，相続開始の時点において遺産に含まれているため加算されない。）。これは，少額の贈与まで計算に含めることはしないとの趣旨にあるが，この点は，「少額の贈与までいちいち加算してい

---

[3]　死亡保険金請求権については，特別受益として扱うことを肯定する見解もあるが，法的な見地及び経済的な見地からも被相続人による財産の無償供与があったとみることには問題があるとの反論がある（土谷裕子・曹時59巻 2 号236頁（2007））。

[4]　我妻・前掲[1]，296頁。

152 │ 第 2 章　各　論

たのでは煩雑にたえないし，かえって被相続人の通常の意思にも反することになるから，何らかの意味で資本として与えられたものに限った」ものであると説明される[5]。

なお，兄弟間において格差があるような教育に関し，それを特別受益と捉えるか否かについては議論がある。この点について，共同相続人の１人だけが医学教育を受けている事例である京都地裁平成10年９月11日判決（判タ1008号213頁）は次のように判示している。

「学資に関しては，親の資産，社会的地位を基準にしたならば，その程度の高等教育をするのが普通だと認められる場合には，そのような学資の支出は親の負担すべき扶養義務の範囲内に入るものとみなし，それを超えた不相応な学資のみを特別受益と考えるべきである。」

「〔本件については，〕被告 Y_1 のみが医学教育を受けているとはいえ，原告 X_1 及び被告 Y_2 のいずれも大学教育を受けていること，亡 A は開業医であり被告 Y_1 による家業の承継を望んでいたことが認められ，これらの事実のほか，弁論の全趣旨により同人の生前の資産収入及び家庭環境に照らせば，相続人らはこれを相互に相続財産に加算すべきではなく，亡 A が扶養の当然の延長ないしこれに準ずるものとしてなしたものと見るのが相当である。」

4 持戻しすべき価額

ここで，加算すべき贈与の価額について，いつの時点を基準として評価すべきかが問題となるが，評価の時点は相続開始の時である。しかしながら，贈与後，計算の対象となる財産が滅失していたり，価額に増減がある場合には，相続開始の時の現況で評価することができないため，

---

[5] 我妻・前掲[1]，297頁。

民法904条は、「前条に規定する贈与の価額は、受贈者の行為によって、その目的である財産が滅失し、又はその価格の増減があったときであっても、相続開始の時においてなお原状のままであるものとみなしてこれを定める。」としており、贈与時から「現状のままであるものとみなして」評価することとしている。

なお、過去に金銭の贈与がなされた場合に、貨幣価値の変動を考慮せず贈与当時の金額によるべきか否かという論点があるが、最高裁昭和51年3月18日第一小法廷判決（民集30巻2号111頁）*6は次のように判示し、原審広島高裁岡山支部昭和49年9月27日判決（民集30巻2号125頁）の判断を妥当なものとしている。

> 「被相続人が相続人に対しその生計の資本として贈与した財産の価額をいわゆる特別受益として遺留分算定の基礎となる財産に加える場合に、右贈与財産が金銭であるときは、その贈与の時の金額を相続開始の時の貨幣価値に換算した価額をもって評価すべきものと解するのが、相当である。けだし、このように解しなければ、遺留分の算定にあたり、相続分の前渡としての意義を有する特別受益の価額を相続財産の価額に加算することにより、共同相続人相互の衡平を維持することを目的とする特別受益持戻の制度の趣旨を没却することとなるばかりでなく、かつ、右のように解しても、取引における一般的な支払手段としての金銭の性質、機能を損う結果をもたらすものではないからである。」

5 具体的計算

上記に従えば、原則として相続分は次の算式で表されることになる。

---

* 6 判例評釈として、島田礼介・曹時29巻11号142頁（1977）、中川良延・ジュリ642号86頁（1977）、太田武男・民商75巻6号124頁（1977）、泉久雄・判評213号37頁（1976）など参照。

> 相続分＝（相続開始の時における財産の価額＋贈与の価額）×相続
> 　　分－その贈与又は遺贈の価額

　ここで問題となるのは，上記の計算結果である相続分よりも，「その贈与又は遺贈の価額」の方が大きい場合である（すなわち，超過特別受益者がいる場合）。いうなれば，「もらいすぎ」の状況にある場合には，かかる特別受益者はその相続分を受けることができないが，これを定めるのが民法903条2項である。なお，遺留分減殺請求の要件を満たしている場合を除けば，受贈物の返還等を求められることはないため，結果的に，他の相続人の相続分がその分減少することとなる。

　その配分方法については見解が分かれているが，以下では，最も基本的と思われる配分方法として，超過特別受益者を相続人から除外して，残りの共同相続人のみで相続分を算定する方法を示す[7]。

【設例】

・相続人

　配偶者A，子B，子C，子D

・相続開始の時における財産の価額

　現金預金等　6,000万円

　（このうち，子Dは遺言により1,200万円の遺贈を受ける。）

・生前贈与

　子Bは，被相続人から生前に2,400万円の生前贈与を受けている。

　この設例では，まず，相続分4,800万円＋遺贈分1,200万円＋生前贈与2,400万円の合計額である8,400万円の配分を基本として考えることにな

---

*7　この説例と計算は，上西左大信『税理士のための相続実務』54頁（ぎょうせい2018）を参考にした（適宜筆者加筆）。

るが，これによる場合の計算結果は次の表のとおりである。

（単位：万円）

	配偶者A	子B	子C	子D	合計
みなし相続財産の配分	4,200	1,400	1,400	1,400	8,400
特別受益たる遺贈				−1,200	−1,200
特別受益たる生前贈与		−2,400			−2,400
特別受益控除後の相続分	4,200	0(−1,000)	1,400	200	4,800
遺贈分				1,200	1,200
生前贈与分		2,400			2,400
相続分＋特別受益	4,200	1,400	1,400	1,400	8,400

　この場合，子Bは，相続分が1,400万円であるのに対し，遺贈又は贈与の価額が2,400万円となっており，1,000万円の超過特別受益が生じていることになる。そこで，超過特別受益者である子Bを相続人から除外して，残りの共同相続人のみで相続分を算定する方法に拠った場合には以下のとおりの配分となる（この設例は，子Bを当初からいないものとみなして計算するものであるから，相続開始時の財産は6,000万円として計算を開始する。）。

（単位：万円）

	配偶者A	子B	子C	子D	合計
みなし相続財産の配分	3,000	考慮しない	1,500	1,500	6,000
特別受益たる遺贈				−1,200	−1,200
特別受益たる生前贈与		考慮しない			
特別受益控除後の相続分	3,000		1,500	300	4,800
遺贈分				1,200	1,200
生前贈与分		2,400			2,400
相続分＋特別受益	3,000	2,400	1,500	1,500	8,400

　この計算方法が最もシンプルであり，被相続人の意思にも通常合致するものであると解されるが，このほか，超過特別受益額を法定相続割合

で按分して負担する方法なども考えられる*8。また，かかる超過特別受益額について，配偶者を除いた子だけで負担させるという考え方もあり得る。これについて，「配偶者の相続分を別格とする考え方」によるものとして学説上支持する見解もあるが*9，合理的な算定方法といえるかどうかには疑問を挟む余地がある。

2 民法903条改正までの経緯

この度の改正では，民法903条3項の改正に加え同条4項の新設がなされている。以下では，まず，改正経緯を確認する。

1 改正までの経緯概要

民法における相続法制の見直しは，昭和55年の改正以降なされてこなかったが，その間，我が国における家族観には変化が見られてきた*10。例えば，高齢化社会が進む今日，一方の配偶者が死亡した場合に，残された配偶者もまた高齢であるケースが増加しており，残された配偶者の居住権を法律によって保護する必要性が高まってきたといえよう。今回の民法（相続関係）の改正の契機は最高裁平成25年9月4日大法廷決定（民集67巻6号1320頁。以下「最高裁平成25年決定」ともいう。）であるといわれているところ，生存配偶者の保護規定の創設等がどのような関係をもってなされたのかについては判然としない部分も多い。むしろ，配偶者居住権や持戻し免除の意思表示の推定規定等の配偶者保護に関する諸規定の整備は，実質的な議論として，高齢化社会の進展に伴う高齢

＊8　上西・前掲＊7，56，57頁参照。
＊9　我妻・前掲＊1，299頁。
＊10　なお，水野紀子教授は，我が国の相続法が，本来一連の手続であるはずの，被相続人の債権債務の清算，特別受益の持戻し，遺言の実行，遺留分減殺請求，遺産分割などがばらばらに行われていることから，理論的にも実務的にも整合性が取れないものとなっていると指摘される。その上で，そうした構造的な不備を抱える相続法の改正については，新たに白紙から構築するよりも至難の作業であることを示唆される（水野「相続法改正と日本相続法の課題」法時90巻4号2頁（2018））。今回の改正によっても，これらの体系的な問題点が全て解決されたとは到底いえないであろう。

Ⅶ　持戻し免除の意思表示の推定規定　157

の生存配偶者の保護という視点からなされたものであったと理解しておきたい*11。

さて，こうした社会情勢の変化や判例の蓄積等を踏まえ，法制審議会民法（相続関係）部会は，平成28年7月12日，「民法（相続関係）等の改正に関する中間試案」（以下「中間試案」という。）と「民法（相続関係）等の改正に関する中間試案の補足説明」（以下「補足説明」という。）を公表した。本節では，民法（相続関係）の見直しの契機となったといわれる最高裁決定を確認した後，中間試案等で示されていた当初案と，それに対して集まったパブリックコメント等を確認する。

2 最高裁平成25年9月4日大法廷決定

民法（相続関係）の見直しの契機となった事案として，最高裁平成25年決定がある。この事件は，嫡出子と非嫡出子の相続分が争われた事例であるが，同最高裁は，嫡出である子と嫡出でない子の相続分を区別する合理的な根拠は失われていたというべきであり，憲法14条1項に違反したものというべきであるなどとして原決定を破棄し抗告審に差し戻した*12。

かかる違憲決定を受け，民法の見直しが開始され，平成25年12月5日，民法の一部を改正する法律（平成25年法律第94号）が成立し，これにより嫡出子と非嫡出子の相続分が同等となるように措置された。

なお，水野紀子教授は，同最高裁の判断について，「特に現代におい

---

*11　この点を指摘するものとして，窪田充見「相続法改正（上）」法教460号59頁（2019）。
　　なお，窪田教授は，「持戻し免除の意思表示の推定」について，本来的には「特別受益として扱わない旨の意思表示」と呼ぶ方が厳密な意味では正しいと述べられる（同稿63頁）。
*12　この事例において，同最高裁は「相続制度は，被相続人の財産を誰に，どのように承継させるかを定めるものであるが，相続制度を定めるに当たっては，それぞれの国の伝統，社会事情，国民感情なども考慮されなければならない。さらに，現在の相続制度は，家族というものをどのように考えるかということと密接に関係しているのであって，その国における婚姻ないし親子関係に対する規律，国民の意識等を離れてこれを定めることはできない。これらを総合的に考慮した上で，相続制度をどのように定めるかは，立法府の合理的な裁量判断に委ねられているものというべきである。」とする。

158　第2章　各　論

ては，民法立法時とは産業構造も平均寿命も異なり，被相続人の子供た
ちはすっかりいい年齢の大人になっていて自力で稼いで生きている時代
ですから，遺産を最も必要とするのはそれに生活を依存する生存配偶者
です。被相続人夫妻の住居が主たる遺産であった場合，夫の死後妻の老
後の居住権までもが危うくなってきます。今回の決定においては居住権
を始めとして生存配偶者保護の立法的措置がなされないまま嫡出でない
子の相続分が増えることとなりました。今後の立法に期待したいとは思
いますが，現実にはそこまでの細かい措置がなされることは難しいかも
しれません。」と指摘されていたところである[13]。ここで述べられてい
るとおり，配偶者保護については，平成25年の民法改正においては特段
の手当てがなされなかったのであるが，この度の改正によって大きく動
いたものといえよう。もっとも，かかる改正によって，今後，配偶者保
護が十分になされるものとなったと評価し得るかについては議論のある
ところであろう。

③　相続法制の見直しにおける基本的な視点

　法制審議会民法（相続関係）部会は，「相続法制の見直しに当たって
の検討課題」において，「相続法制の見直しにおける基本的な視点」と
して次のとおり示していた。

　相続法制については，昭和55年に配偶者の法定相続分の引上げ及
び寄与分制度の導入等の改正がされて以来大きな見直しはされてい
ないが，その間にも高齢化社会が更に進展して，相続開始時点での
相続人（特に配偶者）の年齢が従前より相対的に高齢化しているこ
とに伴い，配偶者の生活保障の必要性が相対的に高まり，子の生活
保障の必要性は相対的に低下しているとの指摘がされている。また，

---

*13　平成25年11月22日付け東北大学新聞。

要介護高齢者や高齢者の再婚が増加するなど，相続を取り巻く社会情勢にも変化がみられる。

　これらの社会情勢の変化等に応じ，配偶者の死亡により残された他方配偶者の生活への配慮等の観点から相続法制を見直すべき時期に来ているものと考えられるが，どのように考えるか。

　こうした基本的視点に立脚した上で，上記中間試案では，「考えられる検討項目」として，①配偶者居住権の保護，②配偶者の貢献に応じた遺産分割の実現，③寄与分制度の見直し，④遺留分制度の見直し，⑤相続人以外の者の貢献の考慮，⑥預貯金等の可分債権の取扱い，⑦遺言，⑧その他の項目が挙げられていた。以下では，遺産分割に関する論点のみ確認する。

④ 遺産分割に関する見直し案とパブリックコメント

■ 見直し案

　婚姻期間が長期間にわたる場合等，被相続人の財産の形成に対する配偶者の貢献が類型的に大きいと考えられる場合に，配偶者の相続分を増加させるべきとの考え方に基づき，中間試案では，以下の3つの案が出された。

　甲　案：被相続人の財産が婚姻後に一定の割合以上増加した場合に，その割合に応じて配偶者の具体的相続分を増やす考え方

　乙−1案：婚姻成立後一定期間が経過した場合に，その夫婦の合意により（被相続人となる一方の配偶者の意思表示により他方の）配偶者の法定相続分を引き上げることを認める考え方

　乙−2案：婚姻成立後一定期間の経過により当然に配偶者の法定相続分が引き上げられるとする考え方

160 ｜ 第2章　各　論

2 パブリックコメント

中間試案については，平成28年7月12日から同年9月30日の間，意見募集がなされたが，遺産分割に関する見直し案については，配偶者の相続分を引き上げる方向で見直しをすることに反対する意見が多数を占めた。大きく意見をまとめれば次のようになる。

【反対意見】

・配偶者の相続分を見直すことについては，配偶者の相続分を現行制度以上に引き上げなければならないとする立法事実が明らかでない。

・被相続人の財産形成に貢献し得るのは配偶者だけではなく，それ以外の相続人や，さらには内縁関係にある者にも貢献が認められることがあり得るのであって，配偶者の相続分のみを一律に増加させることは相当でない。

・夫婦の関係や配偶者の貢献の程度は様々であって，そのような差異を過不足なく反映する制度を設計することは困難であり，配偶者の貢献を相続において考慮するためには，一律に配偶者の相続分を引き上げるのではなく，遺言や寄与分制度など，他の方法による方が妥当である。

【賛成意見】

・婚姻期間が長期間に及んでいる場合には，生存配偶者が高齢になっていることが多く，他の相続人と比較して生活保障の必要性が高い。

このように，配偶者の相続分の引上げという見直しの方向性自体に反対する意見が多数を占めたことから上記の3案は採用されず，今回の改正では，それに代えて，持戻し免除の意思表示の推定規定を設けることで配偶者保護を図ることとされた[14]。

VII　持戻し免除の意思表示の推定規定 ｜ 161

3 民法903条3項

　上記のような背景の下，本改正により，持戻し免除の意思表示について改正が加えられた（民903③④）。ここでは，改正後の民法903条3項について確認する。

1 民法903条3項の改正

　従来，民法903条3項は，「被相続人が前二項の規定と異なった意思を表示したときは，その意思表示は，遺留分に関する規定に違反しない範囲内で，その効力を有する。」とされていたところ，本改正により，「被相続人が前二項の規定と異なった意思を表示したときは，その意思に従う。」こととなった。

　改正前の「被相続人が前二項の規定と異なった意思を表示したとき」及び，改正後の「被相続人が前二項の規定と異なった意思を表示したとき」とは，すなわち，持戻し免除の意思表示をしたときを表している。つまり，従来は，持戻し免除の意思表示をしたとき，その意思表示は「遺留分に関する規定に違反しない範囲内で，その効力を有する」とされていたのであるが，本改正では，被相続人の持戻し免除の意思表示に従うこととしたのである。

　遺留分に反する持戻し免除の意思表示がある場合，かかる遺留分に反する部分を当然に無効とした場合，有効と無効の範囲を明らかにしなければならないことになるが，この点については遺留分を侵害されたと主張する相続人が遺留分減殺請求権を行使すれば足りるものと解されよう[15]。

---

[14] 松嶋隆弘＝金光寛之「相続法改正と遺産分割」税理60巻14号154頁（2017）は，「反対多数であったというパブリック・コメントの結果が踏まえられており，『民意』が反映されているということ」や，「持戻し免除の意思表示の『推定』という，より緩和な提案となっている」ことなどから，「中間試案における各案ほどの抵抗感は感じない。」と評する。なお，松嶋隆弘「改正相続法の全体像」税理61巻6号146頁（2018）も参照。

[15] 上西・前掲＊7，58頁。

162 | 第2章 各 論

なお，かかる改正を考えるに当たっては，次の最高裁平成24年１月26日第一小法廷決定の判断を確認する必要がある。

2　最高裁平成24年１月26日第一小法廷決定

1　事案の概要

　持戻し免除の意思表示と遺留分の関係について判示したものとして，最高裁平成24年１月26日第一小法廷決定（集民239号635頁。以下「最高裁平成24年決定」ともいう。）[16]がある。事案の概要は次のとおりである。

イ　被相続人Ａは平成17年12月23日に死亡した。Ａの法定相続人は，先妻との間の子Ｘら３名，後妻であるＹ₁，及びＹ₁との間の子であるＹ₂及びＹ₃である。

ロ　Ａは，平成16年10月から平成17年12月にかけて，Ｙ₂に対し，生計の資本として，株式，現金，預貯金等の贈与（以下「本件贈与」という。）をするとともに，Ａの相続開始時において本件贈与に係る財産の価額をその相続財産に算入することを要しない旨の意思表示（以下「本件持戻し免除の意思表示」という。）をした。

ハ　Ａは，平成17年５月26日，Ｙ₁の相続分を２分の１，Ｙ₂及びＹ₃の相続分を各４分の１，Ｘらの相続分を零と指定する旨の公正証書遺言（以下「本件遺言」という。）をした。

ニ　Ａの死後，Ｘらは，Ｙらに対し，遺留分減殺請求をし，Ａの遺産について遺産分割の申立てをした。

2　原審の判断

　原審大阪高裁平成23年２月21日判決（金判1393号40頁）は，〈１〉本

---

*16　下記に引用するもののほか，判例評釈として，青竹美佳・民商146巻６号113（2012），村重慶一・戸時695号42頁（2013），杉本好央・大阪市立大学法学雑誌60巻３＝４号501頁（2014），比嘉正・琉大法学90号263頁（2013）など。その他，窪田充見「相続分の指定と遺留分をめぐる問題（１・２）」曹時65巻10号2443頁（2013），同11号2681頁（2013）も参照。

件遺言による相続分の指定が減殺され，法定相続分を超える相続分を指定された相続人の指定相続分が，その法定相続分の割合に応じて修正される結果，Y_1の相続分が2分の1，Y_2及びY_3の相続分が各40分の7，Xらの相続分が各20分の1となり，〈2〉本件持戻し免除の意思表示は，Xらの遺留分を侵害する合計20分の3の限度で失効するとした上，民法903条1項の規定により，本件贈与に係る財産の価額を上記の限度で本件遺産の価額に加算したものを相続財産とみなし，これに〈1〉のとおり修正された相続分の割合を乗じ，Y_2の相続分から上記のとおり本件遺産の価額に加算した本件贈与に係る財産の価額を控除して，Xら及びYらの各具体的相続分を算定し，本件遺産を分割した。

Xらは許可抗告を申し立てた。

3 最高裁の判断

最高裁は，次のように判示し，原審に審理を差し戻した。

> 「遺留分権利者の遺留分の額は，被相続人が相続開始の時に有していた財産の価額にその贈与した財産の価額を加え，その中から債務の全額を控除して遺留分算定の基礎となる財産額を確定し，それに遺留分割合を乗ずるなどして算定すべきところ（民法1028条ないし1030条，1044条），上記の遺留分制度の趣旨等に鑑みれば，被相続人が，特別受益に当たる贈与につき，当該贈与に係る財産の価額を相続財産に算入することを要しない旨の意思表示（以下『持戻し免除の意思表示』という。）をしていた場合であっても，上記価額は遺留分算定の基礎となる財産額に算入されるものと解される。したがって，前記事実関係の下においては，上記…のとおり本件遺言による相続分の指定が減殺されても，抗告人らの遺留分を確保するには足りないことになる。
> 　本件遺留分減殺請求は，本件遺言により相続分を零とする指定を受けた共同相続人である抗告人らから，相続分全部の指定を受けた

他の共同相続人である相手方らに対して行われたものであることからすれば，Aの遺産分割において抗告人らの遺留分を確保するのに必要な限度で相手方らに対するAの生前の財産処分行為を減殺することを，その趣旨とするものと解される。そうすると，本件遺留分減殺請求により，抗告人らの遺留分を侵害する本件持戻し免除の意思表示が減殺されることになるが，遺留分減殺請求により特別受益に当たる贈与についてされた持戻し免除の意思表示が減殺された場合，持戻し免除の意思表示は，遺留分を侵害する限度で失効し，当該贈与に係る財産の価額は，上記の限度で，遺留分権利者である相続人の相続分に加算され，当該贈与を受けた相続人の相続分から控除されるものと解するのが相当である。持戻し免除の意思表示が上記の限度で失効した場合に，その限度で当該贈与に係る財産の価額を相続財産とみなして各共同相続人の具体的相続分を算定すると，上記価額が共同相続人全員に配分され，遺留分権利者において遺留分相当額の財産を確保し得ないこととなり，上記の遺留分制度の趣旨に反する結果となることは明らかである。」

❹　検討と民法903条3項の改正への示唆

　第一審の時点では，Y_2の特別受益は問題となっていなかったところ，原審においてY_2についての4億円の特別受益及び，かかる特別受益についてAの持戻し免除の意思表示が認定された。そこで，民法903条3項にいう「遺留分に関する規定に違反しない範囲」の算定方法が問題となった[17]。

　原審も最高裁も，この特別受益4億円について，持戻し免除の結果，Xらの遺留分を侵害する範囲を6,000万円とした点は共通しているが[18]，原審は，この6,000万円をそのまま相続財産全体に加算したのに対し，

---

*17　本山敦「相続分の指定・特別受益の持戻し免除と遺留分」金商1413号9頁（2013）。
*18　4億円×遺留分1/20×3人分。

Ⅶ　持戻し免除の意思表示の推定規定　│　165

最高裁は，この6,000万円を特別受益者であるY₂と遺留分権利者であるXらとの間だけの問題として処理する解釈を示した[19][20]。

原審の考え方によると，「遺留分制度の趣旨に沿わない不合理な結果になる」と整理するものもある一方[21]，最高裁平成24年決定について，例えば，本山敦教授は，「本件の事実関係を前提とするならば，十分に説得的であるように思われる。」とされつつも，同決定の解釈が妥当しないケースを挙げられ，その射程については検証を要するとされる[22]。

なお，潮見佳男教授は，最高裁平成24年決定を「民法上の規律が欠けることになる問題についての処理準則を作り出した」という意味で「最高裁による法創造」と位置付けられる[23]。また，同教授は，同決定が，「持戻し免除の意思表示の減殺」としている点について，「相続分指定の修正で遺留分が確保されるのであれば，持戻し免除の意思表示を減殺するには及ばないし，相続分指定の修正では遺留分が確保できないときに，持戻し免除の意思表示を減殺するという論理」であるとされ，このような処理は，「持戻し免除の意思を表明した被相続人の意思をできるだけ尊重すべきであるとの民法903条3項の基礎にある考え方とも整合性を有するものと思われる。」と述べられる[24]。

上記のとおり，最高裁平成24年決定は，持戻し免除の意思表示が当然に無効になるのではなく減殺されるものであるとしている。すなわち，「遺留分減殺請求により特別受益に当たる贈与についてされた持戻し免除の意思表示が減殺された場合，持戻し免除の意思表示は，遺留分を侵害する限度で失効し」とされているところを，本改正による民法903条3項が明文化したものと理解することができるのではなかろうか[25]。

---

[19] 本山・前掲[17]，11頁。
[20] 原審の算定方法による場合，Xらだけでなく，遺留分を侵害しているY₁及びY₃についても取得額が増加してしまうことになる（本山・前掲[17]，11頁。）。
[21] 宗宮英俊ほか「判批」NBL985号92頁（2012）。
[22] 本山・前掲[17]，11，12頁。
[23] 潮見佳男「判批」金法1952号71頁（2012）。
[24] 潮見・前掲[23]，73頁。
[25] 上西・前掲[7]，59頁。

また，本改正は，被相続人の意思をできるだけ尊重しようとするものと解されることからすれば，最高裁平成24年決定が採用した態度（すなわち，上記潮見教授の指摘される「民法903条3項の基礎にある考え方」）の延長にあるものと整理することが可能なのではないかと考える。

4 民法903条4項

1 民法903条4項の創設

　民法903条に関する本改正のうち，最も注目すべきは同条4項の創設であろう。ここでは，改正後の民法903条4項について確認する。

　見直し案について意見募集を行ったところ，配偶者の相続分の引上げという見直しの方向性自体に反対する意見が多数を占めたことは前述のとおりである。こうした批判的な意見を受け，本改正では配偶者の相続分を増加させる代わりに，婚姻期間20年以上の配偶者に対する居住用財産等の遺贈又は贈与について持戻し免除の意思表示があったものと推定する規定を置くこととした（後述するが，本規定は相続税法21条の6《贈与税の配偶者控除》をある程度意識した作りとなっているものと解される。）。なお，こうした婚姻期間要件を設けたことについて，水野紀子教授は，「戦後の法定相続分を基準とした相続法運営にとっては，配偶者相続分が婚姻年数などによって流動することへの抵抗」が強かったとし，婚姻期間が20年以上の夫婦について持戻し免除の意思表示の推定規定を置くにとどまったとされる[26]。

　すなわち，民法903条4項は，「婚姻期間が20年以上の夫婦の一方である被相続人が，他の一方に対し，その居住の用に供する建物又はその敷地について遺贈又は贈与をしたときは，当該被相続人は，その遺贈又は贈与について第1項の規定を適用しない旨の意思を表示したものと推定

---

[26]　水野・前掲*10，2頁。なお，同教授は，我が国の配偶者保護は，配偶者相続権を除くと非常に貧弱であると指摘されている（水野・同稿2頁）。

する。」とするが，婚姻期間20年以上の配偶者に対して居住用財産等の遺贈又は贈与をした場合に，持戻し免除の意思表示があったものと推定することで，残された配偶者が優先的に自宅等の財産を取得できるようにするものである。

なお，「みなす」ではなく，「推定する」とされているとおり，反証があればこの限りではない。

民法903条 4 項の適用要件
　　要件 1 ：対象となる者が婚姻期間20年以上の配偶者であること
　　要件 2 ：対象となる財産がその居住の用に供する建物又はその敷
　　　　　　　地であること
　　要件 3 ：遺贈又は贈与の方法によること
　　→　持戻し免除の意思表示があったものと推定する。

ところで，そもそもの相続の根拠として，被相続人の意思にその根拠を求めるのか，あるいは，被相続人の意思によらないところに根拠を求めるのかについては議論の対立があるところ，窪田充見教授は，持戻し免除の意思表示の推定規定の仕組みについて，「被相続人の意思に依拠するものであり，清算といった被相続人の意思とは異なる部分に焦点を当てた相続分の見直しという性格は有していない。」と整理される[27]。

❷ 具 体 例

具体例を挙げれば次のとおりとなる[28]。なお，事案を簡潔にするため遺贈はないものとする。

---

*27　窪田充見「相続という制度」法時89巻11号13，14頁（2017）。
*28　この説例と計算は，上西・前掲＊ 7 ，60頁を参考にした（適宜筆者加筆）。

168 ｜ 第 2 章 各 論

【設例】

・相続人

　配偶者A，子B，子C

・相続財産

　現金預金等　1億円

・生前贈与

　　配偶者Aは，被相続人から婚姻期間20年を経過した後に，居住用不動産2,000万円の贈与を受けている。

　配偶者Aは，婚姻期間20年以上であり，居住用不動産の贈与を受けているため，民法903条4項の要件を充足することになる。したがって，反証のない限り，持戻し免除の意思表示があったものと推定される。この場合，みなし相続財産の内訳と遺産分割は次のとおりとなる。

【みなし相続財産】

相続財産（相続分）	1億円
相続財産（遺贈分）	なし
生前贈与	持戻し免除（意思表示を推定）
合　計	1億円

【財産1億円の遺産分割】

	配偶者A	子B	子C
相続分	5,000万円	2,500万円	2,500万円

　もっとも，配偶者Aは持戻しが免除される生前贈与として，2,000万円の居住用不動産を取得しているので（持戻しが免除される特別受益），それを加算すれば結果的には以下のとおりとなる。

Ⅶ　持戻し免除の意思表示の推定規定　169

【遺産分割＋生前贈与】

	配偶者 A	子 B	子 C
相続分	5,000万円	2,500万円	2,500万円
持戻し免除の特別受益	2,000万円	—	—
合　計	7,000万円	2,500万円	2,500万円

　このように，民法903条4項の規定によって持戻しが免除されることにより，配偶者の保護が図られていることが分かる。

3　小括と残された課題

　これまで確認してきたとおり，この度の持戻し免除の意思表示の推定規定の創設は，配偶者の権利の保護を図るという改正民法の趣旨に基づくものである。すなわち，婚姻期間が20年以上の夫婦において，他の一方に対し，その居住の用に供する建物又はその敷地（居住用不動産）につき遺贈又は贈与があったときは，特別受益の持戻しの規定（3項）を適用しない旨の意思表示をしたものと推定するのである。これは，このような場合の贈与や遺贈は，配偶者の長年にわたる貢献に報いるとともに，老後の生活保障の趣旨で行われることが多いことから，持ち戻さないことが被相続人の意思にも合致すると考えられることによる措置である[29]。

　こうした制度の大本には，特別受益制度の基礎の1つに，「被相続人は共同相続人を等しく扱うであろう」との意思の推測があると解される。しかしながら，同一系列の相続人である子らについてはそのような意思の推測が妥当するとしても，異なる系列に属する配偶者とその他の血族相続人との間では，この前提は妥当しないとの指摘がある[30]。この点，松原正明教授は「配偶者に対す贈与や遺贈の特別受益については，婚姻期間が20年に満たない場合や金銭等居住用不動産以外の贈与ないし贈与であっても，持戻し免除の意思表示の推定をすべき場合が少なくないで

＊29　松原正明「遺産分割手続に関する改正」自正69巻12号14頁（2018）。
＊30　松原・前掲＊29，15頁。

あろう。」と指摘されている[31]。

　また，窪田充見教授は，この度の改正について一応の評価をされた上で留意点も指摘される。すなわち，まず，遺留分侵害が起こり得る場合において，意思表示の推定規定のみで配偶者の保護を図ることは，当該規定に強すぎる効果を付与することになるのではないかという点である。また，婚姻生活が20年を超えるような場合であっても，被相続人である配偶者の一方がそうした意思表示をしない旨を明らかにすれば，当該規定は働かないことになるのであるが，他方配偶者の一方的な意思のみで覆されるようなものを配偶者保護規定といっていいのかという意味で，当該規定の弱さも指摘される[32]。

　ところで，同じく本改正で創設された配偶者居住権であるが，これは，配偶者が相続開始前から居住していた建物に引き続き居住する権利を認めることで，配偶者の将来の生活を一定程度保障するものである。この配偶者居住権の遺贈（死因贈与も含む。）についても，民法903条4項の規定が準用されることとなっている（民1028③）。

5 相続税法と民法

1 相続税法21条の6

1 概　　要

　見直し案では，配偶者の保護として相続分の増加が検討されていたところ，反対意見を受けて，上記のような持戻し免除の意思表示の推定規定によって配偶者を保護することになったわけであるが，本規定は相続税法21条の6を意識した設計となっているように思われる。民法の規定を設けるに当たって相続税法の取扱いが意識されているとすれば非常に

---

[31]　松原・前掲＊29，15頁。
[32]　その他，窪田教授は，こうした仕組みが結局大半の人に意識されないままその実際の効果が生じることになる可能性を危惧される（窪田・前掲＊27，64頁）。

Ⅶ　持戻し免除の意思表示の推定規定　171

興味深いが*33，以下では，相続税法上の取扱いとの比較をしておきたい。

相続税法21条の6 《贈与税の配偶者控除》

　その年において贈与によりその者との婚姻期間が20年以上である配偶者から専ら居住の用に供する土地若しくは土地の上に存する権利若しくは家屋でこの法律の施行地にあるもの（以下この条において「居住用不動産」という。）又は金銭を取得した者（その年の前年以前のいずれかの年において贈与により当該配偶者から取得した財産に係る贈与税につきこの条の規定の適用を受けた者を除く。）が，当該取得の日の属する年の翌年3月15日までに当該居住用不動産をその者の居住の用に供し，かつ，その後引き続き居住の用に供する見込みである場合又は同日までに当該金銭をもつて居住用不動産を取得して，これをその者の居住の用に供し，かつ，その後引き続き居住の用に供する見込みである場合においては，その年分の贈与税については，課税価格から2000万円（当該贈与により取得した居住用不動産の価額に相当する金額と当該贈与により取得した金銭のうち居住用不動産の取得に充てられた部分の金額との合計額が2000万円に満たない場合には，当該合計額）を控除する。

　相続税法21条の6は，配偶者に対する贈与に対して贈与税上の配慮をすることで配偶者を保護する制度と解される。これは，一般的に我が国では，夫婦間で形成された財産は夫婦の協力によって形成されたものとする考え方が強く，夫婦間において贈与があったとしてもそれを「贈与」と捉える認識が薄い中，配偶者の老後の生活保障を意図して夫婦間において財産を贈与することが少なくないとの実情に即して設けられた

＊33　岡野訓ほか『民法相続編の改正』7頁（清文社2018）も同旨。

措置であると説明されることが多い*34。

2 配偶者控除の趣旨－東京地裁平成4年10月28日判決－

イ 事案の概要

相続税法21条の6の趣旨について示した裁判例として，東京地裁平成4年10月28日判決（判時1449号82頁）がある*35。

同事件は，夫から，一部が住居，その余は貸店舗である建物及びその敷地の各持分の贈与を受けた原告の贈与税の申告についてなされた更正及び過少申告加算税賦課決定の取消しを求めた事案であるが，相続税法21条の6の居住用不動産とみなされ，同条に規定する配偶者控除の適用を受けた当該敷地の持分の課税価格について，貸家建付地兼自用地として評価すべきか，全部自用地として評価すべきかが争われた。

ロ 東京地裁の判断

東京地裁は次のように述べて，原告の主張を排斥している。

「配偶者控除の制度は，夫婦間の居住用不動産の贈与については，2000万円を限度として非課税を保障し，もって生存配偶者の老後の生活の安定に資するとの立法目的に出たものと解されるところ，前記のように，一部居住用の不動産の持分の贈与を受けた配偶者は，当該居住部分の全部を使用する（民法249条参照）というのが贈与当事者間の通常の意思と解されるのであるから，持分全部について自用不動産とみなして2000万円の限度で非課税を保障すれば右の立法目的は達成できない〔ママ。筆者注：「できる」の誤りと解される。〕のであり，かえって，原告の主張する評価方法〔筆者注：一部賃貸に供している本件建物及びその敷地である本件土地の各持分が相続税法21条の6の居住用不動産とみなされ，配偶者控除の対

---

*34　池本＝酒井・裁判例〔相続税・贈与税〕197頁。
*35　判例評釈として，林祐一・税務事例25巻8号21頁（1993），石黒匡人・判評418号171頁（1993）も参照。

Ⅶ　持戻し免除の意思表示の推定規定　│　173

象となった場合，本件土地持分について，賃家建付地兼自用地として，自用地としての価額から，本件建物の貸家部分の面積割合に対応する価額に借地権割合と借家権割合との相乗積を乗じて計算した額を減算して評価する方法〕を採用すると，居住用部分に関して実質的に非課税が保障される額が必要以上に多額になって不公平な結果になるというべきである。」

ハ 検 討

このように，東京地裁は，相続税法21条の6について，「2000万円を限度として非課税を保障し，もって生存配偶者の老後の生活の安定に資するとの立法目的」にあるとする。

なお，原告は，「仮に，被告の主張するように，本件土地持分の評価を自用地として行うと，同一の土地について配偶者と子に同一割合の持分の贈与を行った場合，配偶者に対する贈与分については，本件特例を適用して自用地として評価される結果，同一土地の同一割合の持分について評価額が異なり，時価が二通り生じるという矛盾が生ずる。」として，「本件のような一部賃貸の用に供している建物とその敷地の持分について，配偶者控除を適用したにもかかわらず自用地として評価すると，配偶者控除を適用した場合の方が課税価額が高くなる場合が生じる。かように均衡を失する事態が生じるような被告の評価方式は，配偶者控除の制度の趣旨からみて一貫性を欠き，不合理である。」と主張する。このように，原告は，配偶者控除の制度趣旨から被告の評価方式を批判しているが，翻って，配偶者控除が，そもそも先に確認したように，配偶者の居住用不動産につき2,000万円を限度とする非課税を保障することにあることに鑑みれば，実質的にそれを上回る非課税までを認めるべきでないと裁判所は示したものと解され[36]，妥当な判断であると考える。

2 相続税法21条の6と民法903条4項の比較

174 第2章 各 論

1 概　　要

　上記が相続税法21条の6の趣旨であるが,「配偶者保護」という根本的な思考については,相続税法21条の6も民法903条4項も同様のものであると解される。この点,民法が,贈与税の特例措置と類似の取扱いを設けることで配偶者保護を手厚くしたことは評価すべき点であると考える。すなわち,民法上も,贈与税の特例と同旨の観点から一定の措置を講ずることは,贈与税の特例と相俟って,残された他方配偶者を手厚く保護し得るものであると解されよう*37。また,本改正に伴って,配偶者間における居住用不動産の贈与について,原則として「持戻しリスク」が解消される点も実務上有益であろう*38。

　もっとも,贈与税の特例の要件を充足することが,すなわち民法903条4項の要件とされているわけではない点については注意を要することから,両措置の要件の相違点をまとめておきたい。

相違点1：贈与税の特例は,居住用不動産を取得するための金銭の
　　　　　贈与も特例の対象としているが,民法は含めていない。
相違点2：贈与税の特例では遺贈を対象としていないが,民法では
　　　　　遺贈も対象としている。
相違点3：贈与税の特例では特例適用の上限額（2,000万円）が定
　　　　　められているが,民法ではそのような上限はない。

---

2 相違点1：居住用不動産を取得するための金銭の贈与

　相続税法は,居住用不動産を取得するための金銭の贈与も贈与税の特例の対象としているが,民法はこれを含めていない。この点には注意が

---

*36　池本＝酒井・裁判例〔相続税・贈与税〕204頁。
*37　内田久美子「民法（相続法）改正の動向と税務への影響」税理61巻6号6頁（2018），米倉裕樹『条文から読み解く民法［相続法制］改正点と実務への影響』39頁（清文社2018）も参照。
*38　上西・前掲*7，61頁。

Ⅶ　持戻し免除の意思表示の推定規定　│　**175**

必要であろう。配偶者への居住用不動産の贈与事例は、この度の民法改正が背中を押す形となって増加することも十分に予想されるが、民法は、居住用不動産の取得資金の贈与についてまでは配偶者保護の範囲とは解していないということであろう。すなわち、かかる金銭の贈与については、贈与税上の特例措置を受けることはできるものの、民法は、そうした贈与について持戻し免除の意思表示の推定規定を置いていないことから、将来的に特別受益として持戻しの対象となる可能性があることに留意する必要があろう。

❸ 相違点2：遺贈

贈与税の特例では遺贈を対象としていないが、民法では遺贈も対象としている。これは、遺贈は相続税の課税対象であって、贈与税の領域ではないことによる。

❹ 相違点3：特例適用の上限額

贈与税の特例では特例適用の上限額（2,000万円）が定められているが、民法ではそのような上限はない。両規定が配偶者保護を目的とする点で共通するとしても、両法それぞれに固有の目的があることに由来する相違点ではないかと考える。特に、租税法は、租税の公平負担の原則たる思考がその根本に流れており、担税力のあるところに公平に課税することが租税法の目的である。そのような租税法（贈与税の特例措置でいえば相続税法）の基本的思考に基づけば、上限のない課税減免の特例は馴染まず、全ての納税者についてできるだけ解釈の幅のない画一的な基準を設けることが求められることになろう。したがって、上限額が2,000万円であることに対する金額の妥当性の評価はひとまず措くとしても、明確な上限を設けることは租税法の基本的な思考に則ったものであると解される。

これに対して、民法903条は、あくまでも相続人間の問題をクリアにすれば足り、我が国の全ての遺産分割を画一的に規制するようなものではない。また、持戻し免除の意思表示について推定規定が働くとしても、

176 第2章 各 論

それはあくまでも反証のない限り認められるにすぎないことからすれば，上限額を設けておく必要性も少ないのではなかろうか。

このように，両規定は，配偶者保護という視角においては通ずるところがあるが，あくまでも租税法（相続税法）と民法それぞれの法の目的を加味した制度設計がなされているものと考える。

③ その他の贈与税の特例と特別受益

近年，高齢者世代の保有する資産の若い世代への移転を促進するべく租税特別措置法において各種の贈与税の非課税規定が設けられている。具体的には，直系尊属から住宅取得等資金の贈与を受けた場合の贈与税の非課税（措法70の２），直系尊属から教育資金の一括贈与を受けた場合の贈与税の非課税（措法70の２の２），直系尊属から結婚・子育て資金の一括贈与を受けた場合の非課税（措法70の２の３）があるが，こうした税制上の制度を利用するようなケースにおいては，多額の贈与がなされることが多いと思われる。この場合，民法上，特別受益として持戻しの対象となる可能性があることに注意すべきであろう。

祖父母から孫へ贈与がなされる場合で，孫が相続人でない場合には，特別受益の問題は生じないが，父母から子へ贈与税の非課税規定を利用して何らかの贈与がなされる場合には特別受益の問題が生じる可能性がある。

例えば，直系尊属から住宅取得等資金の贈与を受けた場合の贈与税の非課税規定を利用した贈与の場合には，持戻し免除の意思を確認しておく必要があると思われる。なお，教育資金の一括贈与については，それが通常の教育費の範囲内であれば，「生計の資本」としての贈与には該当しないため，原則特別受益には当たらないと思われるものの，特別受益となる場合もあり得るため注意が必要であろう。医学部教育と特別受益について争われた事例である前掲京都地裁平成10年９月11日判決がここでは参考になると思われるが，これとて統一的な判断基準ではないことを最後に指摘しておきたい。

Ⅶ　持戻し免除の意思表示の推定規定　177

■ 結びに代えて

　繰り返し述べてきたように，中間試案では，本来相続分引上げの形で配偶者保護が図られるところであった。これに比較すれば，被相続人の持戻し免除の意思表示の推定という本改正によって配偶者にもたらされるメリットは一見すると分かりづらいという意見もあるであろう。しかしながら，例えばこの点について，西希代子教授が，「生前贈与を促しうる今回の改正提案は，…固定化された従来の配偶者相続権〔筆者注：例えば，高齢になって遺された妻は夫の遺産を実際にはあまり費消しないという制度設計や，その背後にある一定の家族像と価値観の下での配偶者相続権〕のあり方を根底から覆す力を潜在的に有している。」と評価されているように[39]，単に「相続分の増加＝配偶者保護に資する」と理解することは従来型の家族観に基づくものであり，生前贈与の活用を促進する本改正は注目すべき改正であると考える。

　なお，本改正では，要件として相続税法21条の6と類似した制度が設けられたが，必ずしも相続税法と民法上の取扱いが一致しているわけでないことも上記で確認したとおりである。この点，両制度の設計が似ており，また配偶者保護たる方向性が同一であることから，相続税法上の解釈に，改正民法の今後の解釈が影響を与えることは十分に考えられるところである。あるいは，相続税法上の取扱いを少なからず意識して設計されたであろう民法903条4項の解釈に，相続税法上の解釈が影響を与える可能性もあり得るかもしれない。他方で，最後に述べたように，民法には民法固有の目的があり，租税法には租税法固有の目的があることも事実であるから，必ずしも民法上の解釈が相続税法上のそれとして妥当性を有するものとは限らないことも示しておきたい。

〔酒井克彦＝臼倉真純〕

---

*39　西希代子「試金石としての相続法改正」法時89巻11号80頁（2017）。

Ⅷ　遺言制度の改正

■　はじめに

　今次の，民法の相続法分野の40年ぶりの大改正は，ここまでみてきたように，時代に合わせて大幅な見直しがされているが，ここでは，筆者が司法書士として30数年間の実務の実践において，通算で200件以上に及ぶ遺言書の作成支援を通して遺言執行者への就任予諾と遺言執行者として執行行為を担ってきた経験から，今次の遺言書制度の改正について解説することにする。

　民法改正（相続法分野）による遺言制度の改正としては，①自筆証書遺言の作成要件の緩和，②遺言執行者の権限の明確化，③遺贈義務者の引渡し義務等があるが，民法とは別個の独立の法律として，「法務局における遺言書の保管等に関する法律」（以下「遺言書保管法」という。）により，法務局における自筆証書遺言の保管制度が新設されたことが大きく注目されるところである。

　一般の解説では，まずは，①の自筆証書遺言の作成要件の緩和について説明し，その新たに見直された自筆証書遺言書が，法務局で保管するという新制度ができたことを解説している。

　しかし，法律実務家の執務上の観点からすると，作成要件の緩和のことよりも，大きな意味を持つのは，自筆証書遺言書が法務局に保管されることにより，家庭裁判所での「検認を不要」とする仕組みができたことの方が，より大きく実務に影響する制度が創出されたという点が重要である。

　そこで，ここでは，あえて今後の実務対応として利活用される「法務局での遺言書保管制度」の新設についてから解説することとする。

Ⅷ　遺言制度の改正　│179

なお，改正法の施行期日は，自筆証書遺言の方式緩和は既に平成31年
1月13日から施行されているが，民法の遺言制度の改正は令和元年7月
1日から施行され，自筆証書遺言の法務局での保管制度が開始されるの
は令和2年7月10日からとなっている。

1 自筆証書遺言の見直し

① これまでの遺言書制度と実務上の利用実態

1　民法上，遺言には，遺言者から遺言の趣旨を聞き取り公証人が作成
する公正証書遺言と，遺言者自身が作成する自筆証書遺言と，遺言者自
身が作成した遺言書を封緘したものを公証人が遺言者自身が書いた遺言
であることを証明する秘密証書遺言の3類型があることは，専門家にと
っては当然に周知の事実である。

　しかし，最後の秘密証書遺言の利用は極めて稀であり，一般的には，
自筆証書遺言と，公正証書遺言が利用されており，筆者の実務上の経験
からすると，公正証書遺言が9割，自筆証書遺言が1割程度というのが
実感であるが，データを調べてみるとこれが裏付けられるところでもあ
る。

　日本公証人連合会のホームページによると，平成29年（1月から12月
までの間）の遺言公正証書作成件数については，11万191件であったこ
とが公表されている。11年前の平成19年では，7万4,160件であり，約
11年間で3万6,000件以上増加していることが分かる。

　過去11年間の推移は次のとおり。

公正証書作成件数

平成19（2007）年	74,160件
平成20（2008）年	76,436件
平成21（2009）年	77,878件
平成22（2010）年	81,984件

平成23（2011）年	78,754件
平成24（2012）年	88,156件
平成25（2013）年	96,020件
平成26（2014）年	104,490件
平成27（2015）年	110,778件
平成28（2016）年	105,350件
平成29（2017）年	110,191件

2018年03月12日付

　他方，最高裁判所の司法統計によると，家庭裁判所における遺言書の検認件数は，平成12年に1万件を超え，1万251件となり，以後も毎年増加し続けており，平成23年に1万5,000件を超え，平成29年には1万7,394件と毎年確実に増加しており，20年前に比べると2倍の件数になっていることが分かる。

家裁の遺言書検認審判件数

平成20（2008）年	13,632件
平成21（2009）年	13,963件
平成22（2010）年	14,996件
平成23（2011）年	15,113件
平成24（2012）年	16,014件
平成25（2013）年	16,708件
平成26（2014）年	16,843件
平成27（2015）年	16,888件
平成28（2016）年	17,205件
平成29（2017）年	17,394件

司法統計　第2表　家事審判・調停事件の事件別新受件数

　ただし，当然のことながら，公正証書作成件数と，家庭裁判所の遺言書検認件数を比較するときには注意が必要である。前者は，生存している高齢者等が作成した件数であり，後者は，死亡して検認の申立てがあった件数である。したがって，遺言書を作成してから死亡するまでの年月には，統計もなく，また当然に個人的に死亡年齢には差異もあるので，

Ⅷ　遺言制度の改正　**181**

本来的には比較することはできないのであるが，年間での作成件数と検認件数とで，およその傾向が読み取れるところである。

　ちなみに，我が国での毎年の死亡者数は，厚労省の「人口動態統計」によると，平成12年では96万1,653人であったが，平成22年では119万7,012人となり，最近の平成28年では130万7,748人であったが，平成29年では134万397人である。

　ここから推定すると，平成12年の死亡者数96万1,653人のうち，自筆証書遺言を作成していた人は，検認申請件数が1万251件であるので，僅か，1.06％であるが，平成22年では死亡者数119万7,012人，検認数1万3,597件で，1.16％。平成28年の死亡者数130万7,748人，検認件数1万7,205件で，1.31％と徐々に増加していることが分かる。

　このように，全体的に見ると，やはり，相続事件では，公正証書遺言書の作成によるものが多いことが，統計上からも推定されるし，実務の実情とも合致していることが判明するところである。

　これは，弁護士，司法書士，税理士，行政書士等の相続財産の管理承継等の業務に関わる専門職は，公正証書遺言と自筆証書遺言との優劣を対比するならば，安全性，確実性という観点からは，圧倒的に公正証書遺言の方が優位であることを認識していることから，遺言作成の相談を受けると，当然に公正証書遺言での作成を教示し，また，死後の遺言の効力発生時の権利実現の実効性を確保するために遺言執行者に就任することが多いため，将来における紛争の回避のためにも公正証書遺言での作成を進めることが通常であることによる。

　他方で，近年では，一般書店でも自筆証書遺言の作成上の留意点や，作成モデルも分かりやすく解説した書籍等も多く出回っているため，費用を掛けずに自分で作成する人も増えてきていることも事実である。

　しかしながら，自筆証書遺言には，公正証書遺言に比べて，費用が掛からないこと，証人の立会が不要であるとのメリットもある反面，多くのデメリットも抱えており，結局は，自筆証書遺言を選択することを諦

めるケースも多かった。

2 自筆証書遺言・公正証書遺言の優劣

公正証書遺言のメリットは，その反面，自筆証書遺言のデメリットとされており，以下の点が指摘されていた。

① 法律家が関与して作成するので，遺言の趣旨が明確であり無効のおそれが少ないこと。

② 原本が公証役場に保管され紛失．変造のおそれがないこと。

③ 相続人や第三者による隠匿．破棄のおそれがないこと。

④ 文章が書けなくとも署名さえできればよいこと（署名すらできない場合でも，方法として，以前の民法改正により，969条の2が新設され，口がきけない者，耳が聞こえない者の特例が設けられた。）。

⑤ 日本公証人会連合会には，遺言書の有無と存在を調査できるコンピューター検索システムがあること。特に数次にわたり作成されたときや，遺言の取消しがある場合などに有用である。

⑥ 家庭裁判所の検認手続が不要であること。実務上，これがあるとないとでは大違いである。

これらの公正証書遺言のメリットは，自筆証書遺言では，カバーできないものであった。

さらに，自筆証書遺言は，民法上，遺言者が，遺言書に記載する事項の全文を自ら手書きで書くことが絶対条件とされており，また，加除修正等にも厳格なルールがあるので，実際には，折角作成しておいても，時には無効となる危険を内在していたことが挙げられる。これは，自筆証書遺言の大きなデメリットといえよう。また，相続予定財産が膨大である場合などは，財産目録等もすべて手書きで書かざるを得ないため，大変な労力が必要であり，また，修正にも困難を伴うことも多かった。

そこで，今回の見直しでは，国の機関である法務省において保管する仕組みを設け，法務事務官から任命される遺言書保管官が，保管の前提として，家庭裁判所で行う形式要件の審査をほぼ同様に行うことにより，

Ⅷ 遺言制度の改正 | 183

最大の障害ともいえる検認手続を不要とする仕組みを設けて，自筆証書遺言の普及推進を図ることとなった。

表にまとめると，以下のようになる。

	公正証書遺言	自筆証書遺言	見直し点
作成	公証人	遺言者自身	
作成方法	公証人がパソコンで作成 遺言者の署名押印	全文自筆 署名，押印 形式不備で無効になるおそれあり	財産目録は，自筆でなくともよい。 他人作成可 登記簿謄本 預金通帳コピー
証人	証人2名の立会	不要	
専門家の関与	専門家の相談＋公証人	相談はできる	法務事務官が，形式要件審査
費用	数万円～数十万円	特になし	保管手数料 （少額予定）
保管	原本は，公証役場 正本，謄本を発行 謄本は，何通でも発行可能 遺言執行者が保管可能	原本を，本人が保管 信頼できる人に預託 （貸金庫は，開披に困難を伴うことあり）	原本を法務局で保管 保管事実証明書発行
検索システム	あり 謄本発行が可能	なし 所在不明のおそれ	あり 証明書発行
検認手続	不要 直ちに効力発生	必要（全相続人へ通知，家裁へ出頭） 検認なき遺言書では，登記できず，預貯金の解約もできない。	不要とする

そこで，今回の改正では，自筆証書遺言の欠点を補完するためのいくつかの改正が行われ，より国民が利用しやすい仕組みを導入することになった。

① 自筆証書の作成要件の大幅な緩和

② 自筆証書の保管制度と検索制度

③ 家庭裁判所での検認が不要

ただし，言うまでもないが，いくつかのデメリットが解消されたにす

ぎないので，公正証書遺言に優位するものではないし，新制度でも限界
はあるので，今後も，専門家が相談を受けて作成支援をする場合には，
公正証書遺言によることになるものと予想される。

２ 法務局における自筆証書遺言の保管制度の新設

　民法ではなく，特別法で制定した理由は，この制度が，実体関係を規
定するものではなく，一定の仕組みの手続であることから，手続の詳細
を民法で定めるのは適切ではないこと，任意的な利用の制度であること，
今後の運用によりいくつかは見直されて改正の必要も出てくることが予
想されるので，手続法として別途の法律として制定されたものと推測さ
れる。

① 遺言書の検認不要

　遺言書保管法11条，民法1004条１項の規定は，遺言書保管所に保管さ
れている遺言書には適用しないこととされた。つまり，検認手続は不要
ということであり，実務家の視点から見ると，新設の保管制度の最大の
効用は，保管自体にあるのではなく，むしろ家庭裁判所の検認が不要と
なることであるといっても過言ではない。

■ 検　　認

　検認とは，どういうものかを説明しておく。

　遺言書の保管者は，相続の開始を知った後，遅滞なく，これを家庭裁
判所に提出して，その検認を請求しなければならない（民1004①前段）。
また，遺言書の保管者がない場合において，相続人が遺言書を発見した
後も，同様とする（民1004①後段）。

　つまり，遺言者が亡くなった後，自筆証書遺言など，公正証書遺言以
外の保管者や発見者は，かかる遺言書を家庭裁判所に提出して「検認」
することが義務付けられている。

　裁判所のホームページによると，「検認とは，相続人に対し遺言の存

Ⅷ　遺言制度の改正 │ **185**

在及びその内容を知らせるとともに，遺言書の形状，加除訂正の状態，日付，署名など検認の日現在における遺言書の内容を明確にして遺言書の偽造・変造を防止するための手続です。遺言の有効・無効を判断する手続ではありません。」と説明されている。

すなわち，「検認」とは，遺言書の外形を検証して，その成立・存在を確保するものであり，遺言内容が遺言者の内容の真否や，法律的に有効かどうかを判定するものではない。

❷　検認の手続

① 申立人

検認の申立人は，遺言書の保管者，遺言書を発見した相続人である。

② 申立先

申立先は，遺言者の最後の住所地の家庭裁判所である。

③ 申立てに必要な費用

費用としては，遺言書（封書の場合は封書）1通につき収入印紙800円，他連絡用の郵便切手（相続人全員へ通知が発送されるので，そのための連絡用の郵便切手）が必要となる。

④ 申立てに必要な書類

申立てに必要な書類等は以下のとおりである。

イ　家事審判申立書（所定の書式及び記載例が提供されている）

【家事審判申立書　記載事項】

申立ての趣旨

　遺言者の自筆証書による遺言書の検認を求めます。

申立ての理由

　1　申立人は，遺言者から，平成○年○月○日に遺言書を預かり，
　　申立人の自宅金庫に保管していました。

　2　遺言者は，平成○年○月○日に死亡しましたので，遺言書
　　（封印されている）の検認を求めます。なお，相続人は別紙の

相続人目録のとおりです。

ロ　標準的な添付書類

【共通】

1．遺言者の出生時から死亡時までのすべての戸籍（除籍，改製原戸籍）謄本
2．相続人全員の戸籍謄本
3．遺言者の子（及びその代襲者）で死亡している者がいる場合，その子（及びその代襲者）の出生時から死亡時までのすべての戸籍（除籍，改製原戸籍）謄本

❸　検認の手続の実際

　相続人には，申立て後，裁判所から検認期日（検認を行う日）の通知がされる。申立人以外の相続人が検認期日に出席するかどうかは，各人の判断に任されているので，出頭しないからといって不利益を受けることはない。全員が揃わなくても検認手続は行われる。

　検認期日には，出頭する申立人は，遺言書，申立人の印鑑，そのほか担当者から指示されたものを持参する。

　申立人から遺言書を提出し，出席した相続人などの立会のもと，封印されているものは封筒を開封し，遺言書を検認する。

　検認が終わった後は，遺言に基づき相続登記の申請など遺言の執行をするためには，遺言書に検認済証明書が付いていることが必要であり，なければ受理されない取扱いである。また，金融機関での預貯金等の相続手続でも，検認を経ていない自筆証書遺言では，事務取扱いはできない。そこで，検認済証明書の申請（遺言書1通につき150円分の収入印紙と申立人の印鑑が必要）をする。

❹　小　　　括

以上のように，検認手続には，家事審判を求めるために各種の添付書類を用意しなければならないので，事前の準備がかなり大変であり，また，原則として相続人全員が通知を受けるので，遠方に居住している場合など，管轄の家庭裁判所へ出頭しなければならず相当な負担がかかる。したがって，新保管制度によって検認が不要となることの意義は，極めて大きい。

　なお，今回の改正は，保管制度を利用した自筆証書遺言のみが検認不要となるので，保管を望まないで，自己保管していたものは，従前通り，検認手続が必要である。

② 遺言書保管所（遺言書保管法２）

■ 保 管 場 所

　遺言書の保管場所は，法務局であるが，法務大臣の指定した法務局，支局，出張所となる。

　遺言書を書いた人の住所地，遺言書を書いた人の本籍地，遺言書を書いた人が所有している不動産の所在地を管轄する法務局である（法務局の支局及び出張所，法務局の支局の出張所並びに地方法務局及びその支局並びにこれらの出張所を含む。以下において，法務局とする場合は，同じ。）。

　法務局は，全国47都道府県庁所在地にあり，北海道は例外的に，札幌法務局のほかに，函館，旭川，釧路の３か所の地方法務局がある。都合，法務局（８か所），地方法務局（42か所）の合計50か所あるので，これらは，当然に指定対象になることが予定されているが，そのほかに，全国416庁（平成31年１月１日現在）のすべての支局・出張所を指定することとなるのかは不明であるが，本人が自ら出頭することが必要であり，代理人による申立ては予定していないことから，利用者の利便性を考慮すれば，本来的にはすべての支局，出張所を遺言書保管所として指定すべきものである。

しかし，当面は，遺言書保管官の教育等を伴う人員配置だけではなく，遺言書保管情報システムの構築とネットワーク化などの準備に時間等がかかることが想定されるので，順次に指定するという方式になりそうである。

② 自筆証書遺言のデメリットの解消

自筆証書遺言は，遺言者自身がいつでも手軽に書くことができ，また費用も掛からないというメリットがある反面，その作成した遺言書をどこに保管するのか，信頼できる人に預けるのか，保管方法や保管場所には大きな注意を要するところであった。

遺言書の保管場所を家族に伝えておくとか，直接に家族に預けておくということもあり得るが，場合によってはその家族が遺言書を破棄，改ざんするおそれがあるかもしれない。一方で，遺言書の保管場所を家族に伝えなければ，家族が遺言書の存在そのものに気が付かない可能性もある。

そこで，これまで，司法書士等が組織する団体で，自筆証書遺言を保管するサービスを提供するところもあったが，今後は，自筆証書遺言は，この新制度を利用することにより，これらのリスクが回避できるようになったため，利用促進の大きな動機付けとなるものと思われる。

③ 遺言書保管官（遺言書保管法3）

① 遺言書保管官

遺言書を保管している法務局の民法等の関係法令に関する高度の専門的知識と経験を有する法務事務官から法務局又は地方法務局の長が指定する者が，「遺言書保管官」となり，保管に関する事務を取り扱う。

② 遺言書保管官の取り扱う事務

① 遺言者は，遺言書保管官に対し，遺言書の保管の申請をすることができる（遺言書保管法4①）。

すなわち，申請することは任意であるので，従来どおり，誰かに預け

Ⅷ　遺言制度の改正　│　**189**

て保管するということも可能であるが，紛失，偽造変造のリスクを回避するためと，検認不要の効果を受けるためには，利用すべきである。

保管を求める遺言書は，法務省令で定める様式に従って作成した「無封」のものでなければならない（遺言書保管法4②）。現在のところ，まだどのような様式になるのか，所定の様式は公表されていないが，形式的なチェックをしやすいような様式が施行の前には公表されるものと思われる。

これは，遺言書保管官が，遺言書の形式要件を満たしているかどうかの審査をするのであるから，封緘したものではいけない。また，遺言書を読み取りデータ化して保管することになるので，無封でなければならないため，データ化に適した様式が提供されることになる予定である。

② 申請は，遺言者の住所地若しくは本籍地又は遺言者が所有する不動産の所在地を管轄する遺言書保管所の遺言書保管官に対してする（遺言書保管法4③）。

これは，公正証書遺言の作成が全国どこの公証役場でも作成可能なことと対比すると，かなり限定的な制限であるように感じる。特に，所有不動産所在地を管轄としたのは，法務局の登記業務との関連を考慮したものであろうか。

遺言者の作成した他の遺言書が現に遺言書保管所に保管されている場合にあっては，当該他の遺言書が保管されている遺言書保管所に申請することとなる。

③ 申請をしようとする遺言者は，法務省令で定めるところにより，遺言書に添えて，次に掲げる事項を記載した申請書を遺言書保管官に提出しなければならない（遺言書保管法4④）。

一 遺言書に記載されている作成の年月日

二 遺言者の氏名，出生の年月日，住所及び本籍（外国人にあっては，国籍）

三 遺言書に次に掲げる者の記載があるときは，その氏名又は名称及

び住所

　イ　受遺者

　ロ　民法1006条1項の規定により指定された遺言執行者

　四　前三号に掲げるもののほか，法務省令で定める事項

　その他の提出書類として，遺言書保管法9条の関係で，遺言者の死亡後に「関係相続人等」から，遺言書情報証明書の交付請求があったときには，相続人や受遺者等へ通知することとなっているので，あらかじめ，推定相続人らの分かる書面として，本人の戸籍や，法定相続情報証明書に類似の書面等を求めることも予想されるが，現時点では不明である。

④　申請書には，遺言書保管法4条2項2号に掲げる事項を証明する書類その他法務省令で定める書類を添付しなければならない（遺言書保管法4⑤）。

⑤　遺言者が遺言書保管法4条1項の申請をするときは，遺言書保管所に自ら出頭して行わなければならない。本人自身が自ら出頭することを要する（遺言書保管法4⑥）。

　出頭主義を採用するのは，本人確認のためでもあり，形式的な不備がある場合に，直接に訂正等を指示して対応させるためにも，本人の出頭が必須とされるものである。

　この反面，自ら法務局等に出頭できない高齢者や身体障碍者等が，この制度を利用できないこととなるが，公証人の場合のように，法務局の遺言書保管官の出張サービスによる事務処理はできないので，利用に限界が生じるのはやむを得ないところである。

3　遺言書保管官による本人確認（遺言書保管法5）

　遺言書保管官は，保管申請があった場合において，申請人に対し，法務省令で定めるところにより，当該申請人が本人であるかどうかの確認をするため，当該申請人を特定するために必要な氏名その他の法務省令で定める事項を示す書類の提示若しくは提出又はこれらの事項についての説明を求めるものとする。

自筆証書の保管申請であるので，作成者本人であるかどうかの確認は必須である。

本人確認資料としては，不動産登記法において行われている，本人確認情報作成時に求められる書面に準じたものが想定される。

❹ 遺言書の保管，閲覧（遺言書保管法6）

① 遺言書の保管は，遺言書保管官が遺言書保管所の施設内において行う（遺言書保管法6①）。

② 遺言者自身の閲覧請求

遺言者は，その申請に係る遺言書が保管されている遺言書保管所の遺言書保管官に対し，いつでも当該遺言書の閲覧を請求することができる（遺言書保管法6②）。

この閲覧は，遺言者が生前に，遺言の変更等をすることを考えたときに，従前の遺言書の内容を確認する必要があることから認められたものである。

閲覧請求をしようとする遺言者は，法務省令で定めるところにより，その旨を記載した請求書に法務省令で定める書類を添付して，遺言書保管官に提出しなければならない（遺言書保管法6③）。

遺言者が閲覧請求をするときは，特定遺言書保管所に自ら出頭して行わなければならない。この場合においては，遺言書保管官は，本人確認をしなければならない（遺言書保管法6④）。

当然のことながら，遺言者の生存中は，遺言者以外の者が閲覧することは一切できない。遺言者が，保管後に被成年後見人となった場合，成年後見人であっても閲覧はできない。

③ 遺言書の保管廃止と破棄処分

遺言書保管官は遺言書の保管をする場合において，遺言者の死亡の日（遺言者の生死が明らかでない場合にあっては，これに相当する日として政令で定める日）から相続に関する紛争を防止する必要があると認められる期間として政令で定める期間が経過した後は，これを廃棄するこ

とができる（遺言書保管法6⑤）。

④　遺言書の保管の申請の撤回

　遺言者は，特定遺言書保管所の遺言書保管官に対し，いつでも，自ら出頭して，撤回書に法務省令で定める書類を添付して遺言書の保管の申請を撤回することができる（遺言書保管法8①）。

　遺言書保管官は，遺言者が遺言書保管法8条1項の撤回をしたときは，遅滞なく，当該遺言者に保管している遺言書を返還するとともに，管理している当該遺言書に係る情報を消去しなければならない（遺言書保管法8②）。

4　遺言書に係る情報の管理（遺言書保管法7）

　遺言書原本の保管とは別に，原本をスキャナで読み込み，画像データとして偽造変造ができない方式によりデータとして保管するシステムを構築する。

　これにより，次項の遺言書情報証明書の発行管理ができるようになる。

①　遺言書保管官は，遺言書保管法6条1項の規定により保管する遺言書について，磁気ディスク（これに準ずる方法により一定の事項を確実に記録することができる物を含む。）をもって調製する遺言書保管ファイルにより，当該遺言書に係る情報の管理をしなければならない（遺言書保管法7①）。

②　遺言書に係る情報の管理は，次に掲げる事項を記録することによって行う（遺言書保管法7②）。

　一　遺言書の画像情報

　二　遺言書に記載されている作成の年月日

　　遺言者の氏名，出生の年月日，住所及び本籍（外国人にあっては，国籍）

　　受遺者や，遺言執行者がいる場合には，その氏名又は名称及び住所

Ⅷ　遺言制度の改正　｜　193

三　遺言書の保管を開始した年月日

四　遺言書が保管されている遺言書保管所の名称及び保管番号

　この場合において，原本の「廃棄する」とあるのは，データを「消去する」と読み替える（遺言書保管法7③）。

5　遺言書情報証明書（遺言書保管法9）

■1　遺言書情報証明書

　遺言者が死亡した場合には，「関係相続人等」は，遺言書保管官に対し，遺言書保管所に保管されている遺言書について，遺言書保管ファイルに記録されている事項を証明した書面（以下「遺言書情報証明書」という。）の交付を請求することができる（遺言書保管法9①）。

　この証明書発行制度は，新設される法務局の自筆証書検索システム等のシステム構築により可能になるものである。

■2　関係相続人

①　「関係相続人等」とは，次に掲げる者である（遺言書保管法9①）。

　一　当該遺言書の保管を申請した遺言者の相続人（廃除によってその相続権を失った者及び相続の放棄をした者を含む。）

　二　当該遺言書に記載された次に掲げる者又はその相続人（ロに規定する母の相続人の場合にあっては，ロに規定する胎内に在る子に限る。）

　　イ　受遺者

　　ロ　民法781条2項の規定により認知するものとされた子（胎内に在る子にあっては，その母）

　　ハ　廃除する意思を表示された推定相続人又は廃除を取り消す意思を表示された推定相続人

　　ニ　祖先の祭祀を主宰すべき者

　　ホ　国家公務員災害補償法遺族補償一時金を受けることができる遺族のうち特に指定された者，遺族補償一時金を受けることができ

る遺族のうち特に指定された者

　ヘ　信託法　受益者となるべき者として指定された者若しくは残余
　　財産の帰属すべき者となるべき者として指定された者受益者指定
　　権等の行使により受益者となるべき者

　ト　保険法　保険金受取人の変更により保険金受取人となるべき者

　チ　上記に類するものとして政令で定める者

三　前二号に掲げる者のほか，当該遺言書に記載された次に掲げる者

　イ　遺言執行者

　ロ　財産について指定された管理者

　ハ　未成年後見人又は未成年後見監督人

　ニ　共同相続人の相続分を定めることを委託された第三者，遺産の
　　分割の方法を定めることを委託された第三者又は遺言執行者の指
　　定を委託された第三者

　ホ　著作権法　登録について指定を受けた者又は請求について指定
　　を受けた者

　ヘ　信託がされた場合
　　　受託者となるべき者，信託管理人となるべき者，信託監督人と
　　なるべき者又は受益者代理人となるべき者として指定された者

　ト　上記に類するものとして政令で定める者

②　請求は，自己が関係相続人等に該当する遺言書（以下「関係遺言
　書」という。）を現に保管する遺言書保管所以外の遺言書保管所の遺
　言書保管官に対してもすることができる（遺言書保管法9②）。

③　関係相続人等は，関係遺言書を保管する遺言書保管所の遺言書保管
　官に対し，当該関係遺言書の閲覧を請求することができる（遺言書保
　管法9③）。

④　請求をしようとする者は，法務省令で定めるところにより，その旨
　を記載した請求書に法務省令で定める書類を添付して，遺言書保管官
　に提出しなければならない（遺言書保管法9④）。

Ⅷ　遺言制度の改正　│　195

⑤　遺言書保管官は，①の請求により遺言書情報証明書を交付し又は③の請求により関係遺言書の閲覧をさせたときは，法務省令で定めるところにより，速やかに，当該関係遺言書を保管している旨を遺言者の相続人並びに当該関係遺言書に係る遺言書保管法4条4項3号イ及びロに掲げる者に通知するものとする。

　　ただし，それらの者が既にこれを知っているときは，この限りでない。

❸　専門職の遺言執行実務上の対応として

　遺言書保管制度では，保管している原本そのものを相続人等の関係者に交付することはせずに，原本を画像データで読み込んだものを用いて「遺言書情報証明書」として交付する。したがって，相続開始後の遺言執行の手続等は，すべてこの「遺言書情報証明書」を用いて行うこととなる。今までのように検認証明書付の原本自体を利用しての手続にはならない。

　この証明書は複数枚の発効も可能であるので，これまでのように，原本1通しかない自筆証書遺言の場合には，登記申請や各金融機関の相続手続をする場合に，順次に持ち回りで用いるしか方法はなかったため，手続の完了まで相当の期間を要していたのであるが，今後は，並行して相続手続を行うことが可能になる。

　これは，先に，平成29年5月29日から実施されている法定相続情報証明制度による「法定相続情報証明書」が，これまでの被相続人の出生から死亡まで連続した全戸籍が必要であったものを，1通の証明書で足りるように改革されたことと相まって，「遺言書情報証明書」と一体的に利用されることにより，相続手続の処理の時間短縮にも大いに貢献するはずである。

⑥　遺言書保管事実証明書（遺言書保管法10）

❶　遺言書保管事実証明書

自己が，関係相続人に該当する関係遺言書に限り，遺言書保管官に対し，遺言書保管所における関係遺言書の保管の有無を調べることができる。

これは，まさに公正証書遺言についての日本公証人会連合会の検索システムと同様の構想によるシステムである。これを活用することにより，遺言書の保管上の紛失事故の防止とともに，存否の確認が可能であるので，せっかく作成していたのに気が付かないという事態が防止できることにもなる。

❷ 証明書の交付請求

関係遺言書が保管されている場合には，遺言書保管ファイルに記録されている「遺言書に記載されている作成の年月日」と，「遺言書が保管されている遺言保管所の名称及び保管番号」の二つが証明事項となる，「遺言書保管事実証明書」の交付を請求することができる。

❸ 専門家の遺言執行実務上の対応として

遺言執行や遺産承継業務等に携わる，法律専門職や，税務専門職は，相続事件を受任した時や，相談を受けた時には，現状では，日本公証人会連合会の「公正証書遺言の検索システム」にて，亡くなった被相続人の遺言が存在しないかどうかをチェックするようにしているが，今後は，さらに，この法務局の遺言保管システムが利用されていないかどうかも調べることになるであろう。

⑦ 施 行 時 期

自筆証書遺言の方式緩和は，既に平成31年1月13日から施行されている。

法務局での保管制度は，公布の後2年以内に施行することとなっていたので，令和2年7月13日までには，施行されることとされていたが，施行期日は，期間満了直前の，令和2年7月10日と決定された。実施時期が遅くなるのは，システム構築のためやむを得ない時間でもある。

Ⅷ　遺言制度の改正　**197**

なお，改正民法（相続法関係）の施行は，段階的な実施になるので，それぞれの施行時期については留意が必要である。

③ 自筆証書遺言の作成要件の大幅な緩和

遺言書制度のもう一つの大きな改正の目玉は，自筆証書遺言のうち，財産目録については，パソコンで作成してもよいし，不動産物件目録は，登記事項証明情報（登記簿謄本と同様の情報）を利用し添付してもよいし，金融資産についても，通帳のコピーを添付することでもよいことになり，これまでと比較して作成要件について大幅に緩和された。

1 改正前の自筆証書遺言

【改正前】

民法968条《自筆証書遺言》

　自筆証書によって遺言をするには，遺言者が，その全文，日付及び氏名を自書し，これに印を押さなければならない。

2　自筆証書中の加除その他の変更は，遺言者が，その場所を指示し，これを変更した旨を付記して特にこれに署名し，かつ，その変更の場所に印を押さなければ，その効力を生じない。

すなわち，これまでは，自分で手書きしなければならなかったのである。他人の代筆はもちろん駄目であるが，自分でパソコンなどで文書を作成したものも無効とされていた。

したがって，これまでは，自筆証書遺言で作成したいという相談者には，以下の点を重々留意するように指導していたところである。

2 自筆証書遺言の作成上の留意点として

① 遺言者本人が全文を自筆で書くこと

財産の特定方法について，不動産の表示の記載は，地番を住居表示の住所と混同して間違う人が多かったし，預金口座も口座番号を間違う人も多かった。

　今回の改正で，財産目録は，自筆でなくともよくなったこと，登記簿謄本の添付でもよいこと，通帳のコピー等の添付でもよくなったことは，大きな改善点である。

② 作成年月日は確実に記載すること

　手書きで，数日間にわたり少しずつ書こうとすると，最後に作成年月日を書こうと思いながら忘れてしまうということがある。複数の遺言が存在していた場合，内容が矛盾するものは，最後のものが有効になるので，日付は重要である。

　また，後日に遺言作成能力が争われるような場合にも，作成年月日は，認知症の症状の進行記録と照らし合わせることで判断の重要な基準になる。

③ 署名押印を忘れないこと

　本人の署名について誤記と，印鑑の押印忘れに注意しなければならない。

　法的には，認印でもよいわけだが，専門家としては，実印を押印するように指導しているのが通常だと思われる。これは，実印は，通常は本人が厳重に保管しているものであり，また唯一性があるので，本人の作成意思の確認として有用であるからである。

④ 訂正等を行う場合は所定の方法によること（二重線で消し，印鑑での訂正後，余白部分に変更箇所を明記し，そのつど署名すること）

　改正前は上記の点を守ることが重要なポイントであった。今回の改正でも，基本は変わらないのであるが，改正法では，上記のうち財産目録の部分については自署することを要しないこととされ，ワープロで作成したもの，あるいは不動産の登記簿全部事項証明書などを別紙目録として添付し，そのすべてのページに署名・捺印することにより，これを有

Ⅷ　遺言制度の改正　199

効な自筆証書遺言の一部（補完書類）として許容されることとなった。

　また，目録の記載番号を引用することにより，本文の記載を簡略化できるようになった。

　本改正により，不動産や金融資産等の財産の特定をするに当たり，記載内容の不備により，法的な要件を満たしていないとして無効となるケースを避けることも可能になってきたものと評価できる。

【専門家としての留意点】

　財産目録について，自筆での手書きが不要となったということは，自分で作成するのではなく，第三者に目録の作成を依頼してもよいということでもあるわけである。

　今後，専門家に対して，相談と同時に，財産目録の記載作成を依頼されるケースも多々増えてくることと思われる。その場合，専門家として，不動産の特定は，必ず登記簿謄本で確認して作成することや，預貯金の口座の特定には，当然のことながら慎重に記載することを要する。

　なお，一般的には，現金〇〇円を相続させるとか書くことが多いが，相続発生時点で，現実に現金があるかどうかは不明であるし，裁判上の紛争になった場合には，現金がなければその金額の相続ができない場合が生じる。現金という記載は避けて，預貯金等から金〇〇円を相続させる，あるいは遺贈するという記載にすることなどの留意も必要である。

---

③　自筆証書遺言の訂正方法の留意点

　訂正方法については，改正法においても変更がないので，従前どおりに，訂正は二重線で消し，必ず押印をすることが必要である。

　自筆証書遺言の文字の訂正を行う場合は，訂正箇所に二重線を引く。

訂正した後の内容は二重線の上か右側に書き，変更内容に捺印をする。なお，二重線だけの場合は効力がないとみなされ，変更前の遺言のままになるので，注意が必要である。

　しかしながら，自筆証書遺言書は，自分でいつでも自由に作成できるので，先に作成した遺言書を変更する場合は，訂正の処理をするよりも，遺言書自体を書き直す方が無難である。

　今後，法務局の保管制度を利用する場合には，受付の段階で，このような形式的な不備については，チェックしてもらえることとなるので，安心でもある。

　また，従前は，自筆証書遺言は，改ざんされるリスクや内容を知られるおそれがあることから封筒に入れる人が多かったのであるが，保管制度を利用する場合には，受付時に遺言書保管官による形式チェックがなされるので，封緘したものは利用できないこととなった。

❹　財産目録については，自筆でなくパソコン作成が可能に

【改正法】

民法968条《自筆証書遺言》

　　自筆証書によって遺言をするには，遺言者が，その全文，日付及び氏名を自書し，これに印を押さなければならない。（変更なし）

2　前項の規定にかかわらず，自筆証書にこれと一体のものとして相続財産（第997条第1項に規定する場合における同項に規定する権利を含む。）の全部又は一部の目録を添付する場合には，その目録については，自書することを要しない。この場合において，遺言者は，その目録の毎葉（自書によらない記載がその両面にある場合にあっては，その両面）に署名し，印を押さなければならない。（新設）

Ⅷ　遺言制度の改正 | 201

> 3 自筆証書（前項の目録を含む。）中の加除その他の変更は，遺言者が，その場所を指示し，これを変更した旨を付記して特にこれに署名し，かつ，その変更の場所に印を押さなければ，その効力を生じない。（変更なし）

　今回の改正により，自筆証書遺言のうち財産目録に限っては，手書きではなくパソコン等で作成することが認められるようになった。

　従前，自筆証書遺言は全文を自筆で書かなければならないとされていたが，土地等の不動産の筆数が多い場合など，それらのすべてを手書きで書くことは大変な作業である。また，遺言書を書いた後で財産の内容に変更があった場合にそのつど訂正したり，全部書き直したりすることも大変に面倒な手間がかかるのが現状であった。

　そこで，自筆証書遺言の作成の方式について，以下のように緩和されることとなった。

① 遺言書のうち財産の目録については自筆で書かなくてもよい。

　財産目録をパソコンで作成するほか，不動産登記の登記事項証明書の添付，預金通帳などのコピーを添付することもできる。

　ただし，これらの新様式の財産目録の各頁に署名・押印することが必要であることは重要である。特に，両面に記載する場合は両面ともに署名・押印が必要になるので，要注意である。

② 自書をしなかった相続財産の目録については目録の毎葉（毎頁）に署名し押印する必要がある（改正民法968②後段）。

③ 自書によらない記載が両面にある場合は両面に署名し押印する必要ある（改正民法968②後段かっこ書）。両面印刷でプリントしたような場合で，裏面にも文字内容がある場合には，その裏面にも署名し押印しなければならないので，要注意である。

　上記②の例で，目録の表面に遺言者の署名と押印があっても，第三者が，あとから裏面に追加したりすることを防止する必要から，考えられ

202 ｜ 第2章 各 論

た規定である。裏面に追加印字されるおそれがあることまで想定したものである。

　ただし，新設された保管制度を利用するときには，これらの形式的な不備は，保管申出の受付のときに，遺言書保管官による形式チェックにより精査されることになるので，その点はあまり神経質にならないでも，よいのかもしれない。

5　経過措置

> 附則6条《自筆証書遺言の方式に関する経過措置》
> 　　附則第1条第2号に掲げる規定に掲げる規定の施行の日前にされた自筆証書遺言については，新民法第968条の第2項及び第3項の規定にかかわらず，なお従前の例による。

　附則1条2号に掲げる規定には，改正民法968条の自筆証書遺言の作成方式の緩和が規定されているが，施行前の日付で作成されたものは，財産目録も全部自筆でなければならないので，気を付ける必要がある。

　同条は平成31年1月13日に施行されたが，その前にあらかじめ財産目録をワープロ等で作成しておいて，施行日以降に本文と一体のものとして，日付けを記入し，署名押印したものについても改正法が適用される。

　あくまで最終の作成日との関係で改正法の適用の有無が決まることとなるので，相談者等には，その辺を十分に留意して指導する必要がある。

4　その他の遺言関係の改正

1　遺言執行者の権限の明確化

　今回の改正で，これまで数多く遺言執行実務に携わってきた身としては，遺言執行者の権限が明確化されたことは，大変に歓迎すべきことと

VIII　遺言制度の改正　203

受け止めている。

　以下の改正項目について，執行において留意しなければならない点があるので，改正法を概観しながら説明する。

■ 遺言執行者の任務の開始（民1007）

①　遺言執行者は，遺言内容を実現することが任務である。通常は，遺言書に遺言執行者指定をすることが多い。ただし，資格には制限がないため，法律専門家の弁護士，司法書士のほかにも，税理士，行政書士等の専門職も行うことが多いところである。

　従前は，遺言者が死亡し，遺言の効力が生じた後に，遺言執行者が就任を受諾して執行に着手する場合に，遺言内容を相続人に通知しなければならないかについては，現行法上，明確に規定されていなかった。

　しかしながら，専門家が遺言執行者として就任した場合には，その通知をするのが通常である。実務上，専門職が遺言執行者になった場合は，その就任の承諾通知（遺言執行者への就職通知）を相続人に出すことが通常である。その際に，遺言執行者は遺言書のコピーもつけて通知をするべきだといわれている。

　これは遺言執行者の地位による。遺言執行者は，相続人の代理人であるとされているので，本人たる相続人には，遺言内容を知らせておくべきとの判断が働く（民1015参照）。

　また，相続人が遺言の内容を知らずに相続財産を勝手に処分する等の行為をする危険性を考えると，遺言内容を通知しておき，執行を妨害されないように手を打つ必要もある。

　反面，先に内容もすべて開示して通知すると，執行を妨害されることもある。筆者の経験では，共同相続人の一人が，すべての不動産を，共有物の保存行為を原因として，単独で共有者全員のために法定相続分どおりの登記をされてしまったケースがあり，遺言内容どおりに登記をし直すに当たり，大変な苦労をした経験もある。

　したがって，全文のコピーを先に渡すかどうかは，これまではケース

204 ｜ 第2章　各　論

バイケースで対処してきたが，今後は，すべての内容を就任と同時に遅滞なく通知をしなければならないこととなる。

　自己の法定相続分を確保するための執行妨害的な法定相続分の相続登記申請を防止するためには，不動産所在地の法務局が，申請不動産に関する遺言書を保管しているかどうかを登記官がチェックする仕組みがあってもよさそうであるが，そこまでは期待できないであろう。

② 改正相続法で，遺言内容の通知が義務となる。

　相続法が改正され，遺言執行者が遺言内容を相続人に通知することが義務化されることになり，以下のように，民法1007条に，次の2項の文言が追加されることになった。

改正民法1007条《遺言》

　2　遺言執行者は，その任務を開始したときは，遅滞なく，遺言の内容を相続人に通知しなければならない。

　司法書士等の専門職が実務上行っていた遺言内容の通知が，条文でも求められることになることから，一般人が遺言執行者である場面でも，この通知が必要になる。

　相続人に遺言内容を知らせ，遺留分減殺請求の機会を確保するという意味では，重要な法改正だといえる。

2 遺言執行者の権利義務

① 従前は，民法1015条で，遺言執行者は相続人の代理人とみなすとされていたものの，必ずしも相続人の利益のためだけ行為する責務はないとされていた。今回の改正では，そこが改められて，「遺言執行者がその権限内において遺言執行者であることを示してした行為は，相続人に対して直接にその効力を生ずる。」とされた。

　さらに，遺言執行者は，相続財産の管理その他遺言の執行に必要な一切の行為をする権限を有するとされていた（民1012①）が，ここに「遺

Ⅷ　遺言制度の改正　205

言の内容を実現するため」という文言が加わり，遺言執行者は，相続人の代理人の立場ではなく，むしろ，相続人の意思に関係なく「遺言の内容を実現する」ことを目的とする立場にあり，相続人の利益のために行動する立場にあるわけではない，ということが明確化された。

改正民法1012条《遺言執行者の権利義務》

　　遺言執行者は，遺言の内容を実現するため，相続財産の管理その他遺言の執行に必要な一切の行為をする権利義務を有する。（下線部追加）

2　遺言執行者がある場合には，遺贈の履行は，遺言執行者のみが行うことができる。（新設）

---

②　遺言において特定遺贈がされている場合には，遺言執行者のみが特定遺贈の履行を行うことができるとした（改正民法1012②）。現行法上も，裁判例上は，遺言執行者に権限があるとの判断を示してきていたが，明文において規定されることとなった。

❸　特定財産に関する遺言執行

　今回の改正により，以下のように，「特定財産承継遺言」の履行権限が明文化されることとなった。

改正民法1014条《特定財産に関する遺言の執行》

2　遺産の分割の方法の指定として遺産に属する特定の財産を共同相続人の一人又は数人に承継させる旨の遺言（以下「特定財産承継遺言」という。）があったときは，遺言執行者は，当該共同相続人が第899条の2第1項に規定する対抗要件を備えるために必要な行為をすることができる。（新設）

3　前項の財産が預貯金債権である場合には，遺言執行者は，同項に規定する行為のほか，その預金又は貯金の払戻しの請求及びそ

---

206 │ 第2章　各　論

の預金又は貯金に係る契約の解約の申入れをすることができる。

ただし，解約の申入れについては，その預貯金債権の全部が特定財産承継遺言の目的である場合に限る。（新設）

4　前二項の規定にかかわらず，被相続人が遺言で別段の意思を表示したときは，その意思に従う。（新設）

① 遺言で別段の定めを置かない限り，遺言執行者が，登記・引渡しや，預貯金の払戻し等を行うことができると明文化したものである。実務上の実態を反映させたものとして歓迎すべき改正である。

② 「遺産の分割の方法の指定として遺産に属する特定の財産を共同相続人の一人又は数人に承継させる旨の遺言（いわゆる相続させる旨の遺言）」があった場合には，対抗要件を備えさせるために必要な行為（登記や引渡し等）は，遺言で別段の定めを置かない限り，遺言執行者が対抗要件を備えるために必要な登記を行うことができるとされたので，これまで登記申請権限の有無につき争われていた点も問題なくなった。これは改正民法899条の2第1項の規定の新設に対応するものである。

改正民法899条の2 《共同相続における権利の承継の対抗要件》

相続による権利の承継は，遺産の分割によるものかどうかにかかわらず，次条及び第九百一条の規定により算定した相続分を超える部分については，登記，登録その他の対抗要件を備えなければ，第三者に対抗することができない。（新設）

③ 現行法のもとでは，遺言執行者に預貯金の払戻権限を認めるか否かについて，下級審裁判例の判断が分かれていたが，今回の改正で，遺言執行者に払戻しの権限があることが明文化された。

ただし，解約は，その預貯金債権の全部が特定財産承継遺言の目的である場合に限られるので，一部のみが特定承継遺言の目的のときには，

全額の解約はできない（改正民法1014③ただし書）。

5 遺言執行者の行為の効果

> **改正民法1015条《遺言執行者の行為の効果》**
> 　遺言執行者がその権限内において遺言執行者であることを示してした行為は，相続人に対して直接にその効力を生ずる。

　改正民法では，遺言執行者の法的地位を明確化するために，改正前民法1015条を削除するとともに，1012条1項を改正して「遺言の内容を実現するため」との文言を挿入し，1012条2項が追加され「遺言執行者がある場合には，遺贈の履行は，遺言執行者のみが行うことができる」ことが明確化されているが，これに対応して1015条も改正された。改正前民法1015条では，「遺言執行者は，相続人の代理人とみなす。」とされていたが，遺言執行者は遺言執行の代理人ではあるものの，すべての行為について相続人の代理人ではないという点で誤解を招く表現だったことは否めない。遺言執行者は，遺言の内容の実現が任務である。そこで，1015条を改正し「遺言執行者であること」を示してした行為は相続人に効果が帰属すると改正されたのである。

6 遺言執行者の復任権

　現行民法は「遺言執行者は，やむを得ない事由がなければ，第三者にその任務を行わせることはできない」と定め，遺言執行者の復任権（執行者に代わって職務の全部を引き受けて遺言を執行する。いわゆる履行代行者の選任）を原則として否定していた。

> **改正民法1016条《遺言執行者の復任権》**
> 　遺言執行者は，自己の責任で第三者にその任務を行わせることができる。ただし，遺言者がその遺言に別段の意思を表示したときは，その意思に従う。

2　前項本文の場合において，第三者に任務を行わせることについてやむを得ない事由があるときは，遺言執行者は，相続人に対してその選任及び監督についての責任のみを負う。

　実務では，従前から，遺言執行者の責任において「履行補助者」を使用することは問題のないところであった。

　今回の改正では，これまでの原則・例外関係を逆転させ，「遺言執行者は，自己の責任で第三者にその任務を行わせることができる。ただし，遺言者がその遺言に別段の意思を表示したときは，その意思に従う。」という条文を新設した。

　これにより，専門性が高い登記申請等は司法書士に委任したり，遺言執行者が受遺者になっているような相続人と紛争が生じるおそれのある場合には，弁護士に委任する等の柔軟な遺言執行業務を行うことが可能となる。

2　遺贈義務者の引渡義務

■　民法の債権法との整合性

　先に改正された民法（債権法）の，売買等の担保責任の規定が改正されたことと整合性を持たせるために，遺贈の担保責任としての観点から改正することとされた。

> **改正民法998条《遺贈義務者の引渡義務》**
>
> 　遺贈義務者は，遺贈の目的である物又は権利を，相続開始の時（その後に当該物又は権利について遺贈の目的として特定した場合にあっては，その特定した時）の状態で引き渡し，又は移転する義務を負う。ただし，遺言者がその遺言に別段の意思を表示したときは，その意思に従う。

Ⅷ　遺言制度の改正　209

先行して成立した民法（債権法）では，瑕疵担保責任については，これまでの特定物限定の考えから，契約責任説（債務不履行構成）を採用することにした（改正民法561以下参照）。

その上で，贈与については，無償性に鑑み，改正民法551条《贈与者の引渡義務等》1項は「贈与者は，贈与の目的である物又は権利を，贈与の目的として特定した時の状態で引き渡し，又は移転することを約したものと推定する」として，贈与者の負担に配慮した規定を設けた。

2　遺贈の担保責任

この改正と整合性を保たせるために，遺贈の担保責任についても見直しがなされた。

すなわち，担保責任については特定物・不特定物を問わず，追完請求・代替物の引渡請求等が認められることから（改正民法562），不特定物の遺贈義務者の担保責任を定めていた改正前民法998条は削除されることとなった。

他方で，遺贈についても贈与者の担保責任と同様にその無償性に着目して，改正民法561条《他人の権利の売買における売主の義務》と同様に，遺贈の目的である物又は権利を「相続開始の時（その後に当該物又は権利について遺贈の目的として特定した場合にあっては，その特定した時）の状態で」引き渡す等の義務を負うことを原則とするという規定を新たに設けた（改正民法998）。

3　民法1000条の削除

そして，改正民法998条によれば，遺贈の目的である物又は権利が遺言者の死亡の時において第三者の権利の目的であるときであっても，原則としてそのままの状態で引き渡せばよいことから，改正前民法1000条の規定は必要がなくなることとなる。そのため，改正前民法1000条の規定も削除されることとなった。

210 │ 第2章　各　論

> **改正前民法1000条《第三者の権利の目的である財産の遺贈》【削除】**
>
> 　遺贈の目的である物又は権利が遺言者の死亡の時において第三者の権利の目的であるときは，受遺者は，遺贈義務者に対しその権利を消滅させるべき旨を請求することができない。ただし，遺言者がその遺言に反対の意思を表示したときは，この限りでない。

　不動産の遺贈の場合，登記義務者は遺言執行者であるので，本条は，遺言執行者の責任の範囲についても規定したものといえる。

　また，死因贈与の場合も同様に取り扱われる。

〔佐藤　純通〕

Ⅸ　事業承継計画への民法改正の影響

　相続法関係の民法が改正された。この中で，事業承継計画への影響が大きいのが，なんといっても遺留分の算定方法の見直しである。平成30年度税制改正において既存の「事業承継税制」を拡充した「事業承継税制の特例」が創設されており，一定の要件を満たせば自社株式の相続・贈与に係る相続税・贈与税の全額が猶予又は免除することができる制度である。この自社株の贈与について，遺留分の対象となるのか否かが，事業承継計画に大きな影響を与えるのは当然である。また，広い意味での生前贈与にも影響が出ることとなる。以下，ここでは，民法改正が事業承継計画に与える影響について，論じていきたい。

1　遺留分について

① 民法における規定

■ 法定相続分，遺留分

相続人		法定相続分	遺留分
配偶者と子	配偶者	1／2	1／4
	子	1／2	1／4
配偶者と父母	配偶者	2／3	1／3
	父母	1／3	1／6
配偶者と兄弟姉妹	配偶者	3／4	1／2
	兄弟姉妹	1／4	なし
配偶者のみ		全部	1／2
子のみ		全部	1／2
父母のみ		全部	1／3
兄弟姉妹のみ		全部	なし

2 特別受益（民903, 904）

　共同相続人の相続分を算定する場合，通常は，被相続人が相続開始時に有した相続財産の価額に各相続人の指定相続分又は法定相続分を乗ずれば足りる。だが，共同相続人中に被相続人からの相続分の前渡しとみられる生前贈与や遺贈を受けた者がある場合には，これらを考慮せずに相続分を計算してしまっては，この特別受益者は二重の利得を得ることになって不公平な結果を生ずる。そこで，特別受益者は遺留分算定の基礎となる財産の価額の計算上，特別受益を相続開始時の遺産に持ち戻すべき（加算）ものとされている。

　そして，受贈財産が受贈者の行為によって，たとえ滅失し，又はその価額に増減があった場合でも，相続開始当時においては，なお原状（受贈当時の状態）のままであるものとみなして評価することとなっている。

　また，特別受益となる受贈財産の評価の時期については，相続開始時説が通説であり（最高裁昭和51年3月18日第一小法廷判決・民集30巻2号111頁），審判実務も，これによっているようである。相続時精算課税制度を選択した者の相続税の課税価格に算入する価額は，贈与時の価額とされているため，両者の評価時点が異なるので贈与時と相続時の時価に大きく差があるときに問題になってくる。

　なお，民法が平成30年7月に改正され，婚姻期間20年以上の夫婦の一方である被相続人が，他の配偶者に対し居住用の土地・建物を贈与又は遺贈したときは，持ち戻さない旨の意思を表示したものと推定されるとされる（改正民法903④）。この改正は，令和元年7月1日から施行され（民法及び家事事件手続法の一部を改正する法律の施行期日を定める政令），施行日前に開始した相続については，なお従前の例によるとされている（民法改正法附則2）。

3 遺留分（民1028～1044）

　相続財産の一定部分（配偶者・子については法定相続分の2分の1，直系尊属だけが相続人の場合は3分の1）を相続人の期待利益として留

保するのが遺留分の制度であり，この遺留分を侵害するような下記の贈与については，遺留分権利者である相続人が贈与の減殺を請求できる。

① 相続開始前の1年間にした贈与[(注)]

② 相続開始前1年以前の贈与については，贈与の当事者双方が遺留分権利者に損害を加えることを知って行った贈与

また，判例（最高裁平成10年3月24日第三小法廷判決・民集52巻2号433頁）及び実務では，相続人に対して生前贈与が行われた場合には，その贈与に時期を問わず原則としてその全てが遺留分算定の基礎となる財産に算入されるという考え方に立っていると解されている。さらに，民法904条を準用しているので，贈与財産の評価時期が相続開始時になると思われることから，特別受益のときと同じく，相続税と民法が食い違うことになる。

（注）　相続人に対する贈与については，この1年が10年とされる民法改正が平成30年に行われ（改正民法1044③），令和元年7月1日から施行され，施行日前に開始した相続については，なお従前の例によるとされている（民法改正法附則2）。

民法（抄）平成30年7月改正前のもの

民法903条《特別受益者の相続分》1項（2項，3項省略）

　　共同相続人中に，被相続人から，遺贈を受け，又は婚姻若しくは養子縁組のため若しくは生計の資本として贈与を受けた者があるときは，被相続人が相続開始の時において有した財産の価額にその贈与の価額を加えたものを相続財産とみなし，前三条の規定により算定した相続分の中からその遺贈又は贈与の価額を控除した残額をもってその者の相続分とする。

民法904条

　　前条に規定する贈与の価額は，受贈者の行為によって，その目

的である財産が滅失し，又はその価格の増減があったときであっても，相続開始の時においてなお原状のままであるものとみなしてこれを定める。

民法1028条《遺留分の帰属及びその割合》

兄弟姉妹以外の相続人は，遺留分として，次の各号に掲げる区分に応じてそれぞれ当該各号に定める割合に相当する額を受ける。
一　直系尊属のみが相続人である場合　被相続人の財産の3分の1
二　前号に掲げる場合以外の場合　被相続人の財産の2分の1

民法1029条《遺留分の算定》1項（2項省略）

遺留分は，被相続人が相続開始の時において有した財産の価額にその贈与した財産の価額を加えた額から債務の全額を控除して，これを算定する。

民法1030条

贈与は，相続開始前の1年間にしたものに限り，前条の規定によりその価額を算入する。当事者双方が遺留分権利者に損害を加えることを知って贈与をしたときは，1年前の日より前にしたものについても，同様とする。

民法1043条《遺留分の放棄》

相続の開始前における遺留分の放棄は，家庭裁判所の許可を受けたときに限り，その効力を生ずる。
2　共同相続人の一人のした遺留分の放棄は，他の各共同相続人の遺留分に影響を及ぼさない。

民法1044条《代襲相続及び相続分の規定の準用》
　　第887条第2項及び第3項，第900条，第901条，第903条並びに
　　第904条の規定は，遺留分について準用する。

4 民法改正のまとめ

　上記の遺留分を侵害するような次の贈与については，遺留分権利者である相続人が贈与の減殺を請求できることとなる。この際に，贈与の相手先が，相続人とそれ以外と場合分けがされたことが大きな特徴である。
○相続人が贈与の相手先の場合
　・相続開始前の10年間にした贈与
　・相続開始前10年以前の贈与については，贈与の当事者双方が遺留分権利者に損害を加えることを知って行った贈与
○相続人以外が贈与の相手先の場合
　・相続開始前の1年間にした贈与
　・相続開始前1年以前の贈与については，贈与の当事者双方が遺留分権利者に損害を加えることを知って行った贈与
　したがって，相続人が贈与の相手先である場合には，贈与から10年経過すれば，遺留分の対象となる財産に持ち戻す必要がないことになる。ただし，贈与の当事者双方が遺留分権利者に損害を加えることを知って行った贈与は，10年経過しても持ち戻す必要があることから，これに該当するか否かが大きなポイントとなる。

2 中小企業における経営の承継の円滑化に関する法律（円滑化法）による民法の特例

1 遺留分放棄制度による対策の限界

　現在施行されている民法上においても，非後継者が遺留分の事前放棄（旧民1043）をすることによって，遺留分に係る紛争を未然に防止することが可能であるが，遺留分の事前放棄による対策には，以下のような

216　第2章　各　論

限界がある。

① 非後継者の手続負担

　遺留分の事前放棄は，遺留分を放棄しようとする者が自ら個別に家庭裁判所に申立てをして，許可を受ける必要がある。非後継者にとっては，何らのメリットもないのに，このような手続をしなければならないというのは，相当な負担となる。

② 遺留分算定基礎財産に算入すべき価額の固定化

　自社株式のように，後継者の貢献が価値の変動に影響を及ぼす財産については，一切遺留分を主張することができないとすることには非後継者の同意を得られないが，一定時点における価額に固定し，その後の価値上昇分に対しては遺留分を主張しないとすることには同意を得ることができる場合も考えられる。しかしながら，遺留分の事前放棄では，遺産全てに対する遺留分を放棄するか，遺留分の一部を放棄する場合であっても特定の財産の全部を放棄するしかなく，推定相続人全員の同意があったとしても，あらかじめ特定の財産について遺留分算定基礎財産に算入すべき価額を固定することはできない。

2 円滑化法による特例

　中小企業の後継者が，次の3つの要件を満たすことにより，下記の遺留分に関する民法の特例が適用可能となる制度である（円滑化法3～11）。

（要件）
・①遺留分権利者全員の合意
・②経済産業大臣の確認
・③家庭裁判所の許可
（遺留分に関する特例）
・①生前贈与株式を遺留分算定の対象から除外する特例
・②遺留分算定において生前贈与株式の評価額をあらかじめ固定す

Ⅸ　事業承継計画への民法改正の影響　217

る特例

（後継者の条件）

・①合意時において，代表者であること

・②当該贈与を受けた株式を除き，議決権の過半数を有していないこと

・③当該贈与後，議決権の過半数を有すること

＜除外合意＞

後継者が旧代表者からの贈与等により取得した株式等は，その贈与がいつ行われたものであっても，民法の規定によれば，「特別受益」として全て遺留分算定基礎財産に算入され，原則として，遺留分減殺請求の対象となる（前掲最高裁平成10年3月24日第三小法廷判決参照）。

しかしながら，当該株式等を除外合意の対象とすれば，遺留分算定基礎財産に算入されなくなり，遺留分減殺請求の対象にもならなくなる。

＜固定合意＞

後継者が旧後継者からの贈与等により取得した株式等を遺留分算定基礎財産に算入する価額は，相続開始時を基準とする評価額となる。例えば，贈与時に3,000万円だった自社株式の価値が相続開始時には1億2,000万円に上昇していた場合には，その価値上昇が後継者の努力によるものであったとしても，上昇後の1億2,000万円が遺留分算定基礎財産に算入されることになる。

これに対して，当該株式等を固定合意の対象とすれば，遺留分算定基礎財産に算入すべき価額が3,000万円となり，価値上昇分9,000万円は遺留分算定基礎財産に算入されなくなる。

＜株式を処分した場合又は経営に従事しなくなった場合＞

旧代表者の推定相続人及び後継者は，除外合意又は固定合意をする際に，併せて，その全員の合意をもって，書面により，次に掲げる場合に当該後継者以外の推定相続人がとることができる措置に関する定めをし

なければならない。

① 当該後継者が第1項の規定による合意の対象とした株式等を処分する行為をした場合

② 旧代表者の生存中に当該後継者が当該特例中小企業者の代表者として経営に従事しなくなった場合

　除外合意や固定合意をした後，後継者が当該合意の対象とした株式等を処分したり，特例中小企業者の代表者を退任したりした場合には，当該合意は，本来の趣旨に沿わなくなるということができる。

　しかし，こうした場合に当該合意の効力が当然に消滅することとすると，当該合意の対象とした株式等の価値が下落し，当該合意があることによってむしろ不利益を受けると判断した後継者が当該株式等を処分するなどして，容易に当該合意の効力を消滅させることができることになり，当事者間の衡平上問題があると考えられる。

　そこで，あらかじめ旧代表者の推定相続人及び後継者間で協議をし，後継者が株式等を処分した場合などに非後継者がとることができる措置を定めるべきことを規定している。

　その具体的な内容については，法は，特段の基準を設けておらず，当事者間の協議により，個別具体的な状況に応じて定めることができる。具体的には，次のような定めをすることが想定され，後継者の経営の自由度を高めるため，後継者が株式等を処分しても非後継者は何ら異議を述べず，一切の金銭を請求しない旨を定めることもできる。

・非後継者は，他の非後継者と共同して当該合意を解除することができる。

・非後継者は，後継者に対し，一定額の金銭の支払を請求することができる。

＜付随合意＞

　遺留分に関する民法の特例制度を利用するためには，上記除外合意と固定合意の双方又はいずれか一方の合意を必ずする必要があり，これら

の合意をした場合には，それと併せて付随合意（以下の A～C）をすることができる。

なお，除外合意と固定合意は，二者択一ではなく，組み合わせることが可能である。例えば，後継者が旧代表者からの贈与等により取得した1,000株のうち600株を除外合意の対象とし，残りの400株を固定合意の対象とすることもできる。

A　後継者が取得した株式等以外の財産に関する遺留分の算定に係る合意

後継者が当該旧代表者からの贈与又は当該贈与を受けた旧代表者の推定相続人からの相続，遺贈若しくは贈与により取得した財産（当該特例中小企業者の株式等を除く。）の全部又は一部について，その価額を遺留分を算定するための財産の価額に算入しない旨の定めをすることができる。

これは，後継者が特例中小企業者の株式等以外の財産，例えば，事業の用に供している不動産や現金などを旧代表者からの贈与等により取得している場合に，当該財産についても遺留分算定基礎財産に算入しないこととすることができる旨を規定しているものである。なお，この規定による合意の対象とすることができる財産の種類や額には制限はない。

B　旧代表者の推定相続人間の衡平を図るための措置

旧代表者の推定相続人及び後継者は，その全員の合意をもって，当該推定相続人と当該後継者との間の衡平及び当該推定相続人間の衡平を図るための措置に関する定めをする場合においては，当該定めは，書面によってしなければならない。

除外合意又は固定合意は，いずれも後継者が旧代表者からの贈与等により取得した財産に関する遺留分の算定に係る合意であり，この合意につき非後継者の同意を得るために，何らかの形で，推定相続人と後継者との間の衡平，推定相続人間の衡平を図ることが考えられる。そのような措置を講じた場合には，当事者間の合意の全体を明らかにすることが

望ましく，このため，当該定めをする場合には書面によるべき旨を規定
しており，具体的には，以下のような定めをすることが想定される。

・後継者は，非後継者に対し，一定額の金銭を支払う。

・後継者は，旧代表者に対し，生活費として，毎月一定額の金銭を支払
　う。

・後継者は，旧代表者に疾病が生じたときは，医療費その他の金銭を負
　担する。

C　後継者以外の推定相続人が取得した財産に関する遺留分の算定に係
　る合意

　旧代表者の推定相続人及び後継者は，前記Bによる合意として，後
継者以外の推定相続人が当該旧代表者からの贈与又は当該特定受贈者か
らの相続，遺贈若しくは贈与により取得した財産の全部又は一部につい
て，その価額を遺留分を算定するための財産の価額に算入しない旨の定
めをすることができる。

　これは，推定相続人と後継者との間の衡平，推定相続人間の衡平を図
るための措置に関する定めの一つとして，非後継者が旧代表者からの贈
与等により取得した財産についても，遺留分算定基礎財産に算入しない
こととすることができる旨を規定するものである。

　なお，この合意の対象とすることができる財産の種類や額には制限は
ない。

＜手続＞

　遺留分の算定に係る合意は，経済産業大臣の確認（以下「大臣確認」
という。）及び家庭裁判所の許可（以下「家裁許可」という。）を得るこ
とによって，その効力を生じる。

　大臣確認の申請者及び家裁許可の申立人は，いずれも後継者単独であ
る。

　大臣確認及び家裁許可にはそれぞれ期間制限が設けられており，大臣
確認は除外合意又は固定合意をした日から，家裁許可は大臣確認を受け

IX　事業承継計画への民法改正の影響　221

た日から，それぞれ1か月以内に申請又は申立てをする必要がある。

＜合意書の一例＞—後継者Bが推定相続人である場合—

合　意　書

　旧代表者Aの遺留分を有する推定相続人であるB，C及びDは，中小企業における経営の承継の円滑化に関する法律（以下，単に「法」という。）に基づき，以下のとおり合意する。

（目的－法第7条第1項第1号）

第1条　本件合意は，BがAからの贈与により取得したY社の株式につき遺留分の算定に係る合意等をすることにより，Y社の経営の承継の円滑化を図ることを目的とする。

（確認－法第3条第2項及び第3項）

第2条　B，C及びDは，次の各事項を相互に確認する。

①　AがY社の代表取締役であったこと。

②　B，C及びDがいずれもAの推定相続人であり，かつ，これらの者以外にAの推定相続人が存在しないこと。

③　Bが，現在，Y社の総株主（但し，株主総会において決議をすることができる事項の全部につき議決権を行使することができない株主を除く。）の議決権〇〇個の過半数である〇〇個を保有していること。

④　Bが，現在，Y社の代表取締役であること。

（除外合意，固定合意－法第4条第1項第1号及び第2号）

第3条　B，C及びDは，BがAからの平成〇〇年〇〇月〇〇日付け贈与により取得したY社の株式〇〇株について，次のとおり

合意する。

① 上記〇〇株うち□□株について，Aを被相続人とする相続に際し，その相続開始時の価額を遺留分を算定するための財産の価額に算入しない。

② 上記〇〇株うち△△株について，Aを被相続人とする相続に際し，遺留分を算定するための財産の価額に算入すべき価額を〇〇〇〇円（1株あたり☆☆☆円。弁護士××××が相当な価額として証明をしたもの。）とする。

（後継者以外の推定相続人がとることができる措置－法第4条第3項）

第4条　Bが第3条の合意の対象とした株式を処分したときは，C及びDは，Bに対し，それぞれ，Bが処分した株式数に〇〇〇万円を乗じて得た金額を請求できるものとする。

2　BがAの生存中にY社の代表取締役を退任したときは，C及びDは，Bに対し，それぞれ〇〇〇万円を請求できるものとする。

3　前二項のいずれかに該当したときは，C及びDは，共同して，本件合意を解除することができる。

4　前項の規定により本件合意が解除されたときであっても，第1項又は第2項の金員の請求を妨げない。

（法第4条第1項の株式等以外の財産に関する合意－法第5条）

第5条　B，C及びDは，BがAからの平成〇〇年〇〇月〇〇日付け贈与により取得した〇〇について，Aを被相続人とする相続に際し，その価額を遺留分を算定するための財産の価額に算入しないことを合意する。

Ⅸ　事業承継計画への民法改正の影響 | 223

（衡平を図るための措置－法第6条）

第6条　B，C及びDは，Aの推定相続人間の衡平を図るための措置として，次の贈与の全部について，Aを被相続人とする相続に際し，その相続開始時の価額を遺留分を算定するための財産の価額に算入しないことを合意する。

①　CがAから平成○○年○○月○○日付け贈与により取得した現金1,000万円

②　DがAから平成○○年○○月○○日付け贈与により取得した下記の土地
　　○○所在○○番○○宅地○○㎡

（経済産業大臣の確認－法第7条）

第7条　Bは，本件合意の成立後1か月以内に，法第7条所定の経済産業大臣の確認の申請をするものとする。

2　C及びDは，前項の確認申請手続に必要な書類の収集，提出等，Bの同確認申請手続に協力するものとする。

（家庭裁判所の許可－法第8条）

第8条　Bは，前条の経済産業大臣の確認を受けたときは，当該確認を受けた日から1か月以内に，第3条ないし第6条の合意につき，管轄家庭裁判所に対し，法第8条所定の許可審判の申立をするものとする。

2　C及びDは，前項の許可審判申立手続に必要な書類の収集，提出等，Bの同許可審判手続に協力するものとする。

　以上の合意を証するため，本書を作成し，各推定相続人が署名捺印する。

平成○○年○月○日

本籍

住所

推定相続人　○○　○○印

本籍

住所

推定相続人　○○　○○印

本籍

住所

推定相続人　○○　○○印

3 民法改正のまとめ

　民法の遺留分に関する規定は改正されたものの，円滑化法の遺留分の特例については改正されていない。事業承継を行う場合の贈与は，金額が大型になることが大きく，贈与者の財産の大宗を占めることが多いと思われる。したがって，事業承継の贈与では，「贈与の当事者双方が遺留分権利者に損害を加えることを知って行った贈与」と認定されることを想定しておいた方がいいのではないかと思われる。

　したがって，事業承継を行う場合には，民法改正に伴う遺留分の10年を意識せずに，この円滑化法の遺留分の特例を適用することを念頭に置いておく必要があろう。

2 平成30年度税制改正後の事業承継税制の特例

1 平成30年度税制改正の背景

　中小企業の経営者の高齢化が急速に進む中で，円滑な世代交代を通じ生産性向上を図るため，事業承継税制の対象について抜本的に拡充が行

IX　事業承継計画への民法改正の影響 | 225

われた。

　事業承継では，後継者が先代経営者から自社株や事業用資産の取得をする際に，後継者には贈与税や相続税の税負担が発生するが，計画的な事業承継が行われていない場合，納税資金の不足等に陥り事業継続が困難となることから，計画的な後継者への事業承継を促すため，租税負担の軽減につながる様々な制度が設けられている。

　その中でも，平成30年度税制改正において既存の「事業承継税制」を拡充した「事業承継税制の特例」が創設され注目されている。本特例は，非上場株式の相続税・贈与税の納税猶予制度であり，一定の要件を満たせば自社株式の相続・贈与に係る相続税・贈与税を猶予又は免除することができる制度（以下「特例制度」ともいう。）で，特例承継計画を策定し，適用要件を満たせば納税額を軽減することが可能となり，円滑な事業承継につながるものである。

② 平成30年度税制改正のポイント

内容	従来の制度	2018年4月1日施行	
		既存制度	新制度（10年時限措置）
納税猶予制度	納税猶予 ※免除は後継者死亡，破産等の場合のみ	従来どおり	・特例承継計画の提出（施行後5年以内）が必要 ・現行の免除要件（後継者死亡又は破産等）に加えて，経営環境変化に応じた減免制度を創設
雇用要件	5年平均で80%維持 ※維持できない場合は，利子税付きで全額納付	従来どおり	5年平均80%を下回った場合，理由書を都道府県知事へ提出すれば，猶予打切りとならない ※理由が経営悪化の場合，認定経営革新等支援機関による指導助言が必要
対象株式割合の上限	議決権総数2/3まで	従来どおり	2/3 → 3/3へ引上げ
納税猶予割合	贈与税額100%を猶予	従来どおり	現行どおり （相続への切替え時も猶予は100%）
	相続税額80%を猶予	従来どおり	80% → 100%へ引上げ

対象者の拡大	〈先代要件〉 代表者・筆頭株主		代表者・筆頭株主以外も対象
	〈後継者要件〉 代表者・筆頭株主	従来どおり	代表取締役3人まで対象（議決権割合1～3位）（それぞれ株式保有割合10%以上が条件）
相続時精算課税の適用	20歳以上の推定相続人又は孫が適用可	従来どおり	20歳以上の者に対する贈与の贈与者が60歳以上の場合，適用可

③ 平成30年度税制改正のうち民法改正に関係のある部分

■ 適用株数の拡大

特例後継者が，特例会社の代表権を有していた者から，贈与又は相続若しくは遺贈（以下「贈与等」という。）により当該特例会社の非上場株式を取得した場合には，その取得した全ての非上場株式が対象になる。原則，平成30年1月1日から令和9年12月31日までの贈与等が対象となる。

② 納税猶予割合の拡大

対象株式に係る課税価格に対応する贈与税又は相続税の全額について，その特例後継者の死亡の日等までその納税が猶予される。

■ 相続時精算課税適用者の拡大

特例後継者が贈与者の推定相続人以外の者（その年1月1日において20歳以上である者に限る。）であり，かつ，その贈与者が同日において60歳以上の者である場合には，相続時精算課税の適用を受けることができるようになった。

④ 贈与義務株式数（贈与税）

贈与税について特例制度の適用を受けるためには，贈与直前において贈与者が有している株式数に応じて最低限贈与しなければならない株式数が決められており，特例後継者は次の■・②の場合に応じた株式数の取得をする必要がある。なお，1株又は1円未満の端数は切り上げられる。

Ⅸ　事業承継計画への民法改正の影響

1 特例後継者が1人の場合

① 贈与者の有する株式数が，特例会社の発行済株式数の3分の2から特例後継者が有していた株式数を控除した残数以上である場合

（A≧C×2/3－B）の場合

| 贈与義務株式数 ≧ C×2/3－B |

A：贈与者が有していた特例会社の非上場株式の数
B：特例後継者が有していた特例会社の非上場株式の数
C：特例会社の発行済株式数

② 上記①以外の場合

（A＜C×2/3－B）の場合

| 贈与義務株式数＝A |

＜事例　贈与義務株式数の具体例＞

Q1　特例会社の発行済株式数100株，贈与直前において贈与者が有している株式数70株，特例後継者が贈与直前に有している株式数10株とした場合の贈与すべき株式数

A1　贈与者所有株式数（70株）＞56.66…株＝100株×2/3－10株となるので，上記 1 の①のケースとなる。

したがって，56.66…株以上の株式を贈与しなければならず，贈与義務株式数は57株以上となる。

Q2　特例会社の発行済株式数300株，贈与直前において贈与者が有している株式数150株，特例後継者が贈与直前に有している株式数10株とした場合の贈与すべき株式数

> A2 贈与者所有株式数（150株）＜190株＝300株×2/3－10株となるので，上記**1**②のケースとなる。したがって，150株の全てを贈与しなければならない。

2 特例後継者が2人又は3人である場合

贈与後における特例後継者の保有株数が，発行済株式数の10分の1以上となる贈与であって，かつ，いずれの特例後継者の保有株数が贈与者の保有株数を上回る贈与であること。

5 相続時精算課税制度の適用

1 相続時精算課税制度との併用

特例制度と相続時精算課税制度の併用が認められている。なお，この場合，贈与税の納税猶予制度の適用を受ける年分に相続時精算課税の選択をすることが必要となる。

2 特例制度における拡充

相続時精算課税制度の適用対象者は，次のとおりであり，原則，甥，姪や第三者を後継者とするときには，暦年贈与のみの適用となる。

贈与者：贈与をした年の1月1日において60歳以上である者

受贈者：贈与者の推定相続人（贈与者の直系卑属である者）及び孫のうちその1月1日において20歳以上である者

しかし，特例制度では，特例後継者が贈与者の推定相続人以外の者（その年1月1日において20歳以上である者に限る。）であり，かつ，その贈与者が同日において60歳以上の者である場合には，相続時精算課税の適用を受けることができる。

6 民法改正の影響

先に述べたように，事業承継を行う場合の贈与は，金額が大型になることが大きく，贈与者の財産の大宗を占めることが多いと思われる。特

例制度を適用する場合に贈与しなければならない株数が決められており，一定以上の株式の贈与が義務付けられている。

　したがって，事業承継を行う場合には，民法改正に伴う遺留分の10年を意識せずに，上記の円滑化法の遺留分の特例を適用することを念頭に置いておく必要があろう。しかし，贈与者の当該株式以外の財産が大きい場合などには，「贈与の当事者双方が遺留分権利者に損害を加えることを知って行った贈与」と認定されないこともあり得るから，早期の贈与が遺留分の問題の発生を抑える可能性もあろう。

③ 生前贈与の活用

① 暦年贈与の活用

　法定相続人が，配偶者，子２人のケースで，遺産が５億円のときには，各相続人が法定相続分どおりに取得した場合の子２人合計の税額は6,555万円である（ケース１）。

> この家族が，子２人及びその配偶者，孫４人（２人ずつと仮定）の計８人に毎年111万円の贈与を10年間実行した。

　贈与税は，１人当たり毎年1,000円かかるので，合計８万円となる。

　一方，財産は，8,880万円減少するので，相続時点では，４億1,120万円の遺産額となる。３年以内の贈与加算を考慮せずに，相続税額を計算すると，子２人合計の税額は4,806万円となる（ケース２）。何も対策をしない場合のケース１に比べると1,749万円低くなる。

230 | 第2章　各　論

ケース1　何も対策をしない場合

相続税の試算（平成27年以後）　（単位：円）

			配偶者	子2人	
課税対象額	A	500,000,000	250,000,000	250,000,000	
算出相続税額	B	131,100,000	65,550,000	65,550,000	平均税率 B／A26％
配偶者の軽減額		△65,550,000	△65,550,000		
納付税額		65,550,000	0	65,550,000	

ケース2　贈与を10年間実施した場合

相続税の試算（平成27年以後）　（単位：円）

			配偶者	子2人	子の配偶者，孫ら6人合計
贈与財産			88,800,000	22,200,000	66,600,000
相続税課税対象財産	C	411,200,000	205,600,000	205,600,000	
算出相続税額	D	96,120,000	48,060,000	48,060,000	平均税率 D／C23％
配偶者の軽減額		△48,060,000	△48,060,000		
納付税額	①	48,060,000	0	48,060,000	3年以内贈与加算は考慮なし
贈与税の合計額	②	80,000		20,000	60,000
納付税額合計（①＋②）		48,140,000		48,080,000	60,000

⇩

ケース1に比べ，1,741万円節税

　この暦年贈与の活用が，相続税の増税に最も効果が高い。毎年いくらずつ贈与すればいいのかは，贈与対象者の人数，見込年数などを考慮して決定することになるが，贈与税の適用される最高税率が上記Dの平均税率以下の贈与を繰り返し行うことが有効である。

② 贈与税の申告状況

　贈与税に関しては，暦年課税贈与と相続時精算課税制度とあるが，その二つの方式の実際の件数を見ていく。国税庁が，毎年5月に公表している「所得税，消費税及び贈与税の確定申告状況等について」によると，贈与税の申告状況は以下のとおりである。

	平成27年分			平成28年分			平成29年分		
	申告人員	納税人員	納税額	申告人員	納税人員	納税額	申告人員	納税人員	納税額
合　　計	千人 539	千人 383	億円 2,402	千人 509	千人 371	億円 2,252	千人 507	千人 369	億円 2,077
暦年課税	489	380	2,161	464	367	1,927	462	366	1,747
相続時精算課税	49	4	241	45	4	325	45	4	331

（注）1　各年分とも翌年3月末日までに提出された申告書の件数である。
　　　2　相続時精算課税に係る人員には，暦年課税との併用者を含んでいる。

③　民法改正の影響

　特例制度を使った事業承継を行う場合の贈与は，金額が大型になることが大きく，贈与者の財産の大宗を占めることが多いと思われる。一方，特に，110万円の非課税控除額を使った暦年贈与は，「贈与の当事者双方が遺留分権利者に損害を加えることを知って行った贈与」と認定されないことがほとんどであると考えられ，早期の贈与が遺留分の問題の発生を抑える可能性が高い。

　現在の判例上及び実務では相続人に対して生前贈与が行われた場合には，その贈与の時期を問わず原則としてその全てが遺留分算定の基礎となる財産に算入されるという考え方に立っていると解されているのは前述のとおりであり，相続人に対して生前贈与を行う場合には遺留分を加味して，均等に行う傾向もあるところである。今後，改正民法の遺留分の規定が施行されることにより，あまり平等という考えではない生前贈与が行われる可能性もあろう。

　暦年贈与の課税件数及び金額は，上記の申告件数及び金額に比べ，飛躍的に増加するのではないかと思われ，広い意味での事業承継計画に影響が出ることになろう。

〔松岡　章夫〕

第3章

重要判例解説

重要判例 I
遺留分の額に加算すべき相続債務の額は存在しないとした事例
－最高裁平成21年3月24日第三小法廷判決・民集63巻3号427頁－

【事案の概要】

　本件は，相続人の1人であるXが，Yからその財産全部を相続させる趣旨の遺言に基づきこれを相続した他の相続人であるYに対し，遺留分減殺請求権を行使したとして，相続財産である不動産について所有権の一部移転登記手続を求めた事案である。相続人のうち1人に対して財産全部を相続させる旨の遺言がされ，当該相続人が相続債務も全て承継したと解される場合，遺留分の侵害額の算定に当たり，Yが負っていた金銭債務の法定相続分に相当する額を遺留分権利者が負担すべき相続債務の額として遺留分の額に加算すべきかどうかが争われた。

　認定事実関係は，次のとおりである。

(1)　Aは，Aの有する財産全部をYに相続させる旨の公正証書遺言（以下「本件遺言」という。）をした。本件遺言は，Yの相続分を全部と指定し，その遺産分割の方法の指定として遺産全部の権利をYに移転する内容を定めたものである。その後，Aは死亡し，子であるXとYが法定相続人となった。

(2)　Aは，相続開始時において，不動産を含む積極財産として4億3,231万7,003円，消極財産として4億2,483万2,503円の各財産を有していた。本件遺言により，遺産全部の権利が相続開始時に直ちにYに承継された。

(3)　Xは，Yに対し，遺留分減殺請求権を行使する旨の意思表示をした。Yは，同年，前記不動産につき，Aからの所有権移転登記を了している。

(4)　Xは，Aの消極財産のうち可分債務については法定相続分に応じて当然に分割され，その2分の1をXが負担することになるから，Xの

234 | 第3章　重要判例解説

遺留分の侵害額の算定においては，積極財産 4 億3,231万7,003円から消極財産 4 億2,483万2,503円を差し引いた748万4,500円の 4 分の 1 である187万1,125円に，相続債務の 2 分の 1 に相当する 2 億1,241万6,252円を加算しなければならず，この算定方法によると，上記侵害額は 2 億1,428万7,377円になると主張している。これに対し，Ｙは，本件遺言によりＹが相続債務をすべて負担することになるから，Ｘの遺留分の侵害額の算定において遺留分の額に相続債務の額を加算することは許されず，上記侵害額は，積極財産から消極財産を差し引いた748万4,500円の 4 分の 1 である187万1,125円になると主張していた。

【裁判所の判断】

「本件のように，相続人のうちの 1 人に対して財産全部を相続させる旨の遺言により相続分の全部が当該相続人に指定された場合，遺言の趣旨等から相続債務については当該相続人にすべてを相続させる意思のないことが明らかであるなどの特段の事情のない限り，当該相続人に相続債務もすべて相続させる旨の意思が表示されたものと解すべきであり，これにより，相続人間においては，当該相続人が指定相続分の割合に応じて相続債務をすべて承継することになると解するのが相当である。」

「そして，遺留分の侵害額は，確定された遺留分算定の基礎となる財産額に民法1028条所定の遺留分の割合を乗じるなどして算定された遺留分の額から，遺留分権利者が相続によって得た財産の額を控除し，同人が負担すべき相続債務の額を加算して算定すべきものであり（最高裁平成 5 年（オ）第947号同 8 年11月26日第三小法廷判決・民集50巻10号2747頁参照），その算定は，相続人間において，遺留分権利者の手元に最終的に取り戻すべき遺産の数額を算出するものというべきである。したがって，相続人のうちの 1 人に対して財産全部を相続させる旨の遺言がされ，当該相続人が相続債務もすべて承継したと解される場合，遺留分の侵害額の算定においては，遺留分権利者の法定相続分に応じた相続債務

の額を遺留分の額に加算することは許されないものと解するのが相当である。遺留分権利者が相続債権者から相続債務について法定相続分に応じた履行を求められ，これに応じた場合も，履行した相続債務の額を遺留分の額に加算することはできず，相続債務をすべて承継した相続人に対して求償し得るにとどまるものというべきである。」

「これを本件についてみると，本件遺言の趣旨等からAの負っていた相続債務についてはYにすべてを相続させる意思のないことが明らかであるなどの特段の事情はうかがわれないから，本件遺言により，XとYとの間では，上記相続債務は指定相続分に応じてすべてYに承継され，Xはこれを承継していないというべきである。そうすると，Xの遺留分の侵害額の算定において，遺留分の額に加算すべき相続債務の額は存在しないことになる。」

【解　説】

相続分の指定*1がなされた場合，共同相続人同士での遺留分の侵害が生ずる可能性がある。このような侵害が起こった場合，民法902条1項ただし書に基づき，遺留分減殺請求が可能であると解されている*2。本来，被相続人には自らの財産を自由に処分する権利があるが，相続制度が遺族の生活保障及び潜在的持分の清算という機能を有していることから，被相続人の恣意的処分行為によって遺族の生活が脅かされ，また，潜在的持分の清算に対する正当な期待が裏切られることは看過すべきでないとされている。そこで，被相続人の処分の自由と相続人の保護との調和のために置かれた制度が遺留分制度であり，遺留分を侵害された相

＊1　内田貴『民法Ⅳ〔補訂版〕』463頁（東京大学出版会2004）。遺言事項については，①相続の法定原則の修正のほか，②相続以外の財産処分，③身分関係に関する事項，④遺言の執行に関する事項について，の4つのカテゴリー分けができると考えられている。本判決は，このうち，①に関する遺言の事例である。
＊2　なお，少数説として，遺留分を侵害する限度で指定が無効となる説もある。内田・前掲＊1，523頁。

236 ｜ 第3章　重要判例解説

続人が行使できる権利が遺留分減殺請求権である（民1028以下適宜参照）[3]。

　本判決は，相続人のうちの１人に財産全部を相続させる旨の遺言がなされた場合について，遺留分侵害額の算定に当たり，被相続人が負っていた金銭債務の法定相続分に相当する額を遺留分の額に加算すべきではないと判断した，最初の最高裁判決である。同時に，相続分の指定がなされた場合における相続債務の承継割合についても判示しており，実務に与える影響は大きいと考えられる[4]。

民法902条《遺言による相続分の指定》

　　被相続人は，前二条の規定にかかわらず，遺言で，共同相続人の相続分を定め，又はこれを定めることを第三者に委託することができる。ただし，被相続人又は第三者は，遺留分に関する規定に違反することができない。

2　被相続人が，共同相続人中の一人若しくは数人の相続分のみを定め，又はこれを第三者に定めさせたときは，他の共同相続人の相続分は，前二条の規定により定める。

---

(1)　「相続させる」の意味について

　本判決における，「相続人のうちの１人に対して財産全部を相続させる旨の遺言により相続分の全部が当該相続人に指定された場合，遺言の趣旨等から相続債務については当該相続人にすべてを相続させる意思のないことが明らかであるなどの特段の事情のない限り，当該相続人に相続債務もすべて相続させる旨の意思が表示されたものと解すべき」という判断は，最高裁平成３年４月19日第二小法廷判決（民集45巻４号477

---

[3]　内田・前掲[1]，504，523頁参照。
[4]　西希代子「判批」『平成21年度重要判例解説』〔ジュリ臨増〕105頁以下（2010），同「判批」民商142巻３号314頁以下（2010）参照。

重要判例Ⅰ　遺留分の額に加算すべき相続債務の額は存在しないとした事例　237

頁，以下「最高裁平成3年判決」という。）で示された理解を踏襲しているものと考えられる。最高裁平成3年判決は特定の遺産を特定の相続人に相続させる旨の遺言であるが，本判決は，財産全部を1人に相続させる旨の遺言についても同様に解するべきであることを確認した判例としても位置付けられるであろう[5]。

学説上の通説は，相続分の指定がなされた場合には相続債務もその割合に従って継承され，その共同相続人の承継割合について民法899条《共同相続の効力》がいうところの「相続分」は具体的相続分が問題とならない限り，指定相続分であると考える見解であり，本判決もこれを承認したといえる[6]。

(2) 遺留分減殺請求権と共有相続

共同相続人間で遺留分権利者が負担することになる相続債務については，本判決においても前提とされている最高裁平成8年11月26日第三小法廷判決（民集50巻10号2747頁，以下「最高裁平成8年判決」という。）を確認する必要がある[7]。

---

① まず，算定の基礎となる遺産の範囲は，計算式にすると次のようになる（民1029①）。

遺留分算定の基礎となる財産＝〔相続開始時の相続財産〕＋〔贈与した財産の価額〕－〔相続債務〕これに対し，遺留分額の算出を行う（民1028）。

遺留分額＝〔遺留分算定の基礎となる財産〕×〔遺留分率〕×〔当該遺留分権利者の法定相続分率〕－〔特別受益額〕[8]

---

* 5　高橋譲・ジュリ1421号99頁以下（2011），同・曹時64巻6号92頁以下（2012）参照。
* 6　この点については，西・前掲＊4に基づき，我妻榮＝立石芳枝『法律学大系コンメンタール篇〔親族法・相続法〕』430頁（日本評論社1952年）参照とした。
* 7　参考として，瀬川信久『家族法判例百選〔第6版〕』182・183頁（有斐閣2002年），〔第7版〕186・187頁（008年）。

238 ｜ 第3章　重要判例解説

② 次に，遺留分の侵害があったとき，相続によって最終的に相続人が手にする「純取り分額」[9]を計算する。

純取り分額＝〔相続によって得た積極財産〕－〔当該遺留分権利者が負担すべき相続債務の分担額〕

③ 〔②遺留分額〕＞〔③純取り分額〕となるとき，遺留分の侵害があるとみる。

　最高裁平成8年判決ではこのように算定式を示したが，これまで，②で用いられる〔当該遺留分権利者が負担すべき相続債務の分担額〕に当たる算定式が明らかになっていなかった。内田教授は「相続債務は遺産分割の対象とならずに法定相続分にしたがって分割されるが，内部的な分担割合は，別途，合意や審判（債務を遺産分割審判の対象とする合意がある場合）で分担割合を決めうると解すべきであろう。ここでいう『相続債務の分担額』は，そのような内部的な分担額である。」[10]と述べており，まさに，本判決はこの未解決であった解釈の統一を行ったものといえる。

　本判決では，〔当該遺留分権利者が負担すべき相続債務の分担額〕とは，「相続人間において，遺留分権利者の手元に最終的に取り戻すべき遺産の数額を算出するものというべきである」とした上で，「本件遺言の趣旨等からAの負っていた相続債務についてはYにすべてを相続させる意思のないことが明らかであるなどの特段の事情はうかがわれない」として最高裁平成3年判決を用いて事実認定を行い，「Xの遺留分の侵害額の算定において，遺留分の額に加算すべき相続債務の額は存在しないことになる」と結論付けた[11]。

＊8　特別受益額が存在する場合は，ここから相続人の特別受益額を差し引く（民法1044条による903条の準用）。

＊9　鈴木禄也教授の表現とされる。

＊10　内田・前掲＊1，508頁。

＊11　その他判批として，塩月秀平・金法1877号6頁（2009），田中淳子・法時82巻10号117頁（2010），白須真理子・民法判例百選Ⅲ〔第2版〕178頁（2018）等も参照。

```
重要判例Ⅱ
婚外子の法定相続差分は違憲とした決定
－最高裁平成25年9月4日大法廷決定・民集67巻6号1320頁－
```

【事案の概要】

　本件は，平成13年7月に死亡したAの遺産につき，Aの嫡出である子（その代襲相続人を含む。）であるXらが，Aの嫡出でない子であるYらに対し，遺産の分割の審判を申し立てた事件である。

　原審（東京高裁平成24年6月22日判決・民集67巻6号135頁）は，民法900条4号ただし書の規定のうち嫡出でない子の相続分を嫡出子の相続分の2分の1とする部分（以下，この部分を「本件規定」という。）は憲法14条1項に違反しないと判断し，本件規定を適用して算出されたXら及びYらの法定相続分を前提に，Aの遺産の分割をすべきものとした。これに対して，Yらが本件規定が憲法14条1項に反し無効であるとして特別抗告したのが本件である。

【裁判所の判断】

　最高裁は「相続制度は，被相続人の財産を誰に，どのように承継させるかを定めるものであるが，相続制度を定めるに当たっては，それぞれの国の伝統，社会事情，国民感情なども考慮されなければならない。さらに，現在の相続制度は，家族というものをどのように考えるかということと密接に関係しているのであって，その国における婚姻ないし親子関係に対する規律，国民の意識等を離れてこれを定めることはできない。これらを総合的に考慮した上で，相続制度をどのように定めるかは，立法府の合理的な裁量判断に委ねられているものというべきである。この事件で問われているのは，このようにして定められた相続制度全体のうち，本件規定により嫡出子と嫡出でない子との間で生ずる法定相続分に

関する区別が，合理的理由のない差別的取扱いに当たるか否かということであり，立法府に与えられた上記のような裁量権を考慮しても，そのような区別をすることに合理的な根拠が認められない場合には，当該区別は，憲法14条１項に違反するものと解するのが相当である。」と憲法14条の違反事由について述べた上で，憲法24条１項に基づき，民法739条１項は，「婚姻は，戸籍法（中略）の定めるところにより届け出ることによって，その効力を生ずる。」と定め，いわゆる事実婚主義を排して法律婚主義を採用していることを説明する。そしてその一方，相続制度については，昭和22年法律第222号による民法の一部改正に，家族の死亡によって開始する遺産相続に関し嫡出でない子の法定相続分を嫡出子のそれの２分の１とする規定（昭和22年民法改正前の民法1004条ただし書）が，本件規定として現行民法にも引き継がれた旨記述する。

　「最高裁平成３年（ク）第143号同７年７月５日大法廷決定・民集49巻７号1789頁（以下『平成７年大法廷決定』という。）は，本件規定を含む法定相続分の定めが，法定相続分のとおりに相続が行われなければならないことを定めたものではなく，遺言による相続分の指定等がない場合などにおいて補充的に機能する規定であることをも考慮事情とした上，前記２〔筆者注：憲法14条１項適合性の判断基準について〕と同旨の判断基準の下で，嫡出でない子の法定相続分を嫡出子のそれの２分の１と定めた本件規定につき，『民法が法律婚主義を採用している以上，法定相続分は婚姻関係にある配偶者とその子を優遇してこれを定めるが，他方，非嫡出子にも一定の法定相続分を認めてその保護を図ったものである』とし，その定めが立法府に与えられた合理的な裁量判断の限界を超えたものということはできないのであって，憲法14条１項に反するものとはいえないと判断した。しかし，法律婚主義の下においても，嫡出子と嫡出でない子の法定相続分をどのように定めるかということについては，…総合的に考慮して決せられるべきものであり，また，これらの事柄は時代と共に変遷するものでもあるから，その定めの合理性について

は，個人の尊厳と法の下の平等を定める憲法に照らして不断に検討され，吟味されなければならない。」

「昭和22年民法改正以降，我が国においては，社会，経済状況の変動に伴い，婚姻や家族の実態が変化し，その在り方に対する国民の意識の変化も指摘されている。すなわち，地域や職業の種類によって差異のあるところであるが，要約すれば，戦後の経済の急速な発展の中で，職業生活を支える最小単位として，夫婦と一定年齢までの子どもを中心とする形態の家族が増加するとともに，高齢化の進展に伴って生存配偶者の生活の保障の必要性が高まり，子孫の生活手段としての意義が大きかった相続財産の持つ意味にも大きな変化が生じた。昭和55年法律第51号による民法の一部改正により配偶者の法定相続分が引上げられるなどしたのは，このような変化を受けたものである。さらに，昭和50年代前半頃までは減少傾向にあった嫡出でない子の出生数は，その後現在に至るまで増加傾向が続いているほか，平成期に入った後においては，いわゆる晩婚化，非婚化，少子化が進み，これに伴って中高年の未婚の子どもがその親と同居する世帯や単独世帯が増加しているとともに，離婚件数，特に未成年の子を持つ夫婦の離婚件数及び再婚件数も増加するなどしている。これらのことから，婚姻，家族の形態が著しく多様化しており，これに伴い，婚姻，家族の在り方に対する国民の意識の多様化が大きく進んでいることが指摘されている。」

「我が国は昭和54年に『市民的及び政治的権利に関する国際規約』（昭和54年条約第7号）を，平成6年に『児童の権利に関する条約』（平成6年条約第2号）をそれぞれ批准した。これには児童が出生によっていかなる差別も受けない旨の規定が設けられている。また，嫡出子と嫡出でない子の法定相続分を平等なものにすべきではないかとの問題についても，かなり早くから意識されており，昭和54年に法務省民事局参事官室により法制審議会民法部会身分法小委員会の審議に基づくものとして『相続に関する民法改正要綱試案』が，平成6年に同じく上記小委員会

の審議に基づくものとして『婚姻制度等に関する民法改正要綱試案』及びこれを更に検討した上で平成8年に法制審議会が法務大臣に答申した『民法の一部を改正する法律案要綱』が公表されており，これによると嫡出子および嫡出でない子両者の法定相続分を平等とする旨が明記されてきた。平成22年にも国会への提出を目指して上記要綱と同旨の法律案が政府により準備されたが，いずれも国会提出には至っていないと説明され，他国との比較の上，我が国の本規定が時代の変化に取り残されてきたことが述べられている。」

　これらの変遷のいずれか一つを捉えて，本件規定による法定相続分の区別を不合理とすべき決定的な理由とし得るものではないとしつつ，「法律婚という制度自体は我が国に定着しているとしても，上記のような認識の変化に伴い，上記制度の下で父母が婚姻関係になかったという，子にとっては自ら選択ないし修正する余地のない事柄を理由としてその子に不利益を及ぼすことは許されず，子を個人として尊重し，その権利を保障すべきであるという考えが確立されてきているものということができる。」として，「以上を総合すれば，遅くともAの相続が開始した平成13年7月当時においては，立法府の裁量権を考慮しても，嫡出子と嫡出でない子の法定相続分を区別する合理的な根拠は失われていたというべきである。」と決定を下した。

　この判断をもとに，本決定の遡及適用について，「本決定は，本件規定が遅くとも平成13年7月当時において憲法14条1項に違反していたと判断するものであり，平成7年大法廷決定並びに前記…小法廷判決及び小法廷決定が，それより前に相続が開始した事件についてその相続開始時点での本件規定の合憲性を肯定した判断を変更するものではない。

　他方，憲法に違反する法律は原則として無効であり，その法律に基づいてされた行為の効力も否定されるべきものであることからすると，本件規定は，本決定により遅くとも平成13年7月当時において憲法14条1項に違反していたと判断される以上，本決定の先例としての事実上の拘

束性により，上記当時以降は無効であることとなり，また，本件規定に基づいてされた裁判や合意の効力等も否定されることになろう。しかしながら，本件規定は，国民生活や身分関係の基本法である民法の一部を構成し，相続という日常的な現象を規律する規定であって，平成13年7月から既に約12年もの期間が経過していることからすると，その間に，本件規定の合憲性を前提として，多くの遺産の分割が行われ，更にそれを基に新たな権利関係が形成される事態が広く生じてきていることが容易に推察される。取り分け，本決定の違憲判断は，長期にわたる社会状況の変化に照らし，本件規定がその合理性を失ったことを理由として，その違憲性を当裁判所として初めて明らかにするものである。それにもかかわらず，本決定の違憲判断が，先例としての事実上の拘束性という形で既に行われた遺産の分割等の効力にも影響し，いわば解決済みの事案にも効果が及ぶとすることは，著しく法的安定性を害することになる。法的安定性は法に内在する普遍的な要請であり，当裁判所の違憲判断も，その先例としての事実上の拘束性を限定し，法的安定性の確保との調和を図ることが求められているといわなければならず，このことは，裁判において本件規定を違憲と判断することの適否という点からも問題となり得るところといえる」と結論付けた。

「以上の観点からすると，既に関係者間において裁判，合意等により確定的なものとなったといえる法律関係までをも現時点で覆すことは相当ではないが，関係者間の法律関係がそのような段階に至っていない事案であれば，本決定により違憲無効とされた本件規定の適用を排除した上で法律関係を確定的なものとするのが相当であるといえる。」

【解　説】

最高裁大法廷は本決定において，平成7年大法廷決定の合憲判断を違憲へと裁判官全員一致で変更した。これは戦後9件目となる法令違憲判決であり，尊属殺人重罰規定違憲判決（最高裁昭和48年4月4日大法廷

244 ｜ 第3章　重要判例解説

判決・刑集27巻3号265頁）と同じく，法律規定の合憲性についての判例変更である[1]。

民法は嫡出子の定義を定めておらず，民法772条，774条を手掛かりとして，「婚姻関係にある夫婦から生まれた子（子が「夫の子」であること）」とする[2]。反対に，嫡出でない子とは，父と母との間に婚姻関係がない子であるといえよう。本件規定が定めていた法定相続分のほかにも，①嫡出子（準正子を除く。）の父子関係は当然に発生するが，嫡出でない子の父子関係は認知を要する，②嫡出子（父母の婚姻中）は夫婦の氏を称し（民790①），父母の共同親権に服する（民818③）が，嫡出でない子は母の氏を称し（民790②），母の単独親権に服する（民819④）点で区別している[3]。

(1) 平成7年大法廷決定

平成7年大法廷決定において，最高裁は，憲法14条1項は合理的理由のない差別を禁止する趣旨のもので，法的取扱いにおける区別が合理性を有する限り同項違反とはならないところ，相続制度をどのように定めるかは立法府の合理的裁量判断に委ねられており，その定めが立法府に与えられた合理的な裁量判断の限界を超えたものということはできないと認められる限り，違反とはいえないとした。そして，「民法が法律婚主義を採用している以上，法定相続分は婚姻関係にある配偶者とその子を優遇してこれを定めるが，他方，非嫡出子にも一定の法定相続分を認めてその保護を図ったものである」旨を述べ，嫡出子と嫡出でない子の区別は著しく不合理であるとはいえず，したがって，憲法14条1項に反するとはいえないとした。この平成7年大法廷決定は10名の裁判官の多

＊1　斎藤一久「判批」法セ58巻11号108頁（2013）。
＊2　内田貴『民法Ⅳ〔補訂版〕』169頁以下（東京大学出版会2004）。なお，嫡出子には，推定される嫡出子や表見嫡出子，拡大生来嫡出子，推定されない嫡出子，準正嫡出子などの種別がある。
＊3　前田陽一「判批」『平成25年度重要判例解説』〔ジュリ臨増〕95頁以下（2014）。

数意見によるものであり，うち5名の裁判官は憲法14条1項に反するとする旨の反対意見を述べていた。

　また，平成7年大法廷決定では反対意見[4]において「法の下の平等は，民主主義社会の根幹を成すものであって，最大限尊重されなければならず，合理的理由のない差別は憲法上禁止されている（憲法14条1項）。本件規定は，非嫡出子の法定相続分を嫡出子の法定相続分の2分の1と定め，嫡出子と非嫡出子との間に差別を設けているが，右差別が憲法14条1項の許容する合理的なものであるといえるかどうかは，単なる合理性の存否によって判断されるべきではなく，立法目的自体の合理性及びその手段との実質的関連性についてより強い合理性の存否が検討されるべきであることは，反対意見に示されているとおりである。右検討に当たっては，立法目的自体の合理性ないし必要性の程度，差別により制限される権利ないし法的価値の性質，内容，程度を十分に考慮し，その両者の間に実質的関連性があるかどうかを判断すべきである。」として，いわゆる「厳格な合理性」の基準についても言及されていた。

　平成7年大法廷決定以降の学説の概要についてみると，憲法学説は違憲説でほぼ一致している。これに対し，民法学説には，平成7年大法廷決定以降も合憲説に立つものないし違憲と断定しないものが少なくない。もっとも，合憲説といっても，本件規定は婚外関係の抑止を図るためだけのものではなく，相続における諸般の利益を総合的に調節するために設けられたものであることを前提とすれば，違憲判決により一刀両断にこれを無効とするのではなく，法改正により，親族相続法の他の規定との調整を図りながら，嫡出でない子の法定相続分を嫡出子と同等にすることが望ましいというものであり，積極的に合憲とするものは例外的であった[5]。

＊4　裁判官尾崎行信の追加反対意見。
＊5　伊藤正晴・ジュリ1460号88頁以下（2013），同・曹時68巻1号292頁以下（2016），同・平成25年度最高裁判所判例解説〔民事篇〕356頁以下（2016）参照。

⑵　本決定における射程範囲

　本決定は平成7年大法廷決定とは異なり，範囲を限定してはいるものの，本件相続開始時である平成13年7月以降に開始された他の相続についても遡及を認めている。それゆえ，個別的効力説でも，実質的な一般的効力を認める立場を前提として，一般的遡及効を一部認めた判決として位置付けられる*6。

　本決定は，相続制度をどのように定めるかは各事象を総合的に考慮した上で，最終的には立法府の合理的な裁量判断に委ねられるとしつつ，本件規定は昭和22年法律第222号による民法の一部改正に係る国会審議においても問題とされた経緯を踏まえ，その後の事実の変遷等を考慮し，「遅くとも平成13年7月当時において，憲法14条1項に違反していた」と判断した。

　この違憲判断の基準時については，「付随的違憲審査制の下では，違憲審査は具体的な事件の解決に必要な限りで行使されるべきものである以上，憲法適合性を審査すべき法律も，解決が求められている法律にほかならないから，本件においては，本件の相続開始時点である平成13年7月当時と解するのが論理的」*7であるといえる。また，本決定は，平成7年大法廷決定を変更するものではないという立場を示しつつ，本件規定の立法当初からの事情の変遷等を検討している。伊藤正晴氏は「この点については，平成7年大法廷決定を前提に合憲判断を維持する場合とは異なり，改めて大法廷において本件規定の憲法適合性を判断するにあたっては，上記のような検討が不可欠であるとともに，同じ事情であっても，その後の状況の変化により，その意味合いを異にすることがあることをも踏まえたものと推測される。」*8として，本決定における検討の意義を述べた。

＊6　佐藤幸治『日本国憲法論』668頁（成文堂2011）参照。
＊7　伊藤・前掲＊5，ジュリ91頁。
＊8　伊藤・前掲＊5，ジュリ91頁。

重要判例Ⅱ　婚外子の法定相続差分は違憲とした決定

もっとも，本決定では違憲判断の効力が及ぶ範囲に初めて言及し，先例としても事実上の拘束性を認める一方で，「既に関係者間において裁判，合意等により確定的なものとなったといえる法律関係までをも現時点で覆すことは相当ではないが」と，既に確定した法律関係には影響を与えないことを明示している。本決定のこの部分は，伊藤氏の見解のような便宜上の要請に基づくものと見ることができ，これを違憲判断の「法創造的な側面」（金築誠志補足意見）とみたり，「暴論ではなく判旨として扱うべき」（千葉勝美補足意見）かどうかは，違憲判断ないし判例の「遡及」ということの肯定とともに議論になろう*9。

　なお，実務への影響，立法権との関係という本質的な問題も含め，今後議論の余地があり，参考文献として，中村心・東京大学法科大学院ローレビュー 7 号191頁（2012年）や本稿脚注 5 の伊藤正晴「判批」ジュリスト1460号92頁以下（2013）等が挙げられる*10。

＊9　松尾弘「判批」法セ58巻11号110頁（2013）参照。
＊10　その他判批として，水野紀子・法時85巻12号 1 頁（2013），二宮周平・自正65巻 3 号 8 頁（2014），船所寛生・自正65巻 3 号16頁（2014）参照。また，実務に近い判批として斎藤輝夫・自正65巻 3 号20頁（2014），林康弘・税務事例48巻 4 号56頁（2016）参照。

重要判例Ⅲ
夫婦別姓訴訟大法廷判決
－最高裁平成27年12月16日大法廷判決・民集69巻 8 号2586頁－

【事案の概要】

　本件は，Ｘらが，夫婦が婚姻の際に定めるところに従い夫又は妻の氏を称すると定める民法750条の規定（以下「本件規定」という。）は憲法13条，14条 1 項，24条 1 項及び 2 項等に違反すると主張し，本件規定を改廃する立法措置をとらないという立法不作為の違法を理由に，Ｙ（国）に対し，国家賠償法 1 条 1 項に基づき損害賠償を求めた事案である。

【裁判所の判断】

⑴　憲法13条に違反するか否か

　論旨は，憲法上の権利として保障される人格権の一内容である「氏の変更を強制されない自由」を不当に侵害し，憲法13条に違反する旨をいうものである。

　最高裁は「氏名は，社会的にみれば，個人を他人から識別し特定する機能を有するものであるが，同時に，その個人からみれば，人が個人として尊重される基礎であり，その個人の人格の象徴であって，人格権の一内容を構成するものというべきである（最高裁昭和58年（オ）第1311号同63年 2 月16日第三小法廷判決・民集42巻 2 号27頁参照）。」として，続けて，最高裁は民法における氏に関する規定（民法790条，767条 1 項，771条，749条，810条，816条 1 項，808条 2 項等）を通覧し，次のように述べる。「これらの規定は，氏の性質に関し，氏に，名と同様に個人の呼称としての意義があるものの，名とは切り離された存在として，夫婦及びその間の未婚の子や養親子が同一の氏を称するとすることにより，

重要判例Ⅲ　夫婦別姓訴訟大法廷判決 | 249

社会の構成要素である家族の呼称としての意義があるとの理解を示しているものといえる。そして，家族は社会の自然かつ基礎的な集団単位であるから，このように個人の呼称の一部である氏をその個人の属する集団を想起させるものとして一つに定めることにも合理性があるといえる。」

「本件で問題となっているのは，婚姻という身分関係の変動を自らの意思で選択することに伴って夫婦の一方が氏を改めるという場面であって，自らの意思に関わりなく氏を改めることが強制されるというものではない。氏は，個人の呼称としての意義があり，名とあいまって社会的に個人を他人から識別し特定する機能を有するものであることからすれば，自らの意思のみによって自由に定めたり，又は改めたりすることを認めることは本来の性質に沿わないものであり，一定の統一された基準に従って定められ，又は改められるとすることが不自然な取扱いとはいえない」として，婚姻の際に「氏の変更を強制されない自由」が憲法上の権利として保障される人格権の一内容であるとはいえないとし，本件規定は，憲法13条に違反するものではないと判示する。

⑵ **憲法14条１項に違反するか否か**

論旨は，本件規定が，96％以上の夫婦において夫の氏を選択するという性差別を発生させ，ほとんど女性のみに不利益を負わせる効果を有する規定であるから，憲法14条１項に違反する旨をいうものである。

これに対し，最高裁は，憲法14条１項の通説的解釈を述べた上で，「本件規定は，夫婦が夫又は妻の氏を称するものとしており，夫婦がいずれの氏を称するかを夫婦となろうとする者の間の協議に委ねているのであって，その文言上性別に基づく法的な差別的取扱いを定めているわけではなく，本件規定の定める夫婦同氏制それ自体に男女間の形式的な不平等が存在するわけではない。我が国において，夫婦となろうとする者の間の個々の協議の結果として夫の氏を選択する夫婦が圧倒的多数を

250 │ 第３章　重要判例解説

占めることが認められるとしても，それが，本件規定の在り方自体から生じた結果であるということはできない。」と判示する。

⑶　憲法24条に違反するか否か

　本件で一番の争点として争われたのがこの点である。論旨は，本件規定が，夫婦となろうとする者の一方が氏を改めることを婚姻届出の要件とすることで，実質的に婚姻の自由を侵害するものであり，また，国会の立法裁量の存在を考慮したとしても，本件規定が個人の尊厳を侵害するものとして，憲法24条に違反する旨をいう。

　最高裁は憲法24条１項及び２項について，「本件規定は，婚姻の効力の一つとして夫婦が夫又は妻の氏を称することを定めたものであり，婚姻をすることについての直接の制約を定めたものではない。仮に，婚姻及び家族に関する法制度の内容に意に沿わないところがあることを理由として婚姻をしないことを選択した者がいるとしても，これをもって，直ちに上記法制度を定めた法律が婚姻をすることについて憲法24条１項の趣旨に沿わない制約を課したものと評価することはできない。ある法制度の内容により婚姻をすることが事実上制約されることになっていることについては，婚姻及び家族に関する法制度の内容を定めるに当たっての国会の立法裁量の範囲を超えるものであるか否かの検討に当たって考慮すべき事項であると考えられる。」とし，「婚姻及び家族に関する事項は，関連する法制度においてその具体的内容が定められていくものであることから，当該法制度の制度設計が重要な意味を持つものであるところ，憲法24条２項は，具体的な制度の構築を第一次的には国会の合理的な立法裁量に委ねるとともに，その立法に当たっては，同条１項も前提としつつ，個人の尊厳と両性の本質的平等に立脚すべきであるとする要請，指針を示すことによって，その裁量の限界を画したものといえる。」として，「憲法24条が，本質的に様々な要素を検討して行われるべき立法作用に対してあえて立法上の要請，指針を明示していることから

すると，その要請，指針は，単に，憲法上の権利として保障される人格権を不当に侵害するものでなく，かつ，両性の形式的な平等が保たれた内容の法律が制定されればそれで足りるというものではないのであって，憲法上直接保障された権利とまではいえない人格的利益をも尊重すべきこと，両性の実質的な平等が保たれるように図ること，婚姻制度の内容により婚姻をすることが事実上不当に制約されることのないように図ること等についても十分に配慮した法律の制定を求めるものであり，この点でも立法裁量に限定的な指針を与えるものといえる。」と述べる。

一方で，「婚姻及び家族に関する事項は，国の伝統や国民感情を含めた社会状況における種々の要因を踏まえつつ，それぞれの時代における夫婦や親子関係についての全体の規律を見据えた総合的な判断によって定められるべきものである。特に，憲法上直接保障された権利とまではいえない人格的利益や実質的平等は，その内容として多様なものが考えられ，それらの実現の在り方は，その時々における社会的条件，国民生活の状況，家族の在り方等との関係において決められるべきものである。」として，「婚姻及び家族に関する法制度を定めた法律の規定が憲法13条，14条1項に違反しない場合に，更に憲法24条にも適合するものとして是認されるか否かは，当該法制度の趣旨や同制度を採用することにより生ずる影響につき検討し，当該規定が個人の尊厳と両性の本質的平等の要請に照らして合理性を欠き，国会の立法裁量の範囲を超えるものとみざるを得ないような場合に当たるか否かという観点から判断すべきものとするのが相当である。」とした。

本件規定の憲法24条適合性について検討するか否かについては以下のように述べる。

「婚姻に伴い夫婦が同一の氏を称する夫婦同氏制は，旧民法（昭和22年法律第222号による改正前の明治31年法律第9号）の施行された明治31年に我が国の法制度として採用され，我が国の社会に定着してきたものである。前記のとおり，氏は，家族の呼称としての意義があるところ，

現行の民法の下においても，家族は社会の自然かつ基礎的な集団単位と捉えられ，その呼称を一つに定めることには合理性が認められる。そして，夫婦が同一の氏を称することは，上記の家族という一つの集団を構成する一員であることを，対外的に公示し，識別する機能を有している。特に，婚姻の重要な効果として夫婦間の子が夫婦の共同親権に服する嫡出子となるということがあるところ，嫡出子であることを示すために子が両親双方と同氏である仕組みを確保することにも一定の意義があると考えられる。また，家族を構成する個人が，同一の氏を称することにより家族という一つの集団を構成する一員であることを実感することに意義を見いだす考え方も理解できるところである。さらに，夫婦同氏制の下においては，子の立場として，いずれの親とも等しく氏を同じくすることによる利益を享受しやすいといえる。加えて，前記のとおり，本件規定の定める夫婦同氏制それ自体に男女間の形式的な不平等が存在するわけではなく，夫婦がいずれの氏を称するかは，夫婦となろうとする者の間の協議による自由な選択に委ねられている。」

「これに対して，夫婦同氏制の下においては，婚姻に伴い，夫婦となろうとする者の一方は必ず氏を改めることになるところ，婚姻によって氏を改める者にとって，そのことによりいわゆるアイデンティティの喪失感を抱いたり，婚姻前の氏を使用する中で形成してきた個人の社会的な信用，評価，名誉感情等を維持することが困難になったりするなどの不利益を受ける場合があることは否定できない。そして，氏の選択に関し，夫の氏を選択する夫婦が圧倒的多数を占めている現状からすれば，妻となる女性が上記の不利益を受ける場合が多い状況が生じているものと推認できる。さらには，夫婦となろうとする者のいずれかがこれらの不利益を受けることを避けるために，あえて婚姻をしないという選択をする者が存在することもうかがわれる。しかし，夫婦同氏制は，婚姻前の氏を通称として使用することまで許さないというものではなく，近時，婚姻前の氏を通称として使用することが社会的に広まっているところ，

上記の不利益は，このような氏の通称使用が広まることにより一定程度は緩和され得るものである。」

「以上の点を総合的に考慮すると，本件規定の採用した夫婦同氏制が，夫婦が別の氏を称することを認めないものであるとしても，上記のような状況の下で直ちに個人の尊厳と両性の本質的平等の要請に照らして合理性を欠く制度であるとは認めることはできない。したがって，本件規定は，憲法24条に違反するものではない。」

以上のように，Xらの請求は棄却された。なお，Xらの論旨には，夫婦別氏を希望する者にこれを可能とするいわゆる選択的夫婦別氏制を採る余地がある点についての指摘をする部分があるところ，最高裁は「夫婦同氏制の採用については，嫡出子の仕組みなどの婚姻制度や氏の在り方に対する社会の受け止め方に依拠するところが少なくなく，この点の状況に関する判断を含め，この種の制度の在り方は，国会で論ぜられ，判断されるべき事柄にほかならないというべきである。」と結論付けている。

【解　説】

本判決は，最高裁において民法750条の合憲性を初めて判断した事件である。10名の裁判官による多数意見（寺田逸郎補足意見）は本件規定を合憲とするものであって，本件規定を憲法24条における違憲とするものの国家賠償法上の違法性を認めないとする4名の裁判官（櫻井龍子，岡部喜代子，鬼丸かおる，木内道祥意見）及び国家賠償法上の違法性を認めるとする1名の裁判官（山浦善樹反対意見）の意見が提出された。女性裁判官3名全員が反対意見に与する象徴的な判決となった。

本判決の判旨は，夫婦の氏について，①家族が社会の基礎的な集団単位であり，夫婦同一氏はその集団の一員であることを示すものであること，②婚姻によって氏を改めることは自らの意思で婚姻を選択することに伴うものであって，自らの意思にかかわらず改氏を強制されるもので

254 ｜ 第3章　重要判例解説

はないこと，③夫の氏を称するか妻の氏を称するかは夫婦になろうとする当事者の協議に委ねられていて，男女間に形式的な不平等が存在するものではないこと，④婚姻前の氏を通称として使用することまで許さない趣旨ではないこと，を根拠として合憲であるとしている。

(1) 憲法24条の趣旨

憲法第24条《家族関係における個人の尊厳と両性の平等》
　　婚姻は，両性の合意のみに基いて成立し，夫婦が同等の権利を有することを基本として，相互の協力により，維持されなければならない。
2　配偶者の選択，財産権，相続，住居の選定，離婚並びに婚姻及び家族に関するその他の事項に関しては，法律は，個人の尊厳と両性の本質的平等に立脚して，制定されなければならない。

　憲法24条に関しては，最高裁昭和36年9月6日大法廷判決（民集15巻8号2047頁）が参考となる。「〔憲法24条は，〕民主主義の基本原則である個人の尊厳と両性の本質的平等の原則を婚姻および家族の関係について定めたものであり，男女両性は本質的に平等であるから，夫と妻との間に，夫たり妻たる故をもって権利の享有に不平等な扱いをすることを禁じたものであって，結局，継続的な夫婦関係を全体として観察した上での，婚姻関係における夫と妻が実質上享有することを期待した趣旨の規定と解すべく，個々具体の法律関係において，常に必らず同一の権利を有すべきものであるというまでの要請を抱合するものではないと解するを相当とする」としているものの，その位置付けは明らかではなかった。しかしながら，「家族のあり方が急激に多様化しつつある現在において，改めてこの規定〔筆者注：憲法24条〕を家族を形成する権利の一般法的規定と読み直す必要がある」[*1]という意見や，あるいは，「家族関

係における自由と平等を実質的に確保すべき立法の要請社会的保障規定とみることができるし，またそう解さねば，24条は現代的意味や効果をもちえぬと思われる」[2]とする見解も現れるなど，現代において憲法24条の趣旨・意義を改めて見直す必要があるという潮流がみられる[3]。

(2) 夫婦同一氏制度と立法裁量の合理性

本判決でも「婚姻に伴い夫婦が同一の氏を称する夫婦同氏制は，旧民法（昭和22年法律第222号による改正前の明治31年法律第9号）の施行された明治31年に我が国の法制度として採用され，我が国の社会に定着してきたものである。」とされるとおり，それ以前の明治民法では，旧746条において「戸主及ヒ家族ハ其家ノ氏ヲ称ス」と規定し，旧788条において，1項で「妻ハ婚姻ニ因リテ夫ノ家ニ入ル」，2項で「人夫及ヒ婿養子ハ妻ノ家ニ入ル」と規定されており，この結果として夫婦は同一氏を称することとされていた[4]。現行法はこのような旧法制度を踏襲したものである。

民法750条《夫婦の氏》

　夫婦は，婚姻の際に定めるところに従い，夫又は妻の氏を称する。

近年，女性の社会進出が増加し，女性が婚姻によって氏を変更することの不利益が強く意識されるようになり，夫婦同氏を強制することを批判し，別氏を認めるべきであるという意見が主張されてくるようになった。このような中，平成6年に法制審議会民法部会身分法小委員会の審

＊1　渋谷秀樹『憲法〔第2版〕』466頁（有斐閣2013）。
＊2　小林孝輔『戦後憲法政治の軌跡』123頁（勁草書房1995）。
＊3　畑佳秀・ジュリ1490号97頁以下（2016），同・曹時68巻12号213頁（2016），同・平成27年度最高裁判所判例解説〔民事篇〕708頁（2018）参照。
＊4　野村豊弘「判批」『平成28年度重要判例解説』〔ジュリ臨増〕89頁以下（2017）。

議に基づくものとして法務省民事局参事官室により公表された「婚姻制度等に関する民法改正要綱試案」及びこれを更に検討した上で平成８年に法制審議会が法務大臣に答申した「民法の一部を改正する法律案要綱」においては，いわゆる選択的夫婦別氏制という本件規定の改正案が示されていた。審議の中間段階で公表された「婚姻制度等に関する民法改正要綱試案」では，「我が国に『豊かな社会』が実現し，国民の価値観・人生観が多様化してきたことを背景として，国民のかなりの層に夫婦別氏姓採用を求める声が存在していること，中間報告に対する意見においても，その理由付けはさまざまであるが，別氏制を採用すべきであるとする意見が支配的であったことにかんがみれば，夫婦の氏についても，画一的に，同氏とする制度ではなく，個人の人生観・価値観の違いを許容する制度に改めるべきであると考えられる。また，法理論の面においても，我が国において，近時ますます個人の尊厳に対する人格的利益を法制度上保護すべき時期が到来しているといって差し支えなかろう。さらに，夫婦が別氏を称することが，夫婦・親子関係の本質なり理念において反するものでないことは，既に政界の多くの国において夫婦別氏制が実現していることの一事をとっても明らかである」*5と述べられている。周知のとおり，この要望に沿った改正法案の提出は見送られた。この法案については，本判決においても岡部喜代子裁判官の反対意見で触れられている。

(3)　反対意見について

　先に述べたとおり３名（加えて２名が同調，計５名）の意見が付せられており，本判決の持つ重要性を窺い知ることができよう。岡部喜代子裁判官による意見には他女性裁判官２名の同調が付せられている。

　「本件規定の制定後に長期間が経過し，近年女性の社会進出は著しく

---

*5　「婚姻制度等に関する民法改正要綱試案」37頁参照。

進んでいる。婚姻前に稼働する女性が増加したばかりではなく，婚姻後に稼働する女性も増加した。その職業も夫の助けを行う家内的な仕事にとどまらず，個人，会社，機関その他との間で独立した法主体として契約等をして稼働する，あるいは事業主体として経済活動を行うなど，社会と広く接触する活動に携わる機会も増加してきた。そうすると，婚姻前の氏から婚姻後の氏に変更することによって，当該個人が同一人であるという個人の識別，特定に困難を引き起こす事態が生じてきたのである。そのために婚姻後も婚姻前の氏によって社会的経済的な場面における生活を継続したいという欲求が高まってきたことは公知の事実である。そして識別困難であることは単に不便であるというだけではない。（中略）それが業績，実績，成果などの法的利益に影響を与えかねない状況となることは容易に推察できるところである。氏の第一義的な機能が同一性識別機能であると考えられることからすれば，婚姻によって取得した新しい氏を使用することによって当該個人の同一性識別に支障の及ぶことを避けるために婚姻前の氏使用を希望することには十分な合理的理由があるといわなければならない。このような同一性識別のための婚姻前の氏使用は，女性の社会進出の推進，仕事と家庭の両立策などによって婚姻前から継続する社会生活を送る女性が増加するとともにその合理性と必要性が増しているといえる。現在進行している社会のグローバル化やインターネット等で氏名が検索されることがあるなどの，いわば氏名自体が世界的な広がりを有するようになった社会においては，氏による個人識別性の重要性はより大きいものであって，婚姻前からの氏使用の有用性，必要性は更に高くなっているといわなければならない。」と主張されているとおりである。

　最高裁は「本件規定の採用した夫婦同氏制が，夫婦が別の氏を称することを認めないものであるとしても，上記のような状況の下で直ちに個人の尊厳と両性の本質的平等の要請に照らして合理性を欠く制度であるとは認めることはできない」として請求棄却を下したが，これに対し，

木内道祥裁判官は「ここで重要なのは，問題となる合理性とは，夫婦が同氏であることの合理性ではなく，夫婦同氏に例外を許さないことの合理性であり，立法裁量の合理性という場合，単に，夫婦同氏となることに合理性があるということだけでは足りず，夫婦同氏に例外を許さないことに合理性があるといえなければならないことである。」として，最高裁の判断した「合理性」の矛先の相違を指摘している。本来，法が守るべきは，例外に置かれた者であると思われ，この点について述べた木内意見は評価すべきではなかろうか。

なお，寺田逸郎裁判官の補足意見には，「家族制度といった標準的な『規格』に関する司法審査には私法としての限界があり，民主主義的なプロセスに委ねるべきだといった弁明がなされているが，多数派にとって使い勝手がよい『規格』から疎外された人たちの声を拾い上げることこそが『憲法の番人』の本来の役割なのではないだろうか。」という厳しい意見も存する*6, *7。

＊6　斎藤一久「判批」法セ61巻 4 号108頁（2016）。
＊7　その他判批として，尾島明・ひろば69巻 4 号66頁（2016），水野紀子・家庭の法と裁判 6 号15頁（2016），蟻川恒正・民法判例百選Ⅲ〔第 2 版〕14頁（2018）等参照。

重要判例Ⅳ

共同相続された預貯金債権は遺産分割の対象となるか

－最高裁平成28年12月19日大法廷決定・民集70巻8号2121頁－

【事案の概要】

　本件は，Aの共同相続人であるXとYとの間におけるAの遺産の分割申立て事件である。確定した事実関係は，次のとおりである。

(1)　Xは，Aの弟の子であり，Aの養子である。Yは，Aの妹でありAと養子縁組をしたB（平成14年死亡）の子である。Aは，その後死亡し，X及びYが法定相続人となった。

(2)　Aは，原々審審判別紙遺産目録記載の不動産（価額は合計258万1,995円。以下「本件不動産」という。）のほかに，別紙預貯金目録記載の預貯金債権（以下「本件預貯金」と総称する。）を有していた（普通預金265円，同6万8,729円，同245万7,956円，外貨普通預金36万4,600.62ドル，通常貯金762円，定期貯金3万円（平成25年8月23日現在))。XとYとの間で本件預貯金を遺産分割の対象に含める合意はされていない。

　原審（大阪高裁平成27年3月24日判決・民集70巻8号2174頁）は，上記事実関係等の下において，①BはAから約5,500万円の贈与を受けており，これは相手方の特別受益に当たる，②XとYの間で，本件預貯金を遺産分割の対象に含める合意は成立していないということを前提にした上で，③Xが本件不動産を取得すべきものとした。原審はX・Yの各抗告を棄却している。

【裁判所の判断】

　最高裁は「相続人が数人ある場合，各共同相続人は，相続開始の時から被相続人の権利義務を承継するが，相続開始とともに共同相続人の共

260 ｜ 第3章　重要判例解説

有に属することとなる相続財産については，相続分に応じた共有関係の解消をする手続を経ることとなる（民法896条，898条，899条）。そして，この場合の共有が基本的には同法249条以下に規定する共有と性質を異にするものでないとはいえ（最高裁昭和28年（オ）第163号同30年5月31日第三小法廷判決・民集9巻6号793頁参照），この共有関係を協議によらずに解消するには，通常の共有物分割訴訟ではなく，遺産全体の価値を総合的に把握し，各共同相続人の事情を考慮して行うべく特別に設けられた裁判手続である遺産分割審判（同法906条，907条2項）によるべきものとされており（最高裁昭和47年（オ）第121号同50年11月7日第二小法廷判決・民集29巻10号1525頁参照），また，その手続において基準となる相続分は，特別受益等を考慮して定められる具体的相続分である（同法903条から904条の2まで）。」として，遺産分割の仕組みは，被相続人の権利義務の承継に当たり共同相続人間の実質的公平を図ることを旨とするものであると述べる。

「一般的には，遺産分割においては被相続人の財産をできる限り幅広く対象とすることが望ましく，また，遺産分割手続を行う実務上の観点からは，現金のように，評価についての不確定要素が少なく，具体的な遺産分割の方法を定めるに当たっての調整に資する財産を遺産分割の対象とすることに対する要請も広く存在することがうかがわれる。」

具体的な遺産分割の方法を定めるに当たり，預貯金契約は，消費寄託の性質や金融機関による委任事務ないし準委任事務の性質を有し，当座貸越の担保とされるなど決済手段としての性質を強めるだけでなく，一般的な預貯金については預金保険法により利息の支払が担保されている上，金融機関が預金者に対して口座の取引経過を開示すべき義務を負うことなどから，「預貯金債権の存否及びその額が争われる事態は多くなく，預貯金債権を細分化してもこれによりその価値が低下することはないと考えられる」とされる。「このようなことから，預貯金は，預金者においても，確実かつ簡易に換価することができるという点で現金との

差をそれほど意識させない財産であると受け止められているといえる。共同相続の場合において，一般の可分債権が相続開始と同時に当然に相続分に応じて分割されるという理解を前提としながら，遺産分割手続の当事者の同意を得て預貯金債権を遺産分割の対象とするという運用が実務上広く行われてきているが，これも，以上のような事情を背景とするものであると解される。」

　このように預貯金等の性質を踏まえた上で，続いて，最高裁は相続人全員の合意の有無にかかわらずこれを遺産分割の対象とすることができるか否かにつき検討する。

「普通預金債権及び通常貯金債権は，いずれも，1個の債権として同一性を保持しながら，常にその残高が変動し得るものである。そして，この理は，預金者が死亡した場合においても異ならないというべきである。すなわち，預金者が死亡することにより，普通預金債権及び通常貯金債権は共同相続人全員に帰属するに至るところ，その帰属の態様について検討すると，上記各債権は，口座において管理されており，預貯金契約上の地位を準共有する共同相続人が全員で預貯金契約を解約しない限り，同一性を保持しながら常にその残高が変動し得るものとして存在し，各共同相続人に確定額の債権として分割されることはないと解される。そして，相続開始時における各共同相続人の法定相続分相当額を算定することはできるが，預貯金契約が終了していない以上，その額は観念的なものにすぎないというべきである。預貯金債権が相続開始時の残高に基づいて当然に相続分に応じて分割され，その後口座に入金が行われるたびに，各共同相続人に分割されて帰属した既存の残高に，入金額を相続分に応じて分割した額を合算した預貯金債権が成立すると解することは，預貯金契約の当事者に煩雑な計算を強いるものであり，その合理的意思にも反するとすらいえよう。」

「以上のような各種預貯金債権の内容及び性質をみると，共同相続された普通預金債権，通常貯金債権及び定期貯金債権は，いずれも，相続

開始と同時に当然に相続分に応じて分割されることはなく，遺産分割の
対象となるものと解するのが相当である。」

　よって，本件預貯金が遺産分割の対象とならないとした原審の判断に
は，裁判に影響を及ぼすことが明らかな法令の違反があるとして，本件
は原審に差し戻され再審理されることとなった。

【解　説】

　本決定は，「預貯金債権は相続開始と同時に当然に相続分に応じて分
割され，共同相続人全員の合意がない限り遺産分割の対象とならない」
という実務的前提となっていた最高裁平成16年4月20日第三小法廷判決
（家月56巻10号48頁。以下「最高裁平成16年判決」という。）を変更した
ものとして非常に重要であり，遺産分割実務を含む裁判実務や銀行実務
等に大きな影響を及ぼすとされた事案である[1]。後掲する最高裁昭和29
年判決を変更したものではなく，維持している点には注意すべきである。

(1)　最高裁昭和29年判決と最高裁平成16年判決

　所有権以外の財産権が複数人に帰属する場合の法律関係は準共有であ
るが（民264），債権の場合，これについては多数当事者の債権の問題と
なる。債権の目的となっている給付が不可分であれば，不可分債権とし
て処理され（民428），反対に可分債権の場合は民法427条が適用されて
分割債権となる[2]。

　この理解は最高裁昭和29年4月8日第一小法廷判決（民集8巻4号819
頁。以下「最高裁昭和29年判決」という。）に基づくと思われる。この
判決では，「相続財産中に金銭その他の過分債権あるときは，その債権
は法律上当然分割され各共同相続人がその相続分に応じて権利を継承す

＊1　齋藤毅・ジュリ1503号76頁以下（2017），同・曹時69巻10号30頁（2017），同・ひろ
　　ば70巻3号47頁（2017）参照。
＊2　内田貴『民法Ⅳ〔補訂版〕』403頁（東京大学出版会2004）。

る」と判示された。この判決は，不法行為を理由とする損害賠償請求事件の係争中に被害者である原告が死亡し，その共同相続人らが訴訟手続を受け継いだ事件である。遺産共有の法的性質に関する合有説[3]を前提に，相続財産中の債権については，民法427条が適用されないため，共同相続人全員に対し，損害の総額を支払うように命ずべきとした被告の請求を排斥した[4]。

民法427条《分割債権及び分割債務》

　　数人の債権者又は債務者がある場合において，別段の意思表示がないときは，各債権者又は各債務者は，それぞれ等しい割合で権利を有し，又は義務を負う。

民法428条《不可分債権》

　　債権の目的がその性質上又は当事者の意思表示によって不可分である場合において，数人の債権者があるときは，各債権者はすべての債権者のために履行を請求し，債務者はすべての債権者のために各債権者に対して履行をすることができる。

　先に述べたとおり，本決定は最高裁平成16年判決を変更したものとされる。最高裁平成16年判決は，共同相続人の１人である原告が，同じく共同相続人であり，被相続人の死亡後に同人名義の貯金を解約してその払戻しを受けた被告に対し，不当利得返還請求を求めた事案で，「相続財産中に可分債権があるときは，その債権は，相続開始と同時に当然に相続分に応じて分割されて各共同相続人の分割単独債権となり，共有関

＊３　遺産は相続開始と同時に相続人に帰属するが，遺産分割までの間，共同相続人は相続財産全体の上に持分を有するが，個々の財産の上には持分を持たず，そのような状態のもとで相続財産の清算が行われるとするドイツ法法式で，共有と区別して「合有」とする。猪瀬慎一郎「共同相続財産の管理」『現在家族法大系５〔相続２〕』１頁以下（有斐閣1979）参照。
＊４　齋藤・前掲＊１，ジュリ77頁。

係に立つものではないと解される」と判示したものである[5]。一般に，この判例は，預貯金債権について，債務者に対する関係のみならず，共同相続人間の関係においても当然に相続分に応じて分割される旨を判示したものと解されてきた[6]。

(2) 可分債権の内容

先に述べた最高裁昭和29年判決並びに最高裁平成16年判決は，「債権が各共同相続分に分割されて帰属する以上，共同相続人による当該債権の準共有状態は存在しないから，当該債権は遺産分割の対象とならない」とする論理的帰結であったと思われる。すなわち，以下のような論理展開である[7]。

---

① 可分債権は，相続開始時に，当然に共同相続人に相続分に応じて分割承継される。
② 可分債権は，遺産分割の対象となる遺産を構成しない。

---

①において当然に共同相続人に相続分に応じて分割承継されることから，帰属が確定し，遺産分割手続は必要ないとされ，したがって，②の遺産分割の対象となる遺産を構成しないという理解につながる。しかしながら，「②により，遺産分割の対象としないとすることは，金銭債権が具体的相続分の決定を経て，最終的な遺産の帰属が確定されるというプロセスに乗らないことを意味する。これは，特に，共同相続人の1人に大きな特別受益が存在したような場合に，不公平をもたらす」[8]という点について重大な意味を有していた。

---

[5] 齋藤，前掲＊1，ジュリ77頁。
[6] 松尾知子「判批」民商132巻1号68頁（2005）等参照。
[7] 窪田充見「最高裁大法廷平成28年12月19日決定—預金債権の相続における取扱いをめぐる問題」ジュリ1503号58頁以下（2017）。
[8] 窪田・前掲＊7，60頁。

また，近時の判例においては，最高裁昭和29年判決並びに最高裁平成16年判決に照らせば相続開始と同時に当然に相続分に応じて分割されると解する余地のある財産について，当然分割を否定するものもあった*9。これらの判決は最高裁昭和29年判決並びに最高裁平成16年判決にいう「可分債権」に該当しないことを理由として，当然分割を否定し，遺産分割の対象とすることを認めた事案である*10。

　以上を踏まえて本決定を見ると，本決定は銀行預金等の性質を各々検討した上で，「預貯金契約上の地位を準共有する共同相続人が全員で預貯金契約を解約しない限り，同一性を保持しながら常にその残高が変動し得るものとして存在し，各共同相続人に確定額の債権として分割されることはない」とし，「各種預貯金債権の内容及び性質をみると，共同相続された普通預金債権，通常貯金債権及び定期貯金債権は，いずれも，相続開始と同時に当然に相続分に応じて分割されることはなく，遺産分割の対象となるものと解するのが相当である。」とした。この点において，最高裁平成16年判決と相反するものである*11*12。

〔酒井　春花〕

＊9　例えば，最高裁平成22年10月8日第二小法廷判決（民集64巻7号1719頁），最高裁平成26年2月25日第三小法廷判決（民集68巻2号173頁），最高裁平成26年12月12日第二小法廷判決（判時2251号35頁）等を参照。

＊10　なお，前提として，最高裁昭和29年判決並びに最高裁平成16年判決はいずれも遺産分割の事案に関するものではなかった。

＊11　本決定が預貯金債権について当然分割帰属を否定した理由が(a)「『可分債権』に当たらない」から（大橋正春意見）なのか，(b)可分債権には当たるが分割帰属の例外を認めたものかが曖昧であると説明する意見もある。松尾弘「判批」法セ62巻118号118頁（2017）参照。

＊12　その他判批として，西希代子・金法2073号11頁（2017）及び同・法教440号70頁（2017），植田智彦・判タ1441号17頁（2017），白石大・民法判例百選Ⅲ〔第2版〕134頁（2018）参照。

あとがき

　民法は，私たちの生活の多くの部面に影響を及ぼす。もちろん，租税法律関係においても同様である。

　民法をはじめとする私法との関わりを抜きにして租税法の解釈や適用を考えることはできない。すなわち，私法上の法律関係などを前提として事実認定を行い，租税法を当てはめるというスタイルが一般的な租税法の適用であるし，租税法の条文解釈においても，そこで用いられている用語（概念）一つ取っても，私法上の概念を借用している場面が多い（借用概念）ことから，私法におけると同じ意味でかかる概念を理解しようとするのが通説的な理解である（統一説）。

　いずれにしても，民法をはじめとする私法制度等が租税法と大きな関わりを持つ限り，私法制度の改正が租税法の解釈適用において極めて重要な影響を及ぼすことは明らかである。

　さて，本書は，約40年ぶりの大改正となった民法（相続関係）をフィーチャーして，かかる改正が租税法や租税法律関係あるいはその周辺実務にいかなる影響を及ぼすかについて，検討を加え解説した。民法（相続関係）の改正とはいっても，租税法領域において注意しなければならない点は数多い。

　改正民法とその周辺的法律関係の進行に後れを取らないよう，本書を手近なところに置き，しっかりと民法改正にキャッチアップしていただければ幸いである。

　令和元年5月

酒井　克彦

≪著者紹介≫

編著者

酒井　克彦（さかい・かつひこ）

中央大学商学部教授（中央大学ロースクール兼担），博士（法学），（一社）アコード租税総合研究所所長，（一社）ファルクラム代表理事

執筆：第1章，第2章　Ⅳ・Ⅴ・Ⅶ

[主な著書]

『レクチャー租税法解釈入門』（弘文堂2015），『租税正義と国税通則法総則』〔共著〕（信山社2018），『通達のチェックポイント－所得税裁判事例精選20－』（第一法規2018），『同－法人税裁判事例精選20－』（第一法規2017），『アクセス税務通達の読み方』（第一法規2016），『プログレッシブ税務会計論Ⅰ〔第2版〕』『同Ⅱ〔第2版〕』（中央経済社2018），『同Ⅲ』（中央経済社2019），『裁判例からみる法人税法〔2訂版〕』（大蔵財務協会2017），『裁判例からみる所得税法』（大蔵財務協会2016），『クローズアップ課税要件事実論〔第4版改訂増補版〕』（財経詳報社2017），『クローズアップ保険税務』（財経詳報社2017），『クローズアップ租税行政法〔第2版〕』（財経詳報社2016），『スタートアップ租税法〔第3版〕』（財経詳報社2015），『「正当な理由」をめぐる認定判断と税務解釈』（清文社2015），『キャッチアップ 仮想通貨の最新税務』（ぎょうせい2019），『新しい加算税の実務～税務調査と資料情報への対応』（ぎょうせい2016），『附帯税の理論と実務』（ぎょうせい2010），ほか多数。

著 者 （執筆順）

泉　絢也（いずみ・じゅんや）
千葉商科大学商経学部講師，博士（会計学），（一社）アコード租税総合研究所研究顧問

執筆：第2章　Ⅰ

[主な著書・論文]

『キャッチアップ　仮想通貨の最新税務』〔共著〕（ぎょうせい2019），『これ1冊でわかる！仮想通貨をめぐる法律・税務・会計』〔共著〕（ぎょうせい2018），「仮想通貨（暗号通貨，暗号資産）の譲渡による所得の譲渡所得該当性－アメリカ連邦所得税におけるキャピタルゲイン及び為替差損益の取扱いを手掛かりとして－」税法学581号（2019），「テクノロジー（暗号通貨・ブロックチェーン・人工知能）の税務行政への活用－VAT逋脱対策とVATCoin構想－」千葉商大論叢56巻3号（2019），ほか多数。

石井　亮（いしい・りょう）
弁護士・税理士，和田倉門法律事務所パートナー，アコード租税総合研究所研究顧問，青山学院大学法学研究科非常勤講師，野村資産承継研究所主任研究員

執筆：第2章　Ⅱ

[主な著書]

『ケースでわかる固定資産・リースの会計と税務』（中央経済社2019），『平成30年度税制・通達改正対応　事業承継対策ガイドブック』〔共著〕（ぎょうせい2018），『事業承継の法律相談』〔編著〕（青林書院2018）

内田久美子（うちだ・くみこ）
弁護士，和田倉門法律事務所マネージングパートナー，アコード租税総合研究所研究顧問

執筆：第2章　Ⅲ

[主な著書]

『知らなきゃ困る！税理士業務のための民法改正ハンドブック（相続法編）』〔共著〕（第一法規2019）『知らなきゃ困る！税理士業務のための民法改正ハンドブック（債権法編）』〔共著〕（第一法規2018）

臼倉　真純（うすくら・ますみ）

(一社) アコード租税総合研究所主任研究員，(一社) ファルクラム上席主任研究員

執筆：第2章　Ⅳ・Ⅶ

[主な著書・論文]

『キャッチアップ 仮想通貨の最新税務』〔共著〕（ぎょうせい2019），『新しい加算税の実務〜税務調査と資料情報への対応』〔共著〕（ぎょうせい2016），『クローズアップ保険税務』〔共著〕（財経詳報社2017），『通達のチェックポイント−所得税裁判事例精選20−』〔共著〕（第一法規2018），『同−法人税裁判事例精選20−』〔共著〕（第一法規2017），「会計上の『単一性の原則』と法人税法22条4項」税務事例48巻8号（2016），「新たな加算税：期限後申告ないし隠蔽・仮装を繰り返す場合の加算措置」税理59巻8号（2016），「『事業専従者』の判断」税理61巻6号（2018），「仮想通貨と会計処理」税理61巻11号（2018），「持戻し免除の意思表示の推定規定」税理61巻13号（2018），ほか多数。

山岡　美樹（やまおか・よしき）

税理士，みずほ総合研究所㈱相談部東京相談室顧問

執筆：第2章　Ⅵ

[主な著書]

『平成30年版小規模宅地等の特例』（2018），『平成31年2月改訂版図解事業承継税制』（2019），『大幅拡充された事業承継税制の特例のポイント』（2018）（以上，共著，大蔵財務協会）

佐藤　純通（さとう・じゅんつう）

司法書士，司法書士法人横浜中央法務事務所代表，日本司法書士会連合会名誉会長，(一社) 日本財産管理協会代表理事，横浜国立大学法科大学院非常勤講師，アコード租税総合研究所研究顧問

執筆：第2章　Ⅷ

[主な著書]

『相続財産の管理・処分の実務（第2版）』〔代表編集・共著〕（日本加除出版社2019），『Q&A成年被後見人死亡後の実務と書式』〔代表編集・共著〕（新日本法規2013），『不動産取引のリスクマネジメント』〔共著〕（日本加除出版社2012），『企業法務戦略』〔共著〕（中央経済社2007年），『不動産登記の実務と書式』〔共著〕（民事法務協会2005）ほか多数

松岡　章夫（まつおか・あきお）

税理士，東京国際大学客員教授，東京地方裁判所所属民事調停委員，早稲田大学大学院会計研究科非常勤講師，（一社）アコード租税総合研究所研究顧問

執筆：第2章　Ⅸ

[主な著書]

　『キャッチアップ　仮想通貨の最新税務』〔共著〕（ぎょうせい2019），『平成30年版小規模宅地等の特例』（2018），『平成30年12月改訂所得税・個人住民税ガイドブック』（2018），『大幅拡充された事業承継税制の特例のポイント』（2018）（以上，共著，大蔵財務協会），『クローズアップ保険税務』〔共著〕（財経詳報社2017），ほか多数。

酒井　春花（さかい・はるか）

（公社）日本租税研究協会・IFA日本支部事務局研究員，明治大学助手，拓殖大学講師（非常勤），（一社）アコード租税総合研究所会員

執筆：第3章

[主な著書・論文]

　『キャッチアップ　仮想通貨の最新税務』〔共著〕（ぎょうせい2019），『OECDモデル租税条約〔2017年版〕』〔共著〕（日本租税研究協会2019），「我が国における国外転出時課税制度の創設－国外転出時課税制度における基礎理論－」経営学研究論集47号（2017），「非居住者による土地等売買における源泉徴収制度－東京地裁平成23年度判決を契機とする国際課税の一検討－」経営学研究論集50号（2019），「米国における出国税規定の歴史的変遷とわが国の国外転出時課税制度」税務事例50巻2号（2018），「仮想通貨に対する所得税法60条の2　国外転出時課税制度の適用可能性」税務事例51巻1号（2019），ほか多数。

令和元年度税制改正対応
キャッチアップ　改正相続法の税務

令和元年 7 月10日　　第 1 刷発行
令和元年11月 1 日　　第 2 刷発行

編　著　　酒井　克彦

発行所　　株式会社 ぎょうせい

〒136-8575　東京都江東区新木場 1 -18-11
電話　編集　03-6892-6508
営業　03-6892-6666
フリーコール　0120-953-431
URL : https : // gyosei.jp

〈検印省略〉

印刷・製本　ぎょうせいデジタル㈱　　　　　　　　　　　©2019　Printed in Japan
＊乱丁本・落丁本はお取り替えいたします。
ISBN978-4-324-10656-3
(5108525-00-000)
〔略号：キャッチ相続税務〕